Gisela Karau

Stasiprotokolle

Gespräche mit ehemaligen
Mitarbeitern des »Ministeriums
für Staatssicherheit« der DDR

dipa-Verlag Frankfurt am Main

Die Deutsche Bibliothek – CIP-Einheitsaufnahme

Karau, Gisela:
Stasiprotokolle : Gespräche mit ehemaligen Mitarbeitern des
MfS / Gisela Karau. - Frankfurt am Main : dipa-Verl., 1992
  ISBN 3-7638-0182-0

1. Auflage 1992
© dipa-Verlag GmbH, Nassauer Str. 1-3, 6000 Frankfurt am Main 50
Alle Rechte vorbehalten
Lektorat: Uwe Arndt
Druck: F.M.-Druck, Karben
Printed in Germany

ISBN 3-7638-0182-0

Inhaltsverzeichnis

Gisela Karau

Einleitung

Es ist schwer, im Trommelfeuer den Kopf zu heben. Darum schien die Sache aussichtslos. Wer würde bereit sein, die Geheimnisse seines Lebens, Staatsgeheimnisse aufzudecken, jetzt, nachdem die Sache aufgeflogen ist? Am Anfang meiner Recherchen bekam ich manchen Korb. Auch Männer, die ihre Bereitschaft signalisiert hatten, machten plötzlich einen Rückzieher. Dieser und jener war vor Gericht gestellt worden, ihr Minister spielte auf der Anklagebank den Trottel, nicht sehr ermutigend für ehemals Untergebene. Doch nach den ersten Gesprächen meldeten sich mehrere und fragten an, ob ich noch Interviews brauchte. Sie wollten sich eine Last von der Seele reden, und das haben sie mit ungewöhnlicher Offenheit und ohne Selbstmitleid getan. Es ist ihnen einfach unerträglich geworden, sich als Verbrecher abstempeln zu lassen. Die Zeit ist reif, selber von sich zu berichten. Für BND, MAD und Verfassungsschutz sicher eine interessante Lektüre, vielleicht sogar als Schulungsmaterial zu gebrauchen.

In den Medien ist das Reizwort Stasi bis zum Überdruß strapaziert worden, man mag es schon gar nicht mehr lesen oder hören. So beflissen hierzulande früher über die Firma geschwiegen wurde, so verbissen wurde nun über sie geredet, geschwafelt, spekuliert und schwadroniert. Es sollen 85 000 Personen gewesen sein, ein Großkonzern. Sie sollen sechs Millionen Akten über DDR-Bürger angelegt haben, eine Großtat. Es waren soviele, daß sie morgens bei Dienstbeginn in der Normannenstraße anstehen mußten, sie stauten sich bei den Posten am Eingang wie Regenwasser am Gully. Sie haben sich auch gegenseitig überwacht, was wohl charakteristisch für alle Geheimdienste der Welt ist. Auch, daß viele, die miteinander Berührung hatten, einander nicht unbedingt mochten. Die von der Aufklärung hielten sich für die Größten, sagen die von der Abwehr, und umgekehrt. Wenn ab und zu mal ein General im Fernsehen zu besichtigen ist, hat er die kritischsten Zuschauer unter den ehemals eigenen Leuten. Haben sie früher andere wachsam beäugt, so beäugen sie jetzt jeden, der an die Öffentlichkeit tritt, ob er ein Wendehals, ein Arschloch, ein Verräter oder aber auch ein Betonkopp, ein Stalinist, ein Verkalkter ist.

Von denen, die in diesem Buch vereint sind, mag auch nicht jeder jeden. Jetzt, wo sie alle nichts mehr zu verlieren haben, leisten sie sich wenigstens den Luxus einer nicht von der Hierarchie kastrierten Meinung über Leute und Verhältnisse. Die meisten wollten anonym bleiben, um schonungslos

7

auspacken zu können, andere waren bereit, mit vollem Namen für ihre Vergangenheit einzustehen. Beide Haltungen hatte ich zu respektieren. Es ist ihr, nicht mein Leben, um das es hier geht. Der letzte Satz ihres Eides lautete: „Sollte ich jemals diesen meinen feierlichen Fahneneid verletzen, so möge mich die harte Strafe der Gesetze unserer Republik und die Verachtung des werktätigen Volkes treffen". Nun trifft die Verachtung des zum großen Teil schon nicht mehr werktätigen, sondern arbeitslosen Volkes im deutschen Osten diejenigen, die ihrem Fahneneid gemäß gehandelt haben.

Mit dieser Verachtung zu leben, ist genauso schwer wie mit 802 Mark Rente im Monat. Ein Heer von Ausgestoßenen existiert in unserer Mitte. Ihre Biographien sind umso aufregender, je genauer man hinsieht und je weniger man den Warenwert der Stories auf dem Medienmarkt durch abstruse Überspitzungen zu erhöhen trachtet. Altem Unrecht wird dadurch täglich neues Unrecht hinzugefügt. Meine Aufgabe war nicht, zu rechten und zu richten. Ich habe Fragen gestellt und Antworten bekommen, und ich hoffe auf Leser, die an die Stelle von Pauschalurteilen Kenntnisse zu setzen bereit sind.

Es ist ein Phänomen in der deutschen Geschichte, daß ein ganzer Geheimdienst, vom Minister bis zur letzten Putzfrau, restlos beseitigt worden ist. 1945 wurde bekanntlich nicht annähernd so rigoros verfahren. Hitlers Geheimdienstspezialisten haben in der Bundesrepublik noch reichlich Gelegenheit gehabt, ihr Fachwissen weiterzureichen. Sicher gibt es auch einzelne Stasioffiziere, die dem Bundesnachrichtendienst zur Verfügung stehen, von ehemaligen Personenschutzleuten ganz zu schweigen. Zweihundert sollen nun der Kohlregierung nicht minder treu und wachsam dienen als der Honeckers. Es waren und sind eben Profis. Die Regel sind Leute, wie sie in diesem Buch zu Wort kommen, Männer, die vor der Zeit aus dem Berufsleben ausgeschlossen, in Rente gegangen oder arbeitslos sind und darüber nachdenken, ob sie ihr Wissen in Form von Memoiren zu Papier bringen oder es mit ins Grab nehmen.

Der zum Teil verantwortungslose, marktschreierische Umgang mit den Stasi-Akten zeigt die Schwierigkeiten, der Wahrheit auf die Spur zu kommen. Ein Volk läßt sich nicht vollends in Opfer und Täter auseinanderdividieren.

Bewältigung findet in Schüben statt. Auf enttäuschte Hoffnungen folgt Trotz oder Depression, auf Depression Selbstbesinnung. Darum sagt Ex-Oberst Kurt Zeiseweis, einer der ersten, die sich der Auseinandersetzung auch in Begegnungen mit der ehemaligen DDR-Opposition stellten: „Die Staatssicherheit muß erlebbar werden. Wir müssen uns zeigen. Wer Vorwürfe hat, muß wissen, an wen er sich halten kann. Ich stehe für meine Mitarbeiter ein, wer etwas von ihnen will, soll zu mir kommen."

Udo M., Jahrgang 1948

Ehem. Major des MfS, Hauptabteilung II

Mein Arbeitsbereich war im Laufe der Zeit sehr unterschiedlich. Insgesamt war ich 15 Jahre im Ministerium, seit dem 8.10.1974. Davor war ich eineinhalb Jahre Grenzer. Ich wurde angesprochen von der Kreisdienststelle Wittstock, wo ich gewohnt habe. Mein Vater war Neulehrer auf dem Dorf, er ist Soldat gewesen und nach dem Krieg ohne jegliche Qualifizierung in den Beruf geraten. Meine Eltern haben in der Zeit gelebt, in der der Dorfschullehrer alles machen mußte, dabei haben sie sich kaputtgewirtschaftet, mit vier Kindern. Mein Vater ist schon im 65. Lebensjahr gestorben, Mutter ist schon lange Invalidenrentnerin.

Ich habe 1967 in Potsdam an der Pädagogischen Hochschule ein Lehrerstudium aufgenommen. Bis 1971 habe ich studiert, und dann war ich Mathelehrer.

Meine Frau ist auch Lehrerin, die habe ich durch meinen Bruder kennengelernt, sie ging in seine Klasse, war erst Verkäuferin und hat dann, als ich mit dem Studium fertig war, auch angefangen zu studieren, in Potsdam, am Institut für Lehrerbildung.

Ich wollte in den Kreis Wittstock zurück, um meine Eltern zu unterstützen, habe dann in 8.-10. Klassen Mathematik unterrichtet. Dann kam die Armee, die merkte, daß ich bald 26 wurde, und da hab ich meine eineinhalb Jahre Grenztruppen gemacht, im rückwärtigen Dienst, ich war in der Kanonenbatterie als Schreiber. 1974 kam ich zurück nach Wittstock, und da stand die Staatssicherheit vor der Tür. Die kamen von der Kreisdienststelle. Das hing so zusammen, das habe ich später dann erfahren, daß meine mittlere Schwester bei einem Familientreffen als Tischherren einen Mitarbeiter des MfS hatte, der war Schlosser in der Berliner Verwaltung, jetzt ist er ihr Mann. Bei der Überprüfung, die da in der Verwandtschaft so durchgeführt wurde, war man auf mich gestoßen und sprach mich dann an. Und ich hab mich damals dafür entschieden, weil die Situation einfach so war, ich hatte immer das Gefühl, daß ich als Lehrer nicht erreichen konnte, was ich eigentlich erreichen wollte. Alles, was man den Schülern so beibringen konnte an Lebenshaltung, wurde hintenrum durch die westlichen Einflüsse zunichte gemacht. Ich dachte, man kann in diesem Ministerium mehr für die sozialistische Entwicklung tun. Das war eigentlich der Beweggrund, weshalb ich mich so entschieden hatte.

Ich war noch nicht Parteimitglied, weil es so'ne Bestimmung gab, ich gehörte zur Intelligenz, und da war Aufnahmesperre. Mit 18 an der Schule wollte ich, und da gab's 'ne ganz böse Abstimmung gegen mich. Es herrschte dort ein ausgesprochen hohes Leistungsniveau, das waren alles Leute mit Ehrgeiz, und ich hatte das Pech, mit lauter strebsamen Mädchen in einer Klasse zu sein. Die hatten auch der Partei gegenüber so eine Position, das müßte eine Elitepartei, eine Kaderpartei sein, und aus dieser Sicht gefiel ihnen meine Lebensweise nicht. Ich habe nicht soviel getan wie sie, hab mit dem Wenigtun keine schlechten Zensuren gehabt, hätte aber mit solchem Streben wie sie – die haben bis nachts um zwölf, eins gearbeitet – sicher auch alles Einsen haben können. Damals hatte der Pädagogische Rat beschlossen, mir den außerschulischen Sport zu verbieten, weil ich nicht genügend für die Schule tat, ich war jeden Nachmittag auf dem Sportplatz, spielte Fußball, Handball, habe eben nicht wie die andern gebimst habe und einen Durchschnitt von 2,1 gehabt. Das genügte mir. Aber das war eben nicht genug. Nach dem Beschluß habe ich mich dann nachmittags hingesetzt wie die anderen, habe mich eben gezeigt, anderen geholfen, hab dann das Abi mit „gut" gemacht. Obwohl ich eigentlich die besten Bürgen hatte, den stellvertretenden Parteisekretär, den stellvertretenden Direktor, aber eben nicht den Direktor, entschieden sie sich dann, weil der Direktor den Schülern folgte, mit 17 zu 14 Stimmen gegen meinen Aufnahmeantrag. Das waren eigentlich Anschauungen zu dieser Partei, die ich in späterer Zeit als positiv empfunden habe, gemessen daran, wer alles in der SED war, um vorwärtszukommen. Bei der Abiturfeier haben sich sechs oder sieben Lehrer angeboten, beim nächsten Mal die Bürgschaft für mich zu übernehmen.

In die Partei bin ich dann gekommen, nachdem ich als Delegierter der Grenztruppen von den Weltfestspielen 1973 aus Berlin zurückkam. Da fand bei uns ein Empfang statt, wo sich führende Offiziere und Generale mit den Delegierten trafen. Ich nutzte die Gelegenheit zu Gesprächen, weil ich ja auch als Lehrer nicht aufgenommen werden konnte, wegen der Prozentzahlen, ob ich nun nicht in der Armeezeit eintreten könnte. Und dann ist das so gewesen, ein General hat gesagt, der Mann wird aufgenommen, und so wurde ich eben aufgenommen. So war das doch bei uns. Da fragte keiner mehr nach Prozenten. Als die Leute vom MfS kamen, war ich Kandidat der Partei.

Ich bin als Leutnant eingestellt worden, weil ich ja Hochschulabsolvent war. Das war damals gar nicht so einfach, jemanden aus der Volksbildung ins MfS zu holen. Da war ja Margot Honecker Minister, und die hat sich auch stark gemacht, weil Lehrer gefragt waren, gerade in meinem Fachgebiet. Aber die haben das dann einfach so gemacht, daß sie mich reaktiviert haben, so daß ich von der Armee ins MfS kam. Auf der Kreisdienststelle in Wittstock habe ich angefangen, war verantwortlich für Linie VII, so nennt man das, Spionage-Abwehr in den bewaffneten Organen Inneres, also Volkspolizei, Zivilverteidigung, Kampfgruppen, das war so der Bereich. In so einem Volkspolizeikreisamt, das sind ca. sechzig Polizisten, wenn da so'ne Kreisdienststelle über mehrere Jahre arbeitet, kommt es zu der Situation, daß du am Ende schon gar nicht mehr weißt, wen du eigentlich als Inoffiziellen werben sollst. Am Anfang war das ja so, daß IM für bestimmte Aufgaben geworben wurden. Wie überall mußte man Arbeitsergebnisse bringen. Aber in so'nem Kreisamt war relativ sicher, daß es da keine Feindtätigkeit gab, und für die paar Fälle, wo es Probleme gab, da hatte man ein Auge drauf. Aus normaler Sicht hätte es keine Notwendigkeit gegeben, jedes Jahr neue Quellen zu finden. Ich hatte entsprechende Vorgaben, soundsoviele zu bringen, das war auf so einem kleinen Territorium schwierig.

Wenn man als Neuer reinkommt, hat man das noch nicht so kritisch beurteilen können, die Befehlssituation ist ja so, daß du deine Aufgaben zu erfüllen hast, und du machst eben irgendwas, und so entstehen diese Karteileichen, von denen das Ministerium viele hatte, Leute, die als IM geführt wurden und oft gar nichts davon wußten und auch gar nichts gemacht haben. Das ist etwas, was die Bewertung dieses Ministeriums im Nachhinein für Außenstehende außerordentlich schwer macht. Wenn man davon ausgeht, daß das alles für bare Münze zu nehmen ist, was in diesen Akten steht, müßten wir ja ein furchtbarer Staat gewesen sein.

Aber so war's eben nicht. Ich hab die Rechnung an verschiedenen Stellen aufgemacht, es läßt sich ganz schnell nachvollziehen, wieviele schon geworben sind, in so einem Kreis ist das relativ schnell erschöpft, man kann doch nicht jeden von jedem beobachten lassen. Denn wenn du erst mal jemanden hast, mußt du ihn auch beschäftigen. Da gab's die ganze Problematik mit den Reisen, da war dann auch sicherheitsmäßig was zu machen, daß man mit den Leuten in Kontakt ist, die darüber zu entscheiden haben, wer reisen kann, nur das wäre auch alles offiziell zu lösen gewesen. Aber es mußte eben geworben werden.

Im zweiten Jahr hab ich dann zusätzliche Aufgaben gekriegt, den Bereich Aufklärung, weil die HVA ihre Basisarbeit nicht ohne die Kreisdienststellen machen konnte. Da hat sich die Situation dann bißchen geändert. Du mußtest zum Beispiel Leute finden, die Kundschafter werden konnten. Vor 1961 war das nicht so ein Problem, danach wurde es kompliziert, denn jeder, der rübergereist ist, wurde von der anderen Seite unter die Lupe genommen, und die Chancen, da irgendwo unterzukommen, waren gering. Deshalb mußte man auf verschiedenen Wegen nach solchen Leuten suchen, bis hin zu solchen extremen Situationen, eine junge Frau, die hier studiert und einen Araber heiratet, im Auge zu behalten, wenn die dann vielleicht in den Iran zieht und ein Kind kriegt, und dieses Kind kann man sich auf lange Sicht als Quelle aufbauen. Aufklärungsarbeit ist immer eine Arbeit auf sehr lange Sicht. Zu der Zeit, als ich da anfing, waren andere Möglichkeiten, zum Beispiel das Rausbrechen von Leuten, kaum noch gegeben. Wir hatten einen im Kreis, dessen Bruder war beim Bundesgrenzschutz Offizier. Aber das Problem war natürlich, dieser Mensch war in das System der BRD integriert. Wir haben mit dem Bruder hier gesprochen, der hat 'ne Reise in dringenden Familienangelegenheiten gekriegt, das konnten wir ja organisieren, er hat seinen Bruder besucht, aber er ist in das Territorium, wo dieser Mensch gewohnt hat, erst gar nicht reingekommen. Maximal war Abschöpfung möglich. Über dienstliche Probleme hätte der sowieso nicht geredet. Da war nicht viel drin.

Aber ich meine, insofern war die Arbeit dann schon interessanter, und es war programmiert, daß meine Entwicklung mal in Richtung Aufklärung gehen könnte. Dann meldete sich 1978 jemand aus Berlin zum Gespräch und fragte mich, ob ich im Bereich Auslandstourismus arbeiten würde, weil Mitarbeiter mit operativen Erfahrungen gebraucht wurden. Das Angebot lautete zuerst: Ganzjährig mit Familie in die CSSR. Wir waren jung verheiratet, meine Frau wußte von Anfang an Bescheid, aber das Problem war, umziehen, nach Berlin, ohne 'ne Wohnung zu haben. Versprechungen waren immer das eine, aber die Kleine war gerade ein Jahr alt, wir hatten zwei Kinder, und da entschlossen wir uns, erstmal nicht umzuziehen. Ich wurde nach Berlin versetzt, meine Frau blieb mit den Kindern zu Hause, sie hatte als Lehrerin angefangen in Wittstock, und dort hat man ihre Arbeit geachtet. Ich saß im Ministerium in Berlin, hatte einen Wohnheimplatz, und dann stellte sich heraus, daß der Einsatz in der CSSR nicht stattfinden konnte, und ich wurde einer Operativgruppe zugeordnet, die von Mai bis September in Bulgarien im Tourismus Aufklärungsarbeit zu machen hatte. Ich sagte, das bringen Sie mal meiner Frau bei. Da ist dann einer hingefahren, und mir sagte der Kaderoffizier, wenn ich nicht bereit wäre, würden sie mich zurückschicken zur Kreisdienststelle. Das wirkt psychologisch immer sehr nachhaltig, obwohl ich wußte, sie hätten es nicht machen dürfen. Aber es ist ja so, aus 'ner Kreisdienststelle wollen viele weg, da verdient man weniger Geld, und wer da wegkommt, wird beneidet. Wenn der dann wiederkommt, dann ist das eigentlich eine Blamage. Und so gesehn, hab ich gesagt, okay, ich mach das.

Mit dem Einsatz lief das so ab, Anfang bis Mitte Mai fuhren wir los und kamen Ende September zurück. Meine Frau konnte mit den Kindern einmal im Jahr in Warna Urlaub machen, das wurde auch weitgehend finanziert, ich hab für die Unterbringung gesorgt. Aber es war keine leichte Zeit. Im Juli 1979 kriegten wir dann in Berlin eine Zweiraumwohnung, ich war in Warna, meine Frau in Wittstock, da hat sie von dort aus für die Renovierung gesorgt. Zum Umzug kam ich dann aus Bulgarien hoch, und anschließend habe ich sie dann wieder alleinegelassen. Sie mußte in einer Schule in Berlin als Unterstufenlehrerin anfangen, hatte ihre eigene Klasse, das war alles unheimlich belastend, ein Kind in der Krippe, das andere im Kindergarten, und sie hatte eineinhalb Stunden Weg bis zur Schule. Kein Auto damals, und der Mann weit weg.

Die Arbeit in Bulgarien konnte man sich einteilen. Es blieb auch mal Zeit, am Strand zu liegen, weil sich in der Mittagshitze sowieso nichts abspielt. Dafür hörte die Arbeit am Wochenende nicht auf. Sonntags waren dann auch Treffs. Man konnte mit den Bulgaren unheimlich gut zusammenarbeiten, die fünf Jahre haben mir viel an Erfahrung gebracht, auch an Verständnis für die Menschen. Was unser Ministerium betrifft, so muß ich an die Sache mit dem Bären denken. Da gibt's die Mär von einem König, der sich einen Bären anschafft. Und der Bär muß ja betreut werden, da schafft er sich einen an, der den Bären füttert. Nun wird der aber auch mal krank, also wird ein zweiter angeschafft. Das genügt dann auch nicht, weil der mal Urlaub machen will, also wird ein dritter angeschafft. Dann haben sie überlegt, daß sie einen brauchen, der organisiert, wer wann arbeitet, also mußten sie einen Leiter haben. Da warn sie dann viere, irgendwann warn sie zehne, die haben alle für den Bären gearbeitet, und als der gestorben ist, da haben sie weitergemacht und es gar nicht gemerkt. Sie waren völlig mit sich selbst beschäftigt. So hat auch unser System funktioniert. Es wurden Einrichtungen geschaffen, und die Aufgabe der Leute bestand darin, ihre Existenz zu rechtfertigen. Es mußten Arbeitsergebnisse kommen, auch wenn die Arbeitsgrundlage nicht okay war.

Im Tourismus bieten sich eigentlich die Möglichkeiten, komplizierte Sachverhalte leichter zu klären. Im Urlaub verhält sich der Mensch anders als bei der Arbeit. Und wenn du von der Feindarbeit ausgehst, und das war ja die Problematik dieses Ministeriums, dann ist es naheliegend, daß man den Tourismus ausnutzt, um die feindlichen Einwirkungen abzuwehren. Die ideologische Fehleinschätzung war, daß man unsere Menschen überall beschützen mußte. Natürlich wußte der Gegner auch, daß er dort auf Leute treffen konnte, an die er in der DDR nicht rankam, Institutsdirektoren oder andere, die für sie von Bedeutung waren, das ist nachgewiesen, daß es Aktivitäten in dieser Richtung gegeben hat.

Ich habe in Bulgarien an einer Geschichte mitgearbeitet, wo die Bulgaren einen ihrer Landsleute wegen Verbindung mit Geheimdiensten verurteilt haben. Das heißt, sie haben den wegen Wirtschaftssabotage rangekriegt, sie haben es nicht geschafft, den Geheimdienst dahinter nachzuweisen, aber der hat mit Sicherheit Spionage betrieben. Da gab's einen inoffiziellen Mitarbeiter, so'n richtiger Playboytyp, 50 Jahre, das war so'n kleiner Unternehmer, dem ging es nicht um Geld von uns, der kam mit'm Porsche, so'n Mann kam natürlich an alle Leute ran. Der wollte nichts für den

13

Sozialismus tun, bei dem war es mehr Abenteuerlust. Dem ist es gelungen, den Bulgaren eine Vertreterin eines westdeutschen Reisebüros vom Halse zu schaffen, weil er Informationen geliefert hat, die dazu ausgereicht haben, die Frau des Landes zu verweisen. Der hat die eben beschlafen, und dann hat er sie gerollt, und da war die Sache erledigt. Die Bulgaren waren ja auch ein bißchen kurz genäht, mal tausend Dollar einzusetzen, die hatten weder sie noch wir, die hat der eben ringestoppt. Der müßte heute Ende sechzig sein, der wird sich nicht als Opfer der Staatssicherheit fühlen.

Die Bulgaren hatten unheimlich Probleme mit Betrügereien an den Touristen, da wurden Talons ausgegeben für Essen, das sie nicht gekriegt haben undsoweiter, wir haben ihnen mit ein paar Sachen unter die Arme gegriffen. Dort hatte die Sicherheit kein eigenes Ministerium, Polizei und Sicherheit, das war alles dem Innenministerium unterstellt, und das war eine Macht. Die haben in einer Nacht zehn Restaurants ausgeräumt und den Leuten die Kriminalität nachgewiesen. Die hatten ja kein Arbeits- kräfteproblem wie wir, da standen ein Haufen Leute zur Verfügung, die dann die Arbeit in der Gastronomie übernahmen. Bei uns war das ja oft so, daß du unzulängliche Dinge feststellen konntest, aber aufgrund der Personalsituation mußtest du vieles tolerieren. Wenn ich so an die Arbeit in Wittstock denke, die Führungstätigkeit des Polizeikreisamtes war unter aller Sau. Das einzige, was ich geschafft habe, war, den Leiter der Schutz- polizei ablösen zu lassen. Der Mann war derartig inkompetent, wenn der keinen gehabt hätte, der ihm die Arbeit gemacht hätte... Der war zu dämlich, seine Schutzpolizisten einzusetzen.

Also wie gesagt, die Arbeit in Bulgarien war interessant, ich war Verbin- dungsoffizier zum Bruderorgan, ich konnte ganz gut russisch, habe die Absprachen geführt, also das hat unheimlich Spaß gemacht. Bulgarien- reisen gab's auch als Auszeichnung für gute IMs, die sind dann als Urlauber gekommen und haben ihre Arbeit gemacht, zum Beispiel auf dem Gebiet der Spionageabwehr. Da wurden Personen und Umstände aufgeklärt, aber es war eben das Problem, daß es keine feststehenden Bestimmungen gab. Der Nachweis für die Existenzberechtigung der Abteilung Aus- landstourismus war eben dadurch zu erbringen, daß erfolgreich solche Kontrollaufträge, so hieß das, realisiert wurden. Da hat jemand gesagt, wir haben hier einen Verdächtigen oder einen in 'ner sicherheitspolitisch bedeutsamen Funktion, den wir überprüfen wollen, es sind die und die Dinge zu klären. Aber dann kamen zuviele, die Aufträge hatten, und es wurde dann festgelegt, die Dinge sind in der DDR zu klären. Das war ja auch eine ökonomische Frage. Doch das hätte ja nun wieder die Existenzberech- tigung der Abteilung in Frage gestellt, also hat man unterhalb der festgeleg- ten Schwelle doch wieder Dinge organisiert, damit man Aufträge hatte. So'ne Abteilung lebt davon, daß sie fünf, sechs Dinge hochschreiben kann, wo sie also nachweist, wir haben das und das gemacht, um bei der Jahresabrechnung sagen zu können, also in diesem Jahr ist es gelungen, mit dem bulgarischen Sicherheitsorgan gemeinsam den und den Spion zu liquidieren. Das heißt, es mußten die erreichten Ergebnisse aufgewertet werden, damit die Arbeit im nächsten Jahr so weiter gehen konnte. Deshalb wurde viel aufgebauscht.

Was immer wieder bedrückend war, war die Differenz zwischen Effekt und Aufwand. Man mußte dafür sorgen, gute Leute zu haben, aber das weißt du bei einem IM nicht vorher. Ich hatte einen, der sich immer total überschätzte, Mensch, ich hab Kontakt zu einer, und dann kam nichts dabei raus. Oder eine Frau, die war um die 40, wenn man an der vorbeiging, die hatte so'ne Ausstrahlung wie'n Fliegenfänger, die hat mir einen Verehrer, den sie im Bus kennengelernt hat, bis vor meine konspirative Wohnung geschleppt, also solche Fehlbesetzungen waren nicht auszuschließen. Wenn es nach mir gegangen wäre, wir hätten ein System festgelegt, nachdem jeder IM, der in Bulgarien Urlaub macht, auf einer Liste erfaßt wird, dann hätte man planmäßiger mit ihnen arbeiten können. Aber das ist nie zustandegekommen. Und so ist vieles durcheinandergegangen.

Zweimal im Monat flog eine Kuriermaschine nach Bulgarien. Da kriegtest du eben mit, daß die Tochter eines Politbüromitgliedes damit transportiert wurde. Oder ein anderes Beispiel: Der BFC kriegte vom Minister, der ein Fußballfan war, als Auszeichnung eine Reise nach Bulgarien, und außerdem war jemand beauftragt, einen Empfang des Ministers für die Mannschaft zu organisieren. Da haben die es fertiggebracht, eine Kuriermaschine nach Bulgarien zu schicken, die die Fußballer nach Berlin geholt hat, zu diesem Empfang beim Minister, und sie anschließend wieder runtergeflogen hat. 14 Tage später wären sie wieder zu Hause gewesen, aber keiner hat gewagt, dem Minister das zu sagen.

Unsere Generale, die nach Bulgarien kamen, um Urlaub zu machen, mußten auch von uns betreut werden. Beispielsweise wollten sie ihre Tageszeitung regelmäßig haben, die mußte ich ranschaffen, egal wie. Die Herren kriegten täglich Kurierpost. Ich mußte sie mir von den Piloten holen. Ein General hatte sich mit dem von Gera unterhalten, daß der eben gerne seine Wismutzeitung liest. Da haben die's fertiggebracht, daß die Wismutzeitung mit in den Koffer gepackt wurde, damit der aus Gera die in Bulgarien lesen konnte. Aber es kam noch schöner. Der General empfing mich und teilte mir mit, am Sonntag kommt 'ne Sondermaschine, die bringt für mich was mit, das bringste mir her. Da mußte ich wieder mal 'ne Nacht ans Bein binden, bin zu der Interflugmaschine, meldete mich beim Stewart, die Maschine hatte Politbüromitglieder oder Kinder von denen in Urlaub gebracht, jedenfalls ich zum Stewart, und der sagt, da brauchste 'n LKW. Das waren fünf Kästen Bier und paar Pappkartons. Ich habe einen

bulgarischen Gepäckfahrer angehalten und das Zeug zu meinem Auto fahren lassen. Sicherlich Kompetenzmißbrauch. Ich zum General mit dem Zeug. Zwei Tage später fragt er mich, ob wir nicht 'n bißchen Wurst haben wollen. Man muß sich mal vorstellen, diese Menschen sind im Urlaub, in einem Heim des bulgarischen Sicherheitsorgans, die wurden von hinten bis vorn gefüttert, dann sind sie auf die Idee gekommen, Thüringer Wurscht ist was Gutes, laß doch mal was kommen. Und da kam dann natürlich soviel, daß sie gar nicht alles aufessen konnten. Die Bulgaren wollten es auch nicht, also mußten wir zwei Kartons übernehmen. Das war nur so ein Beispiel. Oder was anderes, das war wirklich eine dickes Ding. Da fand eine Konferenz zwischen den Führungsorganen von uns und den Bulgaren statt, und ein General hatte geäußert, daß er gerne Lindenblütentee trinkt. Seine Untergebenen haben daraus gemacht, wir sollten Lindenblüten in Bulgarien besorgen. Pflücken sollten wir die. Die waren aber schon verblüht. Es gab eine ganze Reihe solcher Sachen. Diese Kurierverbindungen waren ja für was anderes gedacht, aber auf diesem Weg, der alle Zollschranken umging, konnte man alles mögliche hin- und herschaffen. Da wurden mit Hilfe der operativen Mitarbeiter Präsente besorgt. Man konnte das selber auch nutzen und war schon so'n bißchen korrumpiert. Also das war eine schlimme Seite dieser Zeit, da hat man die großen Ansprüche einiger Leute erlebt. Es gab natürlich auch andere Generale. Aber die Krönung der Kulturlosigkeit war, daß ich einen General zu informieren hatte, daß die Kuriermaschine angekommen war und fand ihn und seine Umgebenden auf dem Rückweg vom Strand in Badehosen. Da kommen sechs Mann, vier Generale, ich trage mein Anliegen vor, ein Oberst nimmt, es entgegen und übermittelt es dem General, alles in Badehosen, der General antwortet dem Oberst, und der redet dann mit mir. So ging das vor sich. Ein etwas unbedarfter Mitarbeiter, der so'n bißchen poltrig war, der ist dann später entlassen worden, der arbeitete in Burgas, und die Maschine kam, 'ne Sondermaschine, wo was drin war für den General. Unser Polterkopp kam und brachte es fertig, er kannte den General, der in Zivil war, nicht und sagte, ej, is det deine Scheiße? Das war ein Haufen Bier und Wurscht, na, der General hat nicht reagiert. Aber so war es.
Der Minister hatte irgendwann Anfang der achtziger Jahre die Parole ausgegeben, die ungesetzlichen Grenzübertritte zurückzudrängen. Natürlich mußte der Schwerpunkt in Bulgarien liegen, und unsere Chefs gaben das an uns weiter, so nach dem Motto, die würden sich alle bei uns melden, bevor sie abhaun. Ich hab ihnen mal aufgearbeitet, wo überhaupt die Grenzübertritte stattfanden, das war nämlich weit weg von der Küste. Da war ein Fall mit einem Mädchen aus Erfurt, die mit Polen zusammengekommen war, die Polen hatten eine Frau mitgebracht, die einreiste nach

16

Bulgarien, und dann haben sie das Mädchen aus Erfurt mit Haarfärben und Schminke so maskiert, daß sie mit dem Paß der Polin Richtung Westen ausgereist ist. Sowas habe ich dann berichtet.

Nach meiner Rückkehr habe ich dann erstmal mitgekriegt, wie blind unsere Hauptabteilung eigentlich gearbeitet hat. Die hätten unser Auslandsmaterial nutzen können, zum Beispiel in der Arbeit gegen die Menschenhändlerbanden. Aber als ich nach Berlin zurückkam, das war 1983, war die hohe Zeit dieser Banden vorbei. Das Grenzregime war so, daß ihr Risiko immer größer wurde. Unsere Prüfmethoden waren ausgefeilter geworden, mit falschen Pässen kamen sie nicht mehr so leicht durch. Ich kriegte damals drei Vorgänge, die aus der Arbeit der Paßkontrolleinheiten herausgefiltert worden waren. Es handelte sich um Westberliner, der eine war bestimmt Spion, aber der war schwerkrank, den hätten wir noch überführen können, aber der reiste dann nicht mehr. In einem anderen Fall war formuliert, „er hat sich im spionagegefährdeten Gebiet aufgehalten." Da bin ich erstmal hingefahren, hab mir das angekuckt, das war in der Schorfheide, in der Nähe eines sowjetischen Flugplatzes. Der Mann hat Pilze gesucht, und es war ihm nicht nachzuweisen, daß er spioniert hat, obwohl die Sowjets dort neue Flugzeugtypen hatten, da ist bestimmt spioniert worden. Bei meinen Untersuchungen kriegte ich dann noch mit – das war Staatsjagdgebiet – wie unsere Hautevolee mit dem Wild umgegangen ist, da ahnte man dann schon vieles, was die für Autos gefahren haben, aber der Schabowski hat eine große Rede auf den Wartburg gehalten, naja, das nur nebenbei.

Dann kam Mitte der achtziger Jahre die Zeit, wo die Leute, die mit der DDR unzufrieden waren, als politischer Untergrund eingestuft wurden. Da wurde eine Feindkategorie geschaffen, die eigentlich keine war. Das führte dazu, daß man Mücken zu Elefanten gemacht hat. Weil aber die einzelnen nachzuweisen hatten, daß sie auf diesem Gebiet was bringen, haben sie diese Sachen aufgebauscht. Da hatte ich eben auch ein Material zu bearbeiten, da hatte einer Neujahrskarten entworfen, mit schwarzen Streifen drauf und der Bildunterschrift: Nach uns die Zukunft. Der hat die an seine Verwandten geschickt, das wurde als Untergrundtätigkeit betrachtet. Ich hab an dem Problem ein halbes Jahr gearbeitet, das war nischt, das ist hochstilisiert worden, der wollte sich interessant machen, das ist durch Stichproben bei der Post rausgekommen. Wie gesagt, am Ende war nischt dran an der Geschichte, ich hab's dann geschafft, nachzuweisen, daß da nichts ist, aber das war auch ein Problem, sie konnten dir ja nachweisen, daß du nicht gut gearbeitet hast.

Es ist diesem Organ wirklich vorzuwerfen, daß vieles getan wurde, was gesetzlich nicht mehr untermauert war. Es gab eindeutige Regelungen, aber in dieser Zeit, als es darum ging, bestimmte Dinge nachzuweisen, griff man

eben zu Hilfsmitteln. Wir haben ja auch mit dem Prozeß der Fahndung zu tun gehabt. Da gab's Vorschriften, wer unter welchen Umständen in Fahndung zu stellen ist. Es ist legitim, daß jedes Land Fahndungsmaßnahmen zur Bekämpfung krimineller und auch staatsfeindlicher Aktivitäten trifft, aber die Frage ist, wie weit wurde das zur Erreichung gewollter Ziele mißbraucht und hochgeschrieben, um eben nachzuweisen, daß der Verdacht einer Straftat vorliegt. Bei den Menschenhändlern war das gerechtfertigt. Aber es gab Fälle, wo man sagte, legen wir den erstmal in die Fahndung rein, wir werden ihn schon kriegen, beispielsweise, wenn der Verdacht bestand, daß jemand abhaun wollte oder Kontakt zu bestimmten Personen hatte. Wenn ich also Leute zu bearbeiten und Erfolge zu bringen hatte, und es kam nischt, dann habe ich es eben so gemacht, daß es wie ein Erfolg aussah. Beispielsweise IGfM, Internationale Gesellschaft für Menschenrechte, eingestuft als staatsfeindliche Organisation, die haben im Zusammenwirken mit dem Bundesministerium für Innerdeutsche Beziehungen die Ausgangsmaterialien geliefert für die Gespräche zwischen unserer Führung und denen drüben, über konkrete humanitäre Fälle, und die haben mit geheimdienstlichen Methoden Informationen beschafft. Also Mißbrauch des Transitabkommens, um sich mit bestimmten Leuten zu treffen, dafür gab es eindeutige Paragraphen. Aber da wurden auch bestimmte Dinge überzogen, weil dieser Zwang zur Leistung und das Zulassen des Schwindelns auf allen Ebenen der Gesellschaft bestand, da hat unser Ministerium keine Ausnahme gemacht. Ganz eindeutig ist das bei der Stolpegeschichte. Damit einem eben kein anderer den Versuch wegnehmen kann, Stolpe zu werben, haben die ihn als IM angelegt, nur aus diesem Erfolgszwang heraus. Es mußten Informationen ran, der war nicht zu gewinnen, da hat man die offiziellen Geschichten genutzt und Akten angelegt. Ich habe Sachen erlebt, in Wittstock beispielsweise, da war einer IM und wußte es gar nicht. Der wurde abgeschöpft, das wurde von dem Mitarbeiter aufgeschrieben oder auf Tonband gesprochen, und sowas taucht nun eben in den Akten der Gauckbehörde auf, die das gar nicht richtig einschätzen können.
Nun war ich also in dieser Truppe, und nun mußte endlich mal 'ne Westwerbung kommen, obwohl meine Aufgabenstellung eigentlich nicht in diese Richtung ging. Da hatte ich Probleme, weil, es ist mir nicht leicht gefallen, zu lügen. Man mußte ja auch die eigene Frau anschwindeln, da hatte ich erhebliche Probleme mit, ich bin überall gut zurechtgekommen, wo ich offen mit Leuten reden konnte. Da habe ich auch Fehler gemacht, weil ich Leuten zuviel gesagt habe. Zu der Zeit kam ich dann in Druck, weil das mit der Anwerbung nicht klappte, das war so 1986, und da suchte die Abteilung Schulung Leute mit pädagogischer Ausbildung. Deswegen wurde ich dann als Schulungsoffizier eingesetzt.

Ich bin eingestellt worden 1974 mit 996 Mark, das war gegenüber meinem Lehrergehalt ein Anstieg, aber es gab praktisch keine Arbeitszeitregelungen für operative Mitarbeiter. Überstunden wurden nicht bezahlt. Beim Geld gab's eben auch himmelschreiende Ungerechtigkeiten. Ein General, der ein Haus hatte, das vom MfS bezahlt wurde, kriegte das Fünffache an Wohngeld mir gegenüber. Der kriegte auch ein wesentlich höheres Bekleidungsgeld, obwohl er sich seine Anzüge in der Maßschneiderei des Ministerium kostenlos anfertigen lassen durfte. Die Spannungen im Lande merkten wir natürlich in unserer Arbeit. Am 7. Oktober 1989 war ich auf dem Alex, da sollten wir dann auch schlimme Sachen machen, ich hatte Glück, nicht unmittelbar handeln zu müssen in dem Sinne, wie es gewollt war, da merkte man eben, wie verbohrt manche dieser Vorgesetzten waren, welche Vorstellungen die noch hatten, es war ja abzusehen, daß das alles schon nicht mehr aufgehen konnte, das war hanebüchen. Aber du konntest ja dagegen nicht an, in der Zeit wärst du sofort eingesperrt worden. Bei uns wurde in der Parteiversammlung postuliert: Du hast als Mitarbeiter keine Fragen zu haben! Und dann diese Doppelzüngigkeit. Du hattest nicht Westfernsehn zu gucken. Aber gleichzeitig verlangten deine Vorgesetzten, daß du Westfernsehn gesehen haben mußtest, um über bestimmte Sachen informiert zu sein.

Wir hatten dann Alarmbereitschaft, ich habe Dienst gemacht, 72 Stunden hintereinander, das war dann schon alles ein Chaos. Viele verließen das sinkende Schiff, ein Oberst fing an, irgendwelche Kochtöppe zu verkaufen, ich habe es erst mit Versicherungen versucht, jetzt mache ich einen Computerlehrgang mit dem Ziel, später selber mal Lehrgänge übernehmen zu könne. Da habe ich die Möglichkeit, etwas zu tun, was ich kann, nämlich Leuten etwas beibringen. Ich kann ihnen Lebenshilfe geben und muß mir nicht vorwerfen, Dinge zu vertreten, die ich nicht vertreten kann.

Dr. Horst R., Jahrgang 1931

Ehem. Oberst des MfS, Hauptabteilung XVIII

Die Aufgabe der von mir geleiteten Abteilung war, korrekt ausgedrückt, die politisch-operative Sicherung der zentralen Objekte des wirtschaftsleitenden Staatsapparates. Ich war seit 1955 bei der Truppe. Nachdem ich Abitur gemacht hatte und eigentlich nach Leningrad zum Studium wollte, ich sollte ein richtiges Finanzerlein werden, wurde mir gesagt: Die ganzen Finanzen taugen nichts, wenn die Macht nicht gesichert ist. Damals war ich 24 und hatte schon eine ziemliche Odyssee hinter mir. Ich bin geborener Kreuzberger, eingeschult worden in die Borsig-Oberrealschule. Dann wurden die Bombenangriffe auf Berlin immer heftiger, und meine Eltern zogen auf ihr Grundstück in der Nähe von Berlin. Das Häuschen hatte vielleicht 25 Quadratmeter. Dann fielen aber auch dort Bomben, und wir zogen zu Vaters Mutter Anna-Therese in den Kreis Herzberg. Da gab es weit und breit keine Oberschule. Ich mußte ins Mackensen-Oberrealgymnasium nach Torgau, da bin ich jeden Morgen um halb sechse losgefahren und war um halb sieben abends zu Hause. Und da ich ja nun in der Schule warten mußte, bis der Zug zurückfuhr, habe ich in dieser Zeit eben in die Bücher geguckt, mit dem Ergebnis, daß ich eine Klasse überspringen konnte. Dann fuhr der Zug nicht mehr, und ich mußte zur Hauptschule nach Falkenberg, da konnte ich mit'm Rad hinfahren. Schließlich war der Krieg zuende, und wir kehrten auf unser Grundstück zurück. Ich kam in meine alte Klasse, aber die Versetzung fiel aus, für alle, und dann machte die Schule zu. Abitur habe ich in Lichtenberg an der Kant-Oberschule gemacht, da war ich dann schon fast 20.
An der Humboldt-Universität wurden damals Studenten gesucht für die Fachrichtung Wirtschaftswissenschaft. Mein Vater war Parteiarbeiter, der verdiente ein enormes Geld, vielleicht 350 Mark im Monat, meine Mutter als Verkäuferin 200, 'ne Schwester hatte ich ooch noch, also mußte ich und wollte ich Geld verdienen. Ich fing bei der Staatsbank an, mit 204 Mark im Monat, immer mit der Hoffnung, wenn du mal soviel Geld hast, daß du dir 'ne eigene Hose auf'n Arsch kaufen kannst, dann kannste auch studieren. Da ich offensichtlich auch nicht doof war, sagten sie mir, so, du gehst zum Finanzinstitut nach Leningrad. Da fing das gerade an mit den Auslandsstudenten. Und darauf war ich eigentlich vorbereitet, als die Kameraden vom MfS kamen und sagten, ob ich nicht das und das werden wolle. Es war einer der Höhepunkte meines Lebens, da mach ich auch heute noch

kein Hehl draus. Ich habe immer auf der ökonomischen Strecke gearbeitet, war für den zentralen Staatsapparat zuständig. Da ging es um Wirtschaftsspionage, alles andere hat uns nicht interessiert. Im Prinzip kamen die Spionageangriffe von den klassischen Geheimdiensten. Ich habe mit allen zu tun gehabt, mit den Engländern, Franzosen, Amerikanern und Westdeutschen, und ich habe auch von allen Spione eingesperrt. Am souveränsten haben die Engländer gearbeitet, am primitivsten die Amerikaner, die haben auf Masse gesetzt. Die Franzosen hatten keine guten Agentenführer, die liebten zu sehr die Liebe, wenn man denen zwee hübsche Miezen ins Blickfeld geführt hat, die haben sie angeworben, und dann haben wir mit den Franzosen gemacht, was wir wollten. Mit Ausnahme der Engländer waren die Geheimdienste nicht wählerisch. Es war jede Spionageinformation gefragt, und sie haben tatsächlich Massenwerbungen durchgeführt, über Geld oder über Geldeswert. Bei jungen Mädchen häufig über Abtreibungen. Die hatten Abtreibungsärzte in Westberlin, und die jungen Mädchen, die sich dort hinwandten, kriegten die Abtreibung umsonst und mußten sich dafür verdingen. Im Regelfall waren es Sekretärinnen im Staatsapparat. Es ging ja um zwei Sachen, das eine war die Personenaufklärung, wer ist als Werbekandidat geeignet, und ein guter Spion hat mindestens fünfzig bis hundert Personen aufgeklärt, bis er enttarnt wurde von uns. Das andere waren die Berichte aus den jeweiligen Arbeitsgebieten. Sie haben auch ganz unqualifizierte Leute angeworben. Damals gab's noch keine Rohrpost, da wurden Boten eingesetzt, und die haben einfach Post geklaut, die kam eben nicht an. Das waren Leute, die zum Teil ihr Handeln gar nicht überschaut haben. Dann hatten sie Leute, die mit uns nichts im Sinn hatten, die sich zwar angepaßt haben, aber im Grunde Gegner geblieben sind. Und die dritte Kategorie waren junge Leute, die Geld brauchten. Die nun schon von unseren Universitäten gekommen waren und eigentlich bei uns Vertrauenskader waren. Die waren in der Plankommission und in den Ministerien. In der Plankommission wurde noch einer entlarvt 1968, das war ein Täter aus Überzeugung. Bei der Beweisaufnahme hat der sich mit seinem Dienstgrad von der CIA vorgestellt, völlig verbohrt, der Mann.

Sabotage spielte sich in der Regel in der Industrie ab, Diversion auf den Verkehrswegen, und Spionage im zentralen Staatsapparat. Ich habe selber vielleicht vier, fünf Spione enttarnt, die hohe Freiheitsstrafen bekommen haben. Es war säuische Kleinarbeit. Ohne IMs war überhaupt nichts zu machen. Die Technik kann Hinweise liefern, beweisen kannste mit der Technik 'n Scheißdreck.

So, was haben wir gemacht. Wir haben unsere Objekte analysiert, wofür könnten denn die Geheimdienste Interesse haben. Das war mehr oder weniger theoretische Arbeit. Wer könnte aus diesem Bereich eine gefährdete Person sein, die denen auf den Leim geht. Wir hatten damals für jedes Objekt den sogenannten Objektvorgang, da war alles drin, das konnten dreißig Leitz-Ordner sein oder noch mehr. So, dann haben wir nach diesen Sachen natürlich unsere IMs ausgesucht. Damals hatte der einfache Mitarbeiter mindestens 25 bis 30 IMs, das war Massenarbeit, aber es kamen Massen von Informationen. 90 Prozent zum Wegschmeißen, 10 Prozent zum Angucken und vielleicht zwei Prozent von Wert. So etwa waren die Proportionen.

Wir haben uns damals noch mit den gegnerischen Geheimdiensten beschäftigt, später, als die Staatssicherheit nach Parkinson'schen Gesetzen regiert wurde, durfte das nur noch die Hauptabteilung II. Wenn ich also Lieschen Müller hatte, die zu dem französischen Agentenführer François Verbindung hatte, da konnte ich versuchen, die für mich zu gewinnen. Manchmal gelang das, manchmal sind sie auch nur zum Schein darauf eingegangen und dann abgehauen, das war ja noch zur Zeit der offenen Grenze. Dann waren die natürlich politische Flüchtlinge. Die Kleinarbeit bestand darin, bei verdächtigen Sekretärinnen, wo wir wissen wollten, ob sie Kopien herstellten, jede Nacht das Zimmer zu kontrollieren, ob wir irgendwas finden. Und da die Treff-Frequenz 14 Tage bis vier Wochen betrug, da haste entweder nach sechs Wochen gesagt, bei der ist nichts oder sie hat ein raffiniertes Versteck. Nach den ersten Erfahrungen wußten wir, wo wir solche Verstecke finden. Die waren meist unterhalb des Schreibtisches, da klebte das Zeug, oder es war unter Blaupapier versteckt, 'ne Sekretärin hat ja nicht viele Möglichkeiten, sie hat selten einen eigenen Panzerschrank, sie hat ihren Kleiderschrank, sie hat ihren Schreibtisch, und Tag für Tag haben wir nachgeguckt.

Nachdem die Staatssicherheit technisch besser ausgerüstet war, haben wir durch die Decke gebohrt, 'ne Optik eingebaut, da mußte natürlich einer Tag für Tag auf dem Bauch liegen, und wenn dann eine was versteckt hat, dann konnteste das abends dokumentieren, dann wußtest du, du bist auf der richtigen Spur. Zu 98 Prozent war das erfolglos. Und dann gab es auch überraschende Ergebnisse, wer mit wem ein Verhältnis hatte, oder wer seinen Büroschlaf pflegte, und oben lag der arme Kerl und mußte zukieken und konnte es nicht mal verwerten. Du konntest es nicht mal jemandem sagen, der den Faulpelz hätte rausschmeißen können, dann hätte der gesagt, er will ooch mal kieken, so. Also nochmal zu Lieschen. Die hat mitgemacht und ist nicht abgehaun, dann war's natürlich relativ einfach. Du wußtest erstmal, wie der aussieht, wo der in Westberlin seine Treffs machte, und dann hat die Hauptabteilung VIII sich bei dem vor die Tür gestellt, das hieß bei uns die Westbeobachtung. Manche gerieten auch auf unser Territorium, weil sie ortsunkundig oder besoffen waren, einer fuhr gegen einen Pfeiler des Brandenburger Tores, auf den hatten wir gewartet, aber er blieb auf der Gegenseite liegen, also in der Regel haben wir die nicht gekriegt. Wir waren mehr oder weniger eingegrenzt auf die Spione, die auf unserem Territorium gearbeitet haben. Als ich junger Leutnant war oder dann schon Hauptmann, das war eigentlich meine erfolgreichste Zeit, ich hatte meine eigene Methodik, da hatte ich das Glück, nicht gegängelt zu werden. Die Leute, die heute mit dem Befehlsnotstand argumentieren, sie konnten nicht anders, die wollen sich nur vor der Verantwortung drücken. Klar, es gab Ochsen von Vorgesetzten, aber ich hatte einen, der war zwar mimosenhaft und mächtig eitel, dreimal am Tag umgezogen, aber der ließ mir meine Gedanken- und Handlungsfreiheit, ich konnte kreativ sein. Ich hab wenig im Büro gesessen, ich war immer auf Achse. Es war eine reine Fleißarbeit.

Wenn ich den Unsinn höre vom flächendeckenden Telefonabhören, dazu brauchte man erstmal ein flächendeckendes Telefonnetz. Das war ja nun wirklich nicht vorhanden. Zu meinem Sicherungsbereich gehörten etwa 12000 Beschäftigte, darunter vielleicht sechseinhalb- bis siebentausend Geheimnisträger, also wenn ich Glück hatte, hab ich zwei bis drei Telefonkontrollen erwischt, mehr war von der Kapazität her nicht möglich. Man konnte ja auch in keinem Strafprozeß bei uns Erkenntnisse aus der operativen Technik verwenden, Ergebnisse der Telefonüberwachung konnten in keinem Prozeß zur Sprache gebracht werden. Das ist beim Verfassungsschutz anders. Deren Recht war nicht mein Recht. Ich habe zu deren Recht heute noch einen großen Abstand, wobei ich viele Elemente des Rechtssystems – das hat jetzt mit unserer Arbeit nichts zu tun – viele Elemente dieses Rechtssystems der Bundesrepublik für besser halte als unser Recht. Meine Kritik richtet sich gegen die Rechtsanwendung. Aber man muß sagen, bei uns konnte jeder Kreissekretär in seinem Gebiet das Recht außer Kraft setzen, das war leider so. Diese Möglichkeit gab's in den alten Bundesländern nicht, ich spreche jetzt nicht von bestechlichen Richtern, sondern von den Rechtsgrundlagen. Man kann, wenn man sich da durchfindet, das ist für einen Nicht-Juristen außerordentlich kompliziert, sein Recht auch weitestgehend erlangen. Daß das nicht passiert, liegt daran, daß die Leute die Möglichkeiten, die das Recht bietet, nicht kennen. Da ich 'ne Rechtsausbildung habe, kann ich mit diesem Recht umgehn. Das war meine erste Korrektur in der kritischen Haltung zur BRD, daß ihr Rechtssystem eine zivilisatorische Errungenschaft ist, muß ich leider so sagen. Mir fällt es schwer, bei denen was Gutes zu finden, der Rechtsstaat wird ja auch durchlöchert durch die Kohlköpfe, die sie haben, z. B. durch Blüm, der mit der Zuchtrute des Rentenüberleitungsgesetzes Rache an denen nimmt, die ihm 40 Jahre den Zugriff auf die DDR verwehrten.

Naja. Zurück zu meiner Ausbildung. Ich hatte die Möglichkeit, im Fernstudium Ökonomie zu studieren, Sprachexamen Englisch abgelegt, alles bei laufender Arbeit. Meine Freistellung für die Diplomarbeit begann am 13. August 1961, da habe ich alles andere gemacht, nur keene Diplomarbeit. Man ist Tag und Nacht nicht aus den Sachen gekommen, und die Arbeit wäre sicher besser geworden, hätte ich mehr Zeit gehabt. Ich hatte das Thema „Der Anteil des Außenhandels an der allmählichen Angleichung des Entwicklungsniveaus sozialistischer Länder". In drei Wochen konnte ich das Thema nicht ausschöpfen, es reichte für 'ne zwei. Ich hab abgeschlossen als Diplom-Wirtschaftler.

Innerhalb von zehn Jahren konnte man postgradual ein Teilstaatsexamen machen. Da habe ich mich an der Hochschule bei uns beworben, um mich einfach auch mal zu beweisen, das spielt 'ne Rolle, jedenfalls bei mir. Da habe ich Jura studiert. Und dann haben sie mir angetragen, zu promovieren. Ich hab gesagt, warum denn nicht, habe zwei phantastische Wissenschaftsbetreuer gehabt, den Praxisbetreuer machte mein eitler General, ich muß sagen, mit großem persönlichem Engagement, der hatte vor mir promoviert, und er konnte was. Die Promotionsschrift hat 147 Seiten, ich hab mich beschäftigt mit der Objektivität in der Beweisführung bei Straftaten gegen die Volkswirtschaft der DDR. Es war an der Zeit, dafür theoretische Grundlagen zu schaffen, gegen den Subjektivismus in der operativen Arbeit. Meine Position war und ist, niemandem unrecht zu tun, aber wenn einer schuldig war, mußte das mit aller Konsequenz geklärt werden. Eine zweite Position, die in der Arbeit deutlich wurde: vorbeugend Straftaten zu verhindern ist besser, als Straftäter einzusperren. Die Doktorarbeit war in meinem Panzerschrank, sie wurde sicher vernichtet, ich war ja krank und habe die Wende nicht in der Normannenstraße erlebt, ich weiß nicht, wo meine Promotion geblieben ist. Ich hätte sie gern publiziert, weil ich mich da für absolute Objektivität ausgesprochen habe. Abgeschlossen habe ich mit „Magna cum Laude". Das war 1973.

Zurück zur Zeit nach der Grenzschließung. Da waren die Geheimdienste erstmal ohne Orientierung, wir hatten ein Patt erreicht. Dann haben sie die Beziehungen zu ihren Spionen über Verwandte hergestellt, und zwar über Post und Pakete. Da fing die Postkontrolle bei uns an auszuwuchern, weil ja keiner wußte, wer schreibt von drüben an wen hier. Quantitativ haben wir die Zahl ihrer Postkontrollen nie erreicht. Nur bei uns wird das als Verstoß gegen die Menschenrechte eingeklagt. Ich spreche ausdrücklich nicht von der Postkontrolle gegenüber Andersdenkenden. Selbstverständlich hat die Hauptabteilung II, zu der gehörte die Postkontrolle, eine Menge rausgefischt.

Bei uns ging's dann los mit dem ersten Passierscheinabkommen 1964. Wir sind rumgeloofen wie die Wilden, wir hatten gar nicht soviele Leute, um sie bei denen vor die Türe zu stellen, bei denen wir was vermuteten. Wir sind von eenem Been aufs andre gehuppt, um festzustellen, wo etwas visuell wahrnehmbar war. Wenn ich für zwölftausend zu sichernde Personen 40 Mitarbeiter habe, ist es ja ein Würfelspiel, wo ich die postiere. Aber ein blindes Huhn findet auch ein Korn. Wir sind durchaus fündig geworden. Natürlich durfte kein Verdächtiger merken, daß wir ihn observiert haben. Wenn es bemerkt wurde, war es häufig von uns gewollt. Also zur Leipziger Messe, da haben wir uns deshalb gezeigt, damit keiner was macht. Die sollten doch denken, wir sitzen in jeder Koje und stehn hinter jedem Pfeiler, es hat keinen Sinn, was anzustellen, und damit hatten wir Erfolg. Nicht durch unsere Kunst, sondern mit Präsenz, auffälliger, aber stillschweigender Präsenz.

Bei mir schlägt immer der Preuße durch. Mich hat nie gestört, wenn einer in die Kirche gelaufen ist, der war für mich kein Feind. Der alte Fritz hat gesagt, jeder soll nach seiner Facon selig werden. Aber mit der gleichen Konsequenz soll man mir meine atheistische, marxistische Religion lassen, die gleiche Toleranz erwarte ich von anderen. Das ist meine Herangehensweise. Zu mir kamen nach der Wende zwei Pfaffen, das hat jetzt mit der Arbeit nichts zu tun, die wollten mit mir sprechen. Ich hab gesagt, gern, wenn Sie bereit sind, sich zum Marxismus bekehren zu lassen. Haben sie geguckt, warn wir uns einig, also da war mit mir nicht viel anzufangen. So, aber nochmal zu diesen Elementarprozessen. Dann erweiterte sich Anfang der siebziger Jahre, das hing mit der KSZE zusammen, die Reisetätigkeit der DDR-Bürger. Da waren unsere Reisekader ständig konfrontiert mit geheimdienstlichen Angriffen, unentwegt. Ich war damals zeitweilig in der Abteilung, die für den Außenhandel zuständig war, wo sich die Reisekader konzentrierten. Da gab's Hochburgen, zum Beispiel Hamburg, von der CIA, da war der noch nicht aus dem Zug ausgestiegen, geflogen sind ja unsre nicht, der hatte noch nicht sein Been auf den Bahnsteig gesetzt, da war einer von der CIA dran und hat versucht, den zu werben. Da wurden die Außenhandelsbeziehungen der DDR zum Träger geheimdienstlicher Tätigkeit. Daraus kam die nächste repressive Maßnahme, daß wir jeden Reisekader überprüft haben: Kann bei dem was passieren? Wir hatten so vierzig-, fünfzigtausend Mann, die wir überprüfen mußten. Es gab sogar offizielle Dokumente der Regierung, das Bestätigungsverfahren für Reisekader. Sie wußten alle, daß ihrer Tätigkeit 'ne Überprüfung vorausging, und daß diese Überprüfung vom MfS vorgenommen wurde, aber auch hier kam der Zwang zur Repression als Reaktion auf den Angriff der anderen Seite. Das alles ist nur zu begründen durch diese Fiktion des Nicht-Staates DDR. Hätten sie sich ans Völkerrecht gehalten, wären das alles Straftaten gegen einen anderen Staat, und der hat das Recht, sich zu verteidigen. Du hast das Recht nur dann nicht, wenn es sich um einen Nicht-Staat handelt. Damit wird heute alles begründet, bis hin zum Umgang mit der Staatssicherheit.

Ich will nicht reden von der Kontrolle der Andersdenkenden, das halte ich für einen ausgemachten Schwachsinn. Da haben wir von der XVIII uns nicht eingemischt. Wir hatten Anhänger von Gorbatschow'schen Theorien, die für mich konterrevolutionäre Theorien sind bis heute, auf wirtschaftlichem Gebiet. Da haben wir uns überhaupt nicht drum gekümmert. Ich brauchte mich nur mit Andershandelnden zu beschäftigen, das DDR-Strafrecht war ein Handlungs- und kein Gesinnungsstrafrecht, deshalb habe ich bis heute keine Gewissenskonflikte mit meiner Arbeit. Ich habe mich mit Staatsverbrechern und Kriminellen auf dem Gebiet der Wirtschaft auseinandergesetzt. Also wenn man uns zum Nicht-Staat erklärt und den Staatsverbrecher zum Freiheitskämpfer stilisiert, dann bleibt immer noch der Kriminelle übrig. Und wer nun den noch zum Freiheitskämpfer machen will, ist selbst kriminell. Bisher wurde in allen Publikationen über das MfS vergessen, daß sich nicht wenige gut betuchte Herren aus weltbekannten Firmen krimineller Straftäter in Betrieben der DDR bedienten, um den Valutafond unseres Landes noch weiter zu schmälern. Offensichtlich wurden die Keller des Archivs im ehemaligen MfS, in denen diese Akten lagern, noch nicht geöffnet.

Es gab Fälle, wo Reisekader nicht mehr reisen wollten, weil sie sich bedroht fühlten und ich ihnen auch erklären mußte, ich kann sie außerhalb unseres Territoriums nicht schützen. Wir waren an sehr vielen Orten, aber nicht überall, und da mußte ich solche Wünsche respektieren. Meine Abteilung arbeitete nicht im „Operationsgebiet", wie die BRD in der Fachsprache hieß. Wie bei der Religion hatte ich auch hier meinen Grundsatz: Die haben bei uns nichts zu suchen und wir nichts bei denen. Sicher eine vereinfachte Formel der Koexistenz. Aber in meiner damaligen Gedankenwelt war mir Wladiwostok näher als München.

Es gab nicht wenige Doppelzüngler, zum Beispiel ein gewisser Herr Schuster, der jetzt durch den „Spiegel" marschiert ist, der war Geschäftsführer einer DDR-Vertretergesellschaft, der hatte sich der CIA verdingt und sich dann dem MfS offenbart. Er wurde als doppelter Mann geführt, und der MfS-Mann, der ihn führte, war überzeugt, das ist der ehrlichste Mensch, den man sich denken kann. Na der hat den angeschissen und ist schließlich abgehaun, Anfang der achtziger Jahre. Der war bei einer Nachbarabteilung, eigentlich durfte man gar nicht wissen, daß es den gibt, aber es hatte sich herumgesprochen. Bei der Abwehr wurde auch gequatscht.

Anfang der achtziger Jahre wurde ich mit drei oder vier weiteren Mitarbeitern besonders verpflichtet – nun hatten wir ja schon eine Verpflichtung, wo wir erschossen werden, wenn wir quatschen, aber wir wurden nochmal gesondert zum Stillschweigen verpflichtet, denn wir sollten eine Ausarbeitung machen über die Lage der Volkswirtschaft der DDR. Das Dokument war angeblich bestimmt zur Vorbereitung des X. Parteitages, speziell zur Ausarbeitung der Direktive für den Fünfjahrplan 1981 bis 1985. Uns stünden alle Materialien zur Verfügung, und wir sollten uns auch selbst Materialien besorgen. Wir durften auch Konsultationen mit leitenden Wirtschaftsfunktionären führen, ohne zu sagen, worum es geht. Wir mußten Regierungsdokumente einsehen, und wenn mir jemand was nicht freiwillig gegeben hat, hab ich's mir nachts geholt. Schließlich war die Abwehr auch dafür zuständig, die Kontrolle über die sichere Aufbewahrung der Staatsgeheimnisse auszuüben. Dieses Recht hatte uns die Regierung – nicht Mielke – gegeben. Daß man dann auch einen Blick in die Dokumente wirft, liegt in der Natur der Sache. So haben wir keinen in Gewissenskonflikte gebracht.

Und dann haben wir einen Schreck gekriegt. Nach einer Woche wußten wir, daß die Volkswirtschaft der DDR am Zusammenbrechen war. Schon 1980. So, dann haben wir das alles aufgeschrieben und, wie es beim MfS üblich ist, herausgearbeitet, wer schuld daran ist. Da gab's bei uns einen Hauptschuldigen der hieß Mittag, der zweite hieß Schalck-Golodkowski. Das haben wir geschrieben. Unser General ist blaß geworden. Ob wir das denn vertreten können. Und dann mußten wir alle unsere Notizen abgeben und nochmal wieder neu erklären, daß wir auch wirklich alles abgegeben haben. Ich wollte das auch loswerden, ich hatte mir nicht vorstellen können, daß es wirklich so um die DDR bestellt war. Der Minister hat das mit großem Interesse gelesen. Während die Verschuldung der DDR gegenüber dem nichtsozialistischen Wirtschaftsgebiet 1971 noch zwei Milliarden Mark betrug, ein Betrag, der durchaus vertretbar war, waren es 1981 ca. 25 Milliarden Mark. Damit war die Wirtschaftskraft der DDR absolut überfordert, diese Schulden waren nicht mehr rückzahlbar. Dazu kamen die Zinsen. Die DDR hat immer mehr Zinsen zahlen müssen als andere, es konnte nur noch dafür gearbeitet werden, die Zinsen zu zahlen, und wenn die stiegen, wäre auch die Verschuldung gestiegen. Das war ja dann auch tatsächlich der Fall. Bis 1989 hat sich die Verschuldung nochmal mehr als verdoppelt, sie lag ja dann, als die DDR zusammenbrach, bei 50 Milliarden. Also eine Politik auf Teufel komm raus. Das war der ganz erhebliche Vorwurf, den wir erhoben haben. Der entscheidende Mann war Mittag. Als dann der Kreditboykott einsetzte und die DDR nur noch hintenrum Kredite kriegte, mit einer zwanzigprozentigen Verzinsung, normal waren es acht, neun Prozent, da war Feierabend. Da war auszurechnen, wann wir zusammenbrechen.

Die Reaktion auf unsere Analyse war dann, was wir noch in der Partei zu suchen hätten, Leute mit so'ner politischen Verantwortungslosigkeit können nicht solche Funktionen bekleiden, das wurde uns übermittelt. Nun muß ich dazu sagen, von den Vieren waren zwei starrsinnig, die haben nicht abgeschworen, zwei sind in sich gegangen und sahen das auch als

27

Anmaßung an, daß Mittag kritisiert wurde. Ich hab meine Position behauptet und wurde dann auch in Ruhe gelassen. Deswegen sage ich ja, daß viele behaupten, sie mußten sich beugen, stimmt nicht. Manchmal ja, aber nicht immer. Die beiden, die abgeschworen haben, wurden dann 1985, als es um einen ähnlichen Auftrag ging, nicht mehr geholt. Ich sollte nun Thesen erarbeiten für einen solchen Bericht, da wollte man erstmal sehn, was ich behandeln würde. Da ging's dann um den XI. Parteitag. Meine Thesen endeten damit, daß 1990 die Volkswirtschaft der DDR tatsächlich am Ende ist. Ich habe mich zu Fragen der Ideologie nie geäußert, für mich war die Ökonomie entscheidend. Diese Analyse wurde dann nicht mehr benötigt, die wollte dann gar keiner mehr sehn. Der zweite Punkt neben der äußeren Verschuldung war eine vollkommen verkehrte Investitionstätigkeit. Bei vielen Betrieben war die einfache Reproduktion nicht mehr gesichert. Andere Zweige sollten künstlich erzeugt werden wie die berühmte Mikroelektronik, die die Volkswirtschaft mehr als 13, 14 Milliarden gekostet hat und wo nicht viel rauskam. Da hieß es dann spaßhaft, jetzt ham wir ooch'n Mikrochip, der zeichnet sich dadurch aus, daß er von innen begehbar ist. Schon 1980 zeigte sich eine Verschlechterung bei der Versorgung der Bevölkerung. Mangelndes Angebot und ständig steigende Preise. Und das war ja dann auch der Grund, warum die Leute letztenendes auf die Straße gegangen sind. Es ging gar nicht so sehr um die Reisefreiheit. Hätten die Leute ihre Bedürfnisse befriedigen können, hätten die ihre Autos gekriegt, hätten sie doch darauf verzichtet, an die Costa Brava zu fahren, der Freiheitsdrang war's doch nicht, sie kriegten doch praktisch für ihr Geld nischt, und deshalb sind sie auf die Straße gegangen und haben getrampelt. Sie wollten eine bessere DDR. Und dann haben Demagogen die ökonomischen Forderungen in die politische Forderung umgesetzt: Wir sind ein Volk. Insofern halte ich es für richtig, zu sagen, der Mittag war der Totengräber der Volkswirtschaft der DDR. Naja, da haben noch ein paar mitgegraben, aber der Hauptschuldige war er. Sein schärfster Gegenspieler war Schürer, der sich nie durchsetzen konnte. Wie man den im Politbüro behandelt hat, das spottet jeder Beschreibung. Er hat sich immer wieder beugen lassen, aber er hat versucht zu retten, was zu retten war. Der letzte Versuch war 1988, gemeinsam mit Stoph, an Honecker und Mittag sind sie gescheitert. Honecker hat ja in dem Buch „Der Sturz" geschrieben, wenn er unsere Berichte gelesen hat, dann kam es ihm vor, als hätte er die Westpresse gelesen. Wir waren dazu da, dafür zu sorgen, daß keiner an ihr Fell rankommt, daß ihr Wanst geschützt wurde durch uns. Es gab Ausnahmen aus meiner Sicht, viele Minister, aber die hatten ja alle nichts zu sagen. Es war eine ganz große Tragik, daß die Fachleute praktisch außer Kraft gesetzt waren und eine Bündnispolitik liquidiert wurde, denn wir hatten ja auch Minister anderer, angeblich befreundeter Parteien. Ich weiß nicht, wie oft manche bei mir ihr Herz ausgeschüttet haben. Da entsteht natürlich auch eigener Opportunismus, daß man einem auf die Schulter klopft und sagt, vertraue auf die Kraft der Partei. Man wußte, das war ausgemachter Blödsinn, und der Mann wußte das auch. Du hast dich aus falsch verstandener Disziplin selbst zum Arschloch gemacht. Das stellt für mich nicht meine Arbeit von 35 Jahren in Frage. Ich habe meine Volkswirtschaft zu schützen gehabt gegen Angriffe von außen, gegen innere Feinde und kriminelle Elemente. Ein solches Schutzbedürfnis hat jede Volkswirtschaft. Deswegen sage ich, wir waren durch die eigene Führung in unserem Wirken so gehemmt, daß wir die Krümel aufgekehrt haben, die großen schädigenden Wirkungen aber waren von uns nicht beeinflußbar. Was mich ankotzt, ist der eigene Opportunismus, wider besseres Wissen Leuten gedient zu haben, von denen ich wußte, seit 1980 wußte, daß sie die DDR-Volkswirtschaft zugrunde richten. Daß dann später Gorbatschow den Prozeß beschleunigte, war damals für mich nicht absehbar. Wobei Möllemann auch nicht mehr kann als Mittag und Gorbatschow. Der hat nur ein Konzept, alle Lasten abzuwälzen auf die Werktätigen. Der ist noch unverschämter als unsere Demagogen es waren. Und Gorbatschow hat seine Wirtschaft zugrundegerichtet, weil er überhaupt kein Konzept hatte. Man sagt ja, er war der große Friedensengel, neues Denken, aber dafür hat er mindestens hundert kleine Kriege mit verursacht, durch seine Politik. Mir taten damals die Mitarbeiter leid, die sich mit den sogenannten Andersdenkenden beschäftigen mußten. Die haben im Grunde doch nur Schattenboxen gemacht. Ich kenne viele von ihnen persönlich und weiß, daß sie anständige Kerle sind. Im Gegensatz zu mir hatten sie oft ausgesprochen engstirnige Vorgesetzte von echter Mielke'scher Denkart. Sie begriffen nicht, was in der Bevölkerung vorging, für sie konnte das nur das Werk des Feindes sein, dem mit Repressionen zu begegnen war. Dabei sollte man aber mit dem Begriff „Freiheitskämpfer" auch vorsichtiger umgehn. Wir haben z. B. Leute eingesperrt, die sich schon ihre Millionen im Ausland deponiert hatten. Das sind jetzt auch Opfer, die aus Freiheitsgründen und Gewissenskonflikt wegwollten. Nee, die wollten wegen 'ner Million Mark weg, die sie hier geklaut hatten.

Man muß doch mal zu Realitäten kommen. Man muß wirklich mal zu einer konsequenten Aufarbeitung kommen. Aber jeder Insider ist irgendwo befangen. Das müßten rechtsstaatliche Organe sein. Aber diese Organe, geblendet durch Antikommunismus, die Grundtorheit der Epoche, finden ja gar nicht mit denen zusammen, die ehrlich bereit sind, an einer wahrheitsgemäßen Aufarbeitung mitzuwirken. Darum wird's dazu nicht kommen, und das ist gewollt. Wer vorverurteilt wie Gauck, der die Akten zu verwalten hat und nicht zu kommentieren, nicht elitär heranzugehen und bestimmte Sachen hochzuschießen hat, zum geeigneten Zeitpunkt, der tut eben nichts für eine wahrheitsgemäße Aufarbeitung. Ich schätzte außerordentlich Wolfgang Ullmann, aber der reiht sich jetzt in die Schar derer ein, die nur den Nicht-Staat DDR sehn, einer, der 1990 noch den Staat DDR erhalten wollte, sein Wahlslogan war: Paragraph 23, kein Anschluß unter dieser Nummer. Das war Ullmann. Wenn selbst so ein Mann kein Partner mehr ist, dann wird man kaum noch welche finden.

Uns hilft kein Insiderkomitee weiter, auch wenn das ehrliche Leute sind, kein Tribunal, kein Forum. Vor so einem Forum würde ich mich nie verantworten, weil die ja vorverurteilen. Da steht das Urteil schon fest, eh die mich hören. Soll ich mich beleidigen lassen? Von Selbstgerechten, von Ignoranten, die keine Ahnung haben, oder von Leuten, die die Materie nicht verstehn? Ich verstehe ja nicht mal nach 35 Jahren den eigenen Geheimdienst. Mich hätte die Tätigkeit beim MfS nicht befriedigt, wenn ich mich nicht zugleich wissenschaftlich betätigt hätte. Ich brauchte Handwerk und Geist, obwohl das zeitaufwendig war. Wahrscheinlich habe ich dabei meine Reserven aufgebraucht. Es gab kaum ein Wochenende, an dem ich zu Hause war. Seit ich Doktor war, habe ich Doktoranden betreut. Die mußten sonnabends bei mir antreten, auch im Urlaubsort. Ich bin nie krank gewesen. Als ich dann mal krank wurde, da war's dann auch gleich so, daß es mich umgehaun hat.

Ich hatte schon mal die gelbe Karte gezeigt bekommen. Das war nach einem Herzinfarkt, den hatte ich überspielt. Zwei Tage zu Hause geblieben. Der kam dann erst hoch, als das nächste EKG fällig war. Da sagte meine Ärztin, hoffentlich schaffen Sie es noch bis zum 60. Da kam dann Zucker dazu, kam Bluthochdruck dazu, Durchblutungsstörungen, die Ärztin sagte, jedes Jahr 'ne Kur, dann könnten Sie es bis zur Rente schaffen. Aber da war gar nicht daran zu denken, da war ich auch nicht der Mensch für. Ich habe mich überschätzt. Und ich hatte ja zu Hause eine hervorragende gesundheitliche Betreuung. Meine Frau ist Krankenschwester, ich darf ja heute noch keine Tablette selbst anfassen, die wird verabreicht im Glas, wie es sich gehört. Ich brauchte zu Hause auch nie was zu machen, obwohl meine Frau selbst einen anstrengenden Dienst hatte. Sie hat immer gewußt, daß ich ein bißchen Schonung brauchte. Ich bin morgens um sechs vom Hof geritten und war in der Regel abends um acht zu Hause. Sonnabends war ich um eins zurück. Abends um achte fiel ich in'n Sessel und hab nichts mehr gemacht.

Ein weiterer Vorteil war die absolute Harmonie, auch mit unserer Tochter und unserem Schwiegersohn, ein wunderbarer Mensch, ein echter Mecklenburger, die waren beide auch bei der Firma, Tochter ist Buchhalterin, und mein Schwiegersohn, der war Kurierfahrer, er fährt jetzt einen Truck. Wir haben zwei Enkel, prima Jungs. Den Kleinen, den kriegt heute noch keiner nach Westberlin. Der will in *seiner* Stadt sein. Der ist ganz schlecht auf Kohl zu sprechen. Die wissen nicht, was Opa gemacht hat, nur wo Opa gearbeitet hat, beim MfS. Das wissen Sie. Das ist auch in der Nachbarschaft bekannt. Und bis heute hat sich an ihrem Verhältnis zu mir nichts geändert. Viele sitzen so mit dem Arsch in der Tinte, daß sie gerne mal zu mir kommen, sich einen Schriftsatz ausarbeiten lassen, ich darf ja keine Rechtsberatung machen, aber ich darf Auffassungen darlegen bei der Abfassung eines Schriftsatzes, ganz privat, und ich würde natürlich von keinem Geld nehmen, die haben auch nicht mehr als ich mit meinen 802 Mark Rente. Ich habe ja eine Weile fest gelegen. Da sind die zu mir ans Krankenbett gekommen, auch nach der Wende, und haben gesagt, du bist immer ein anständiger Kerl gewesen, wir kennen dich doch, das hat selbst mich, obwohl man uns das Gemüt von Fleischerhunden nachsagt, das hat selbst mich gerührt. Aber die Leute wissen eben noch, daß wir zu einer Zeit, als es soviele Kinder hier gab, selber zwei Klassenräume angebaut haben, als Schichtunterricht drohte. Das war Mitte der sechziger Jahre.

Es gibt immer Leute, die helfen, es gab sie. Unser Baubetrieb hat das Projekt umsonst gemacht. Ich bin zur Fahrbereitschaft gelaufen und hab mir für Spritgeld Fahrzeuge besorgt, das durfte man, damit haben wir die Baustoffe rangefahren. Oder der Sportplatz hier, das war eine Art Müllkippe, da haben wir uns einen wunderschönen Sportplatz gebaut, für die Kinder. Geld gesammelt bei allen möglichen Leuten, Technik von uns besorgt, die den Platz erstmal planiert hat, dann bin ich nach Hoppegarten, da kannte ich die Judokas von Dynamo, gefragt, was macht'n ihr beim Krafttraining. Na mit Hanteln und so. Mensch mit Hanteln, sag ich, wie wär's denn, wenn ihr 'ne Karre nehmt und Steine karrt, dann haben die schwere Arbeiten bewältigt, mit Trillerpfeife, das war ihr Training. Und den Rest haben wir mit Kindern gemacht. Ich habe kastenweise Brause gekauft. Den Sportplatz gibt's heute noch. Daß die Leute hier auf dem Bürgersteig trockne Beene haben, dafür haben auch meine Mitarbeiter gesorgt. Ich hab dem Rat der Gemeinde gesagt, der soll die Gehwegplatten kaufen, die haben wir hergefahren. Die Bürger haben sie verlegt, und sie haben gesehn, der Doktor mittenmang, auf der Erde gelegen und hat Platten gekloppt. Die kommen heute noch, wenn ihre Wasserleitung kaputt ist, obwohl doch nun täglich neue Horrorstories über die Nicht-Menschen des ehemaligen MfS durch die Medien gehn.

Jetzt haben sie grade wieder ausgegraben, die Stasi hat mit Gold geschoben. Das ist doch aber ein normales Geschäft. Wir haben auch, sicher zulasten der Sowjets damals, Kupfer bei den Russen gekauft und an der Londoner Metallbörse mit Kupfer spekuliert. Wenn du schlau warst, haste immer verdient. Der Verdienst war bescheiden, aber sicher. Und in harter Währung. Wenn man natürlich tollkühn ranging, hat man Millionen verspielt.

Ist ooch passiert. Aber das ist normal. Sowas wird nun als große Enthüllung gehandelt. Es kam doch nicht alles von Mielke. Es gab zum Beispiel einen Beschluß des Präsidiums des Ministerrates, daß alle Werttransporte durch das MfS zu schützen sind. Mir ist das klar, die Leute im Ministerrat, ob das der Minister der Finanzen war, der für die Wertpapierdruckerei zuständig war, der Präsident der Staatsbank, die waren doch heilfroh, daß sie eenen Doofen gefunden haben, und der Doofe war von 1980 bis 1989 nämlich ich. So. Dann wurden Pässe für Entwicklungsländer gedruckt, da haben die vereinbart, daß die Übergabe im Lande erfolgt, und ich hatte dafür zu sorgen, daß von Leipzig von der Wertpapierdruckerei die Pässe nach Afrika und nach Lateinamerika kommen. Das ist auch normal, es war kein großes Geschäft, aber immerhin, es war ein Geschäft. Die es abgeschlossen haben, hatten ja nicht selber zu liefern. Die hatten ja den Beschluß des Ministerrats, daß ab Leipzig das MfS verantwortlich ist.

Gleichermaßen ist es bei Geldtransporten gewesen. Eine asiatische Volksrepublik hat ihre Währung bei uns drucken lassen. Die mußte mit'm Schiff dorthin gebracht werden, das konnte kein Kapitän übergeben, da hat ein Oberst des Bruderorgans dagesessen, bis der Dampfer ankam, wir kamen mit'm Flieger, weil uns das mit dem Dampfer zu lange dauerte, und wir haben dem das Geld übergeben. Das waren Milliarden, da hatten wir immer die volle Verantwortung. Der Präsident der Staatsbank hat gesagt, ich brauche in meinem Tresor als Bargeldreserve, nehmen wir an, fünf Milliarden Mark der DDR, also hatte ich LKWs zu mobilisieren und die von der Wertpapierdruckerei Leipzig nach Berlin zu fahren. Wir waren auf manchem Gebiet Mädchen für alles. Und das haben die Minister, ich habe ja vorhin schon meine Wertschätzung für viele erklärt, natürlich ooch ausgenutzt, die Blödheit von Mielke. „Meine Jungs können alles", war ja bei uns geflügeltes Wort. Allen Fachabteilungen in der XVIII ging's ähnlich, und für mich ist vorstellbar, daß es in den anderen Bereichen nicht besser aussah.

Dadurch wurden wir zum Polypen. Überall hatten wir die Flossen drin. Aber das haben eben andere unter Ausnutzung der Mielke'schen Eigenschaften sehr gerne im Ministerrat beschlossen, und wir haben vor Arbeit nicht gewußt, wie wir das alles machen sollten. Ich mußte ja erstmal zum Wachregiment und mit dem Kommandeur sprechen, haste zehn LKW. Und dann brauche ich noch dreißig MP-Schützen, gute. Denen durfte man auch nicht sagen, was sie transportieren sollten. Im Kapitalismus gibts dafür extra Gesellschaften, und das kostet ein Schweinegeld. Wir waren ein Dienstleistungsunternehmen. Und jeder geplatzte Reifen hat mich wahnsinnig gemacht, weil ich natürlich dazu Stellung nehmen mußte, wie konnte das passieren? Da standen dann MP-Schützen und haben den LKW bewacht, bis der Reifen gewechselt war, vielleicht war auch noch solange die Autobahn gesperrt, da hat sich der Nächste uffgeregt, ich bin jedes Mal vor Vergnügen an die Decke gesprungen, wenn solche Sachen waren, und die sind vier, fünf Mal im Jahr gefahren, nur mit Bargeld. Ich hab natürlich am 7. Oktober und am 8. Februar regelmäßig ein Dankschreiben gekriegt für die Unterstützung, und'n Blumenstrauß. So billig wurde auf der ganzen Welt noch kein Geldtransport gemacht. Das ändert nichts an meiner hohen Wertschätzung für den Präsidenten der Staatsbank. Ein ausgemacht korrekter Mann. Dem gelten keine Vorwürfe. Das war das System bei uns. Zuverlässig war bei uns nur die Sicherheit.

Im August 1989 waren die Durchblutungsstörungen so schlimm, daß ein Bein abgestorben war, und das wollten sie amputieren. Die Ärzte haben sich große Mühe gegeben. Das Bein ist drangeblieben, aber das war eine außerordentlich schmerzhafte Krankheit. Dazu kamen natürlich die Impressionen durch Fernsehen und Radio, dann brachte meine Frau, die ja noch berufstätig war, bei uns im Ministerium, die brachte die Nachrichten aus der Dienststelle mit, meine beiden Stellvertreter freuten sich schon auf das Erbe, weil sie meinten, das MfS würde weiterbestehen. Ich hatte eine hervorragende Diensteinheit, ich erinnere mich auch heute noch mit Hochachtung an die meisten meiner Mitarbeiter, auch an meine beiden Sekretärinnen Elke und Andrea. Das waren ehrliche und fleißige Menschen. Die haben mich auch ab und zu besucht. Ich hab alles vom Krankenbett aus verfolgt. Für mich waren am Ende mehrere Sachen kompliziert. Erstens, nicht mehr arbeitsfähig zu sein, als Mann, der immer voller Dynamik war, der nie krank war, 14 Tage innerhalb von 39 Jahren Berufsleben. Für den ist es schwer, auf einmal altes Eisen zu sein. Das zweite war, daß mein Stellvertreter das Kollektiv im Stich ließ, um sich eine andere Arbeit zu suchen. Das geht nicht. Der Kapitän geht zuletzt von Bord. Der andere, ein anständiger Kerl, hat kein Durchsetzungsvermögen gehabt, und das hat mich verrückt gemacht.

Dann hatte ich den Sohn eines hohen Parteifunktionärs bei mir, mit einem nicht alltäglichen Namen. Ein bescheidener, hochintelligenter, einsatzbereiter Mitarbeiter, der war überall diskriminiert, um den Jungen habe ich mir Gedanken gemacht, der hat zum Glück was gefunden. Der sollte der letzte Doktorand sein, den ich betreuen wollte, bevor ich invalidisiert wurde. Solche Gedanken gehen einem natürlich durch den Kopf, dazu der ständige Selbstvorwurf, was haste falsch gemacht? Der schlimmste Fehler war, daß man nicht der DDR gedient hat, sondern einer hohlen, eng begrenzten Funktionärs-Clique, das ist das, was mich heute noch an mir selbst am meisten ankotzt, weil ich eigentlich kein Feigling bin. Ich habe auch die Durchführung von Aufträgen verweigert, wenn was im Widerspruch zur Verfassung stehen konnte, und mir ist nichts passiert. Also ich wußte, daß ich mir was erlauben konnte. Aber ich war nach den Erlebnissen von 1981 in den Opportunismus getrieben worden, da fing ich an zu taktieren. Habe meinen Standpunkt vertreten, aber eben taktiert. Das verzeih ich mir nicht, denn damit habe ich meine Treuepflicht gegenüber dem Volk der DDR nicht erfüllt. Vielleicht ist das wieder preußische Nostalgie, aber man muß mir überlassen, wie ich über mich denke.

Gerd R., Jahrgang 1953

Ehemals Oberleutnant des MfS in der Hauptabteilung I, Militärischer Abwehrdienst.

Angefangen habe ich mit dieser Tätigkeit 1975, kurz nach dem Armeedienst. Ich war von 1972 bis 1975 bei der Marine, bin im Anschluß daran zurück in den Betrieb, das Metall-Leichtbaukombinat Berlin, war dort vorgesehen für einen Einsatz in Orenburg, beim Bau der Erdgastrasse, im Aufbaustab. Bevor es damit losging, bin ich 14 Tage vorher geworben worden, Leute vom MfS haben mich angesprochen, damals war ich 22 Jahre alt. Ich war noch nicht verheiratet, habe die Entscheidung für mich alleine getroffen, allerdings im Beisein meiner Eltern, muß man dazu sagen, ich habe ja noch zu Hause gewohnt. Meine Mutter ist Erzieherin, mein Vater Philosoph, das heißt, er hat an der Parteischule Philosophie unterrichtet. Als ich geboren wurde, waren meine Eltern noch Studenten, ich war zwar ein Wunschkind, aber der Zeitpunkt war nicht ganz so günstig. Und darum mußte ich bei meinen Großeltern aufwachsen. Mein Großvater war Kommunist, hat ziemlich viel im Krieg mitgemacht und sich danach entschieden, in die Partei einzutreten, er war bis zu seinem Lebensende überzeugter Kommunist. Entsprechend hat er seine vier Kinder erzogen, und ich wurde immer als das fünfte betrachtet. Heute bin ich zufrieden, daß er das nicht miterleben muß, was jetzt so passiert. Durch ihn bin ich sicherlich entscheidend geprägt worden, ich hatte ein sehr enges Verhältnis zu meinen Großeltern.
Mein Vater wurde von der Partei immer an Brennpunkten eingesetzt, er war viele Jahre auf Rügen in verschiedenen Funktionen, und ich war immer das Parteikind. Demzufolge mußte ich auch – sagen wir mal so, habe ich relativ schnell gelernt, mit diesem Stand klarzukommen. Ich muß auch sagen, wir hatten kein besonderes Leben, weil er wenig Geld verdient hat, in der Kreisleitung hatte er in den fünfziger Jahren um die 600 Mark. Er war wenig zu Hause, viel unterwegs, in den sechziger Jahren ging er dann zum Studium, also ich kann nicht sagen, daß wir in Geld geschwommen sind. Wir haben kein Auto gehabt, keine Datsche, wir haben in einer Zweieinhalbzimmerwohnung gelebt, und es war für mich als Kind ziemlich anstrengend, daß ich immer auf die Position meines Vaters Rücksicht nehmen mußte und meinen Spieltrieb nicht so ausleben konnte wie andere Kinder. Meine Dummheiten waren bereits bei ihm angelangt, bevor ich

nach Hause kam. Ohrfeigen bekam ich selten, und wenn, dann hat er sich hinterher dafür entschuldigt. Ich hab noch zwei Brüder, die kamen aber erst wesentlich später. Bis zur 8. Klasse habe ich die Schule auf Rügen besucht, ich war ein mittelmäßiger Schüler. Dann bin ich nach Berlin gekommen und war dadurch meine Vierer-Clique los. Da war der Sohn vom Polizeichef noch mit dringewesen, wir waren ziemlich verrufen und hatten Schwierigkeiten mit den Lehrern.

Mit dem Wechsel nach Berlin wurde es anders. In der Großstadt stand ich nicht mehr im Rampenlicht durch meinen Vater, was mir nie gefallen hat, meine Leistungen wurden in der 9. und 10. Klasse spürbar besser, die Lehre als Maschinen-Anlagen-Monteur habe ich als bester Lehrling vorfristig abgeschlossen, mit gut, bin dann freiwillig drei Jahre zur Armee, aus Überzeugung, zur Küste zurück, dorthin hat es mich immer gezogen, zieht's mich heute noch.

Ich war in der FDJ, im Betrieb in der Leitung der Grundorganisation, aber noch nicht in der Partei, habe mich in die Jugendarbeit ziemlich reingekniet, das war die Erziehung, Verantwortung übernehmen. Bin ja frühzeitig mit den Klassikern des Marxismus in Berührung gekommen, wenn ich 'ne Frage hatte, wurde sie prinzipiell mit Marx beantwortet. Das war für mich sehr interessant. Westfernsehen, Westradio, sowas gab's nicht, ich habe Partisanenbücher gelesen, mit denen bin ich ins Bett gegangen, habe mich mit der Sowjetunion, mit dem Krieg beschäftigt, Wolokolamsker Chaussee, das Buch habe ich förmlich verschlungen, die Bücher stehn heute noch in meinem Regal, für meine Kinder, aber die gehn da noch nicht ran. Mein Sohn ist neun, die Tochter zwölf, ich muß sagen, in dem Alter habe ich schon sowas gelesen.

In meiner Zeit bei der Marine habe ich viel mitgemacht und gelernt, bin Stabsmatrose gewesen, für mich gab's nur zwei Dinge, Stabsmatrose oder Admiral, hab da auch politische Arbeit gemacht, hatte sehr viel mit Kuba im Sinn, mit Fidel Castro, Che Guevara, das waren meine Ideale. In der Partei bei uns hatten sich bestimmte Dinge eingefahren, das habe ich mit zwanzig, einundzwanzig schon gesehen, nicht bei meinen Eltern, die waren nach wie vor bescheiden geblieben, sie hatten immer noch kein Grundstück und immer noch kein eigenes Auto, aber bei anderen sah ich, wie die Sucht nach Privilegien und Bereicherung zunahm, das war nichts für mich. Ich empfand die Partei als starr, so reingepreßt zu werden in einen Apparat, einen zentralistischen Apparat, naja, das war nicht mein Ding. Es gab natürlich viele gute Genossen, die auch bei uns zu Hause verkehrten, auf die konnte man sich verlassen. Mit meiner Art, bestimmte Sachen zu überdenken, bin ich natürlich aufgelaufen, auch bei meinen Eltern, ich war eben etwas störrisch. Es war zwar kein Muß, aber ein Soll, daß der Sohn eines Funktionärs Parteimitglied wird, und dieses Erbe wollte ich eigentlich nicht antreten. Ich hab mir gesagt, wenn es zu dieser Entscheidung kommt, dann aus mir selbst heraus. Ständig hatte ich mich an dem zu messen, was mein alter Herr war, und das wollte ich irgendwo nicht mehr. Ich stand zu ihm als Vorbildfigur, aber ich wollte ein eigener Mensch sein. Wir hatten viele Auseinandersetzungen, ich bin erst 1975 eingetreten, sicher hat mein Vater erwartet, daß ich das schon mit 18 mache, aber das war mir zu früh. Eingetreten bin ich dann, weil ich einen guten Kaderleiter im Betrieb hatte, der konnte vieles auf den Punkt bringen, was mich damals gewurmt hat. Der sah meine FDJ-Arbeit, der sah mein Engagement für die Jugendlichen, wir haben Tanzveranstaltungen gemacht, alles mögliche organisiert, und der war der Meinung, daß man das im Rahmen der Partei fortsetzen könnte. Ich habe ihm meine Probleme gesagt, und dann hat er mich überzeugt mit einem einzigen Satz: Wer soll es machen, wenn nicht du? Das war für mich logisch, und nach einigen Bedenken habe ich gesagt, okay, ich geh diesen Schritt, weil ich vom Sozialismus ja überzeugt war. Man hat ja gehofft, daß man etwas bewirken, vielleicht auch was verändern kann.

Ich war Kandidat der Partei, als die Genossen von der Staatssicherheit kamen. Sie sprachen mit mir, aber natürlich war es so, daß ich bis zu meiner Unterschrift nicht wußte, auf welchem Gebiet ich eingesetzt werden sollte. Das ist bei der Firma üblich. Solange einer keinen Fahneneid geleistet hat, wird er auch nicht eingeweiht, aber so ist Geheimdienstarbeit, überall auf der Welt. Ich hatte eine Woche Bedenkzeit, wobei, ich muß sagen, nach dem ersten Gespräch gab's für mich überhaupt keine Frage. Die Kräfte-systeme wirkten gegeneinander, es wurde noch Kriegsführung geübt, ich hab's ja selbst bei Manövern kennengelernt, man konnte doch verfolgen, wie die Schiffe der Bundesmarine gleich mit ausliefen, wir haben ihre Spionageschiffe gesehn, es gab Spionageüberflüge, das war ja alles haut-nahes Geschehen, so daß es für mich eigentlich logisch war, wofür ich mich zu entscheiden hatte. Mich hat auch der Vietnamkrieg maßgeblich be-einflußt, ich wußte von der Vorbereitung der Invasion durch die CIA auf Kuba, für mich gab's kein Hindernis vom Gedanken her. Die Männer, die zu mir kamen, flößten mir Vertrauen ein, und das Gefühl hat sich später in der Zusammenarbeit bestätigt. Die Ausbildung sah so aus, daß ich zuerst mal geschult wurde auf verschiedenen Gebieten. Das fing an bei Nachrich-tentechnik, Fototechnik, Mikrofilm mit allem drum und dran, wie man das in Spionagefilmen sieht, nur nicht ganz so dramatisch, ich war nie ein James Bond. Das ging dann weiter mit der Codierung, ich mußte alle Fahrzeuge fahren lernen, gut. Die weitere Ausbildung war theoretisch, Spionageab-wehr, Aufklärung, Nachrichtendienst, Ermittlungswesen, bis hin zum Studium der gegnerischen Geheimdienste, ihrer Arbeitsweisen, Auftrags-erteilung, also es gab schon viel zu lernen.

In den ersten Jahren war diese Schulung sinnvoll, später, als man dann die

Erfahrung hatte, hätte man aus der theoretischen Anleitung was anderes machen können. Bei dieser Ausbildung, die die Firma uns gegeben hat, spielte die Politik eigentlich eine untergeordnete Rolle, hier gings um nachrichtendienstliche Arbeit. Obwohl, Politik war eigentlich immer im Spiel. Wir hatten politisch-ideologische Diversion, wo uns nahegebracht wurde, wie der Gegner, die gegnerische Firma versucht, mit ideologischen Mitteln die Bevölkerung zu beeinflussen. Für uns war Gegner immer BND und MAD, Verfassungsschutz weniger, weil er ja nach innen gerichtet ist. Auch die CIA und der französische Geheimdienst spielten für uns eine Rolle. Mit dem KGB haben wir zusammengearbeitet, wir haben uns getroffen, um die operative Arbeit zu koordinieren, und natürlich zu Feierlichkeiten.

Als Unteroffizier habe ich angefangen, die ganze Stufenleiter habe ich durch. Als Facharbeiter habe ich mehr verdient als am Anfang bei der Firma. Ich will nicht sagen, daß ich enttäuscht war, das wäre falsch, aber ich hatte gedacht, daß der Verdienst wenigstens der gleiche wäre wie als Maschinen-Anlagen-Monteur, da habe ich ja gut verdient, im Schnitt um die 1200 Mark, und das war damals sehr viel. Beim MfS habe ich angefangen mit 850 Mark. Ich muß aber dazu sagen, daß die Geldfrage für mich nicht so eine große Rolle gespielt hat, damals war die Einstellung zur Sache das herausragende, später hatte ich dann den Eindruck, daß vieles über Geld abgewickelt wurde. Aus heutiger Sicht sage ich mir, je wackliger das System wurde, desto mehr war es angewiesen auf Massenanwerbungen und Versprechungen aus materieller Sicht, Geld, Studium, Karriere. Aber zu meiner Zeit war es mehr das unbedingt dem Sozialismus dienen wollen, und ich muß betonen, im Rahmen der Gesetze. Ich habe nie das Gefühl gehabt, mich auf gesetzlosem Boden zu befinden, sondern bin eigentlich immer von der Tatsache ausgegangen, daß die Gesetzgebung der DDR uns diese Arbeit ermöglicht und wir im Rahmen unserer eigenen Spezifik diese Arbeit so gut machen sollen wie wir nur können. Denn das Grundprinzip meines Handelns war ja, mich für die Sicherung der DDR und des Friedens einzusetzen, andere Maßstäbe galten für mich überhaupt nicht. Die Sicherung des Friedens ist uns ja auch in vierzig Jahren DDR gelungen, daran hatte bei allem Für und Wider auch die Staatssicherheit ihren Anteil.

Meine Frau hatte ich kennengelernt im letzten Jahr der Armeezeit, wir haben uns dann auch relativ schnell verlobt. Sie kommt aus dem Sachsenland, ich habe sie während eines Zelturlaubs auf Rügen kennengelernt, und das war eigentlich das, wo ich gesagt habe, ja, das ist die Richtige, was Besseres findste nicht, kann nur schlechter werden, also die isses. Sie gefiel mir vom optischen Eindruck her und durch ihre ganze Art, bestimmte Dinge zu sehen, sie war für ihr Alter sehr reif. Sie studierte in Dresden, und ich bin dann immer hin- und hergefahren, ich muß allerdings sagen, so oft haben wir uns nicht gesehn. Ich hatte sie im August 1975 kennengelernt, bin im November geworben worden, in dem Vierteljahr haben wir uns dreimal getroffen. Sie hatte nichts dagegen, daß ich bei der Staatssicherheit war, das war meine Entscheidung. Daß sie dadurch später mal sehr beeinflußt würde, konnte man zu dem Zeitpunkt einfach nicht absehn. Es ist normalerweise so, die Freundinnen der zukünftigen Mitarbeiter werden überprüft. Ich war bißchen voreilig gewesen, es gab Kaderrichtlinien, ich konnte damals noch gar nicht wissen, ob es überhaupt möglich war, diese Frau zu heiraten. Ich hatte mich verlobt, ehe diese Prüfung erfolgt war, aber wenn sie kaderpolitisch nicht in Frage gekommen wäre, wäre ich nicht Mitarbeiter geworden. Ich hätte mich dann zugunsten meiner zukünftigen Frau entschieden. Diese Arbeit in der Firma war für mich eine Willenssache. Es gab noch mehr in meinem Leben, was ich hätte machen können. Mir war auch mein Privatleben sehr wichtig, und es kommt ja in diesem Beruf auch sehr auf die Partnerin an. Ich bin nicht so rangegangen, daß nur die Firma das ist, womit ich dem Sozialismus dienen kann, ich hätte das genausogut anders machen können und wäre bestimmt, wenn ich nicht zum MfS gekommen wäre, Parteisekretär geworden. Wir haben 1977 geheiratet, sie ist zu mir nach Berlin gezogen. 1980 kam das erste Kind, 1983 das zweite. Beide Kinder wissen natürlich bis heute nicht, was für einen Beruf ich hatte. Man mußte sich auch nach außen hin abschirmen, auch wenn es für das familiäre Zusammenleben und den Freundeskreis nicht ganz einfach war. Ich habe nie stur darauf geachtet, überall die Kaderrichtlinien des Ministeriums anzuerkennen, sondern hatte viele Freunde, die sich ein ganz klares Denken und einen kritischen Blick bewahrt haben und überhaupt nichts mit der Firma zu tun hatten, es waren mehr Leute aus dem Wohngebiet unterschiedlichster Couleur. Über unsere Tätigkeit hatten wir Stillschweigen zu bewahren, wir waren immer irgendwo abgedeckt, ich war offiziell Mitarbeiter der Kriminalpolizei, ich war auch mal Mitarbeiter des Zolls, also irgendwo gab es da immer Legenden, so daß nie rauskam, daß ich bei der Staatssicherheit war. Für meine Kinder war ich eben Polizist. Heute ist es kompliziert, damals war es nicht so kompliziert, aber jetzt, wenn sie älter werden, müssen sie mit dem Vater, den sie nun mal haben, leben, mit seiner Vergangenheit, vielleicht wird's da mal schwierig, aber das ist ja auch der Grund, warum ich über meine Arbeit erzählen wollte, weil für meine Begriffe mit der Staatssicherheit einseitig umgegangen wird, mit zuvielen Vorurteilen, nicht flexibel genug, dadurch werden Brücken eingerissen, die für die Einheit eigentlich notwendig wären.

In der Wendezeit habe ich viel von der Bürgerbewegung gehalten und muß nun erkennen, daß es diesen Leuten schon nicht mehr um die Sache

Staatssicherheit geht, sondern daß hier nur noch persönliche Probleme aufgearbeitet werden, es kommt nicht zur Aufarbeitung des gesamten Themas.

Man will auch nicht erkennen, daß die Firma in unterschiedlichsten Funktionen gewirkt hat, daß es eben drüben BND, MAD, Verfassungsschutz gibt, was hier in einem Ministerium zusammengefaßt war, gegliedert in unterschiedliche Hauptabteilungen, und daß es hier auch eine unterschiedliche Vorgehensweise geben muß, ansonsten macht man's oberflächlich, zu einseitig. Ich habe das Gefühl, daß viele die Staatssicherheit als ihren persönlichen Feind betrachten, vor allem die, für die vor der Wende diese Konfrontation zu einem wesentlichen Bestandteil ihres Lebens geworden war. Der ist nun weggefallen, und damit auch ein Stück Leben. Jetzt sieht es so aus, daß sie immer wieder in das Horn derjenigen tuten, die sie eigentlich von ihrer Auffassung her am meisten bekämpfen müßten. Ich habe das Gefühl, einige Bürgerrechtler spannen sich direkt vor den Karren der Bonner Regierung und noch viel mehr vor den Karren des BND und des MAD, ohne es vielleicht zu erkennen.

Um zu meiner Tätigkeit in der Firma zu kommen – vom ersten praktischen Einsatz war ich enttäuscht. Man ist natürlich rangegangen mit etwas abenteuerlichen Vorstellungen. Ich hatte gedacht, daß ich hautnah mit dem Klassenfeind in Berührung komme, aber ich mußte einfach mal lernen, mich unterzuordnen, und mein erster Auftrag war gewesen, aus einem Zimmer heraus eine bestimmte Person über einen Zeitraum von zwölf Stunden zu beobachten, festzustellen, wann verläßt sie das Haus, wann betritt sie das Haus, das war furchtbar langweilig, zwölf Stunden allein in einem Raum, mit Funkgerät, Fotoapparat und Fernglas, es ging um eine echte Sache, aber trotzdem war es für mich frustrierend. Man wußte ja nicht, wozu das gut war, man bekam einfach mal den Auftrag, und der wurde erfüllt. Ich glaube, die Frau war Sekretärin in einem größeren Betrieb und stand unter Spionageverdacht. Das ging so drei Wochen, von früh um sechs bis nachts um zwölfe, es kam zu keinem Wechsel, und ich mußte meinen Leuten immer mitteilen, was ich beobachtete, da ging's vor allem um bestimmte Kontaktpersonen. Drei Wochen war ich nicht zu Hause, meine Frau war noch in Dresden, da ging es noch, nur daß ich eben nicht kam. Das sollte sich aber in unserer weiteren Ehe immer mehr verstärken. Es war ja so gewesen, daß man als junger Mensch überhaupt keine Privilegien hatte, unser Privileg war, zu arbeiten, nicht acht Stunden, sondern zwölf, vierzehn. Keine freien Wochenenden, wenig Urlaub, wenn ich mal nach Dresden fahren wollte, hatte mich eingetragen für ein freies Wochenende, kriegte ich spätestens Mittwoch das Zittern, ob nicht ein Auftrag kommt. Und meistens kam's dann Donnerstag abend oder Freitag früh. Ich habe während der operativen Dienstzeit immer nur mit Koffern gelebt, gesehen haben wir uns zwischen den einzelnen Vorgängen mal.

Meine Arbeit hing zusammen mit Paragraph 105, staatsfeindlicher Menschenhandel, Paragraph 97, Spionage, Paragraph 38, nachrichtendienstliche Tätigkeit und Paragraph 100, staatsfeindliche Gruppierung, dann gings noch um Armeebereiche, Fahnenflucht, Armeespionage, das waren so die Bereiche. Dann hatte ich damit zu tun, es gab ja bei uns die militärischen Verbindungsmissionen der USA, Englands und Frankreichs, und diese MVM, die dem Potsdamer Abkommen entsprachen, waren natürlich ausgebaut zu Brückenköpfen der Spionage und haben hier auf unserem Gebiet mit bestem Können gearbeitet. Das waren Uniformträger, und sie haben in Uniform spioniert, das heißt, Objekte der NVA, der Sowjetarmee sondiert, fotografiert, sie haben hier ihr Verbindungssystem aufgebaut, und gegen diese Tätigkeit mußten wir etwas unternehmen. Das sah so aus, daß wir irgendwo im Feld oder Wald gelegen haben, wir wußten, wann und wohin sie fahren, sie wurden ständig von uns begleitet, sicherlich haben sie das auch mal bemerkt, aber an wichtigen Sachen, die über einen langen Zeitraum vorbereitet wurden, waren wir eigentlich immer am Ball, ohne daß sie es gemerkt haben.

Wir wurden natürlich für diese Maßnahmen auch geschult, wir mußten alle persönlichen Dinge abgeben, hatten weder Ausweise noch sonst was zur Legitimation, weil uns einfach mal gesagt wurde, daß bei einem Zusammentreffen mit diesen Leuten sie nicht wissen dürfen, wer wir sind, woher wir kommen. Wir waren nicht bewaffnet, das war 'ne Grundbedingung bei diesen Einsätzen. Man wußte eigentlich nie, wie das ausgeht. Wir durften keine Festnahmen vornehmen, nur in Zusammenarbeit mit der Sowjetarmee durfte sowas passieren. Bei wichtigen Sachen kam das schon vor. Sie waren in Potsdam stationiert, und sie hatten das Recht, überall hinzufahren, Kontrollfahrten zu unternehmen, aber sie hatten nicht das Recht, sagen wir mal, gegen die DDR oder die Objekte der Sowjetarmee Spionage zu führen, das haben sie aber gemacht. Bis zum Ende der DDR haben wir uns mit den Mitteln unserer Firma dagegen gewehrt und auch versucht, über Bilddokumente nachzuweisen, daß dieses oder jenes Fahrzeug sich an Plätzen befunden hat, wo es nicht hingehörte. Diese Arbeit war langwierig, aber nicht langweilig, weil man an der frischen Luft war und eigentlich hautnahen Kontakt zum Gegner hatte. Da stimmte das Feindbild. Wenn sie sich beobachtet fühlten, dann haben sie manchmal ziemlich drastische Maßnahmen gegen uns angewandt. Sie scheuten sich nicht, in einen Wald reinzufahren und unsere Fahrzeuge anzugreifen. Da, wo jemand allein war und mit diesen Leuten zusammentraf, mußte er damit rechnen, daß er das nicht überlebt. Da hieß es abhaun, so schnell wie möglich. Es ist passiert, daß wir im Raum Prenzlau einen Genossen verloren, im Raum Dresden kam ein junges Ehepaar mit dem Motorrad zu Tode, die waren gar keine Mitarbeiter, sind einfach mal in den Verdacht geraten, daß sie 'ne Observation durchführen und wurden von dem amerikanischen Fahrzeug in den Straßengraben gedrängt. Das wurde nachträglich rekonstruiert. Uns wurde so was natürlich mitgeteilt. Wir wurden auch davor gewarnt, daß man durchaus in einem solchen Fahrzeug der Alliierten landen könnte, die Franzosen galten als besonders rabiat, und da kam man dann erst in Westberlin wieder raus. Es ist vorgekommen, daß Genossen von uns regelrecht gejagt wurden.

Wir haben uns also ganz klassisch Bunker gebaut, es kam auch vor, daß man auf'm Baum saß, manchmal zwölf Stunden, die ganze Nacht durch, das war schon 'ne knallharte Arbeit. Es gab mal einen Einsatz im Rostocker Gebiet, da war eine Raketenstellung, die sollte durch die Franzosen aufgeklärt werden. Da haben wir beobachtet, wie fotografiert wurde, sogar von einem hohen Offizier der französischen Militärmission, einem Oberst, der wurde dann später durch die Russen festgenommen, wir haben das nur vom Ausgangs- bis zum Endpunkt verfolgt und dann noch durch Bilddokumente nachgewiesen, jawoll, hier ist Spionage betrieben worden. Aufgrund dieser Dokumente konnte man solche Leute ausweisen, auch wenn sie diplomatischen Status hatten.

Man war in diesem Ministerium immer Glied einer Kette und hat sich auch so gefühlt. Es gab mal einzelne Bravourstücke, aber an sich war man immer nur ein Teil vom Ganzen. Einmal haben wir im Raum Prenzlau gearbeitet, da ging es darum, ein Objekt zu sichern, das mit neuen Raketen bestückt wurde, das dauerte 16 Wochen. Das hieß, 16 Wochen war man nicht zu Hause, hat im Wald gelebt, die Frau wußte nichts, gerade für junge Menschen war das sehr kompliziert, auch für die Ehe. Insofern war das Zusammenleben mit meiner Frau ein Glücksfall, es gab zwischen uns unbedingtes Vertrauen. Die Erfahrung bestätigte, ein operativer Mitarbeiter kann nur so gut sein wie sein Hinterland. Wenn das nicht in Ordnung ist, kann man solche Arbeit nicht machen.

Ich war mal mit einem langwierigen Fall beschäftigt, da ging es um einen Kriegsverbrecher, der mit falscher Biographie ein hoher Offizier der NVA war, ich muß sagen, hier bin ich das erste Mal enttäuscht worden, denn ich habe mitgekriegt, daß Kriegsverbrecher nicht gleich Kriegsverbrecher war, daß es unterschiedliche Maßstäbe gab. Der Mann war bei der SS in Frankreich gewesen, und unsere Nachforschungen liefen über Jahre. Es ging darum, ob er einen wesentlichen Anteil an der Erschießung von 400 amerikanischen Soldaten in Frankreich hatte. Er war freiwillig zur SS gegangen und hatte sich freiwillig diesem Einsatz gestellt, und für mich war das ein Kriegsverbrecher. Unsere Aufgabe bestand darin, herauszufinden, ob er in seiner NVA-Funktion Verbindung hatte zu westlichen Geheimdiensten. Er war als Oberst in der Lage, umfassend über bestimmte Dinge zu berichten, wir hatten ihn zu observieren, ob er Spionage betrieb. Das hat er nicht getan, aber ich war doch sehr enttäuscht, daß es lediglich zur Entlassung des Mannes kam, zu keiner Bestrafung, während andere bei geringfügigen Vergehen weitaus härter angefaßt wurden, bis hin zu ihren Angehörigen.

Das spielte sich im Zeitraum 1979 bis 1983 ab, und wir haben erfahren, daß der Fall totgeschwiegen wurde, es kam zu keinem Gerichtsverfahren, weil der Mann Nachteiliges über unsere Armeeführung hätte aussagen können, über Privates usw. Da gab es eben solche Fälle, daß ein General, der dann gehen mußte, sechs, sieben Fahrzeuge für sich privat genutzt hatte, er hat sich von Soldaten ein Haus bauen lassen, er hat seine Macht für sich ausgenutzt. Daß einige Leute in der Führung tüchtig korrupt waren, das hat uns doch ziemlich frustriert, und nach der Wende ist mir bewußt geworden, daß das keine Einzelfälle waren. Was den ehemaligen SS-Offizier betraf, so hörten wir später, der Minister hätte gesagt, in meinem Ministerium gibt es keine Kriegsverbrecher. Damit war mein Vertrauen zu diesem Minister erschüttert, und ich habe, wenn der eine Rede hielt, nicht mehr hingehört. Ich meine damit Hoffmann, nicht Mielke. Den haben wir nur mal bei Dienstversammlungen erlebt oder bei Parteikonferenzen, als Mensch kann ich ihn nicht einschätzen, als Minister hatte er eine Art, die Leute zu begeistern, das war schon irgendwo gut. Er hat die Mitarbeiter immer sehr direkt angesprochen, machte nie viel von sich her, man hatte nie das Gefühl, daß er als Armeegeneral über uns stand und die unteren Chargen als Popel betrachtete, sondern er hat einem das Gefühl vermittelt, man konnte jederzeit auf ihn zukommen und mit ihm sprechen. In seinem Auftreten, in seinen Reden war er, wie soll man das ausdrücken, volksnah, und das brachte ihm vom Prinzip her Pluspunkte. Enttäuscht hat er mich eigentlich in der berühmten Volkskammersitzung, als er mit dem Satz geendet hatte, ich liebe euch doch alle, da wußte ich, daß da nicht viel hintersteckte, daß er die Lage nicht analysiert hatte, wie man es von einem Minister verlangen konnte. Daß er alt war und nicht mehr im Leben stand, sonst hätte er merken müssen, daß die Zeit für solche Reden und solche Sprüche vorbei war, und daß er wesentlich daran beteiligt war, daß diese Situation entstanden war.

Lange Zeit habe ich mich mit Fluchthelferbanden beschäftigt, also Paragraph 105, staatsfeindlicher Menschenhandel. Das war hautnahes Erleben mit dem Klassenfeind. Der einzelne Menschenhändler war sicherlich nicht der Feind, die Motive dieser Leute waren mehr materieller Natur, viele waren rauschgiftsüchtig, irgendwo abhängig, sind für ihr Geschäft bezahlt worden. Diese kleinen Wasserträger, die mit den Autos hier rüberkamen, die sind nicht rangegangen, die DDR zu schädigen, die wollten Geld verdienen. Verwerflich war natürlich, daß die Leiter solcher Organisationen enge Beziehungen zum BND hatten, und diese Nähe beeinflußte maßgeblich ihre Arbeit, indem der BND oder ein anderer Dienst bestimmen konnte, die oder der soll geschleust werden, wie soll das geschehn, wer bezahlt das, die Leute mußten ja für ihre Schleusung bezahlen, in irgendeiner Form, ich weiß nicht, zehntausend bis zwanzigtausend Mark, je nach Einstufung. Das war für'n Arzt natürlich schneller abzahlbar als für'n Arbeiter. Es ist schwer im Nachhinein zu sagen, für wen hat der BND bezahlt, aber daß es diese Zusammenarbeit gab, ist bewiesen. Es wurden ja gerade solche Leute rausgeschafft, durch deren Fehlen uns volkswirtschaftlich am meisten Schaden zugefügt wurde. Ich kann mich zum Beispiel erinnern, daß in einem relativ kurzen Zeitraum eine Menge Ärzte und Schwestern im Krankenhaus Friedrichshain abgeworben wurden, das gab für die medizinische Versorgung einen totalen Einbruch und war für die BRD sehr wertvoll, weil sie gut ausgebildete Leute einfach mal frei Haus geliefert bekam. Die wurden sofort integriert. Deshalb ist es ja so schizophren, von den gleichen Leuten, die damals unsere Ärzte aufgenommen haben, heute zu hören, wir müssen euch erst mal alle ausbilden. Solange die Mauer stand, hat man diese Leute, ob das Wissenschaftler waren, ob das Hochschullehrer waren, mit Handkuß genommen, sie durften gleich gutbezahlte Funktionen übernehmen, und heute möchte man diesem Volk weismachen, daß alle unsere Kader nichts taugen.

So, diese Strecke haben wir also gemacht, und da waren wir natürlich bewaffnet, weil das keine Spielerei ist, die Leute waren auch bewaffnet. Im Laufe der Zeit konnten wir manches verhindern. Wir hatte ja Leute an bestimmten Stellen drüben, die uns signalisiert haben, wann schlägt diese oder jene Organisation zu, so daß wir von vornherein wußten, es kommt das und das Fahrzeug mit dem und dem Mann, um die und die aufzunehmen. Es ist uns auch gelungen, verschiedene Leute und Organisationen gegeneinander auszuspielen, indem sie einfach mal durch bestimmte Methoden ihren eigenen Leuten verdächtig wurden. Wir sind ja als Profis ausgebildet worden und waren auch Profis. Du mußtest dir'n Kopp machen, wie kommst du an bestimmte Leute ran, wie kannst du diese Banden innerlich zersetzen. Mit diesem Wort wird heute auch viel Schindluder getrieben, als wäre es darum gegangen, einzelne Menschen psychisch zu zersetzen. Zersetzung, das bedeutet in Kurzfassung, den inneren Zusammenhalt einer Gruppierung durch operative Maßnahmen so zu beeinflussen, daß Spannungen, Zerwürfnisse, Verunsicherung entstanden, die in letzter Konsequenz einen Zerfall der Gruppe herbeiführten. Da wurden die Chefs unglaubwürdig gemacht gegenüber ihren eigenen Leuten, Gegensätze ausgespielt zwischen denen, die das große Geld machten und den kleinen Mitläufern, um sie von ihrer Zielstellung abzubringen. Man hat ja eine Menge Hintergrundinformationen gehabt, und die konnte man ausspielen. So haben wir einiges über lange Strecken in den Griff bekommen. Zum

Beispiel ist es uns gelungen, gegen die berüchtigte Lampelbande, die in Hamburg existierte, entscheidende Schläge zu führen. Die Fahrzeuge hatten immer die Nummern HH JL, Julius Lampel, das war eben das Prestige. Andere kamen auch mit wechselnden Nummernschildern. Naja, die Bande ist durch operative Aufklärung von innen heraus zerschlagen worden. Wir hatten innerhalb dieser Gruppierungen schon Zuträger, so daß die Festnahmen sich häuften, also das war dann für uns kein Problem mehr. Einen ganz großen Schleuser haben wir 1977 festgenommen, in unmittelbarer Nähe des Alexanderplatzes, fuffzehn Jahre hat er bekommen, der war verantwortlich für die Schleusung von Ärzten und Krankenhauspersonal. Kam mit sieben verschiedenen Ausweisen und war bei seiner Festnahme maskiert.

Wir konnten also durch solche Erfolge in der Arbeit manche Pläne durchkreuzen. Ich erinnere mich an einen Fall, da ging's um einen Zivilbeschäftigten der NVA, der Bauingenieur war und maßgeblich beteiligt an der Verlegung des gesamten Telefonnetzes der Warschauer Vertragsstaaten. Wenn ich das lese, weiß ich natürlich als Geheimdienstmitarbeiter, das wäre ein Mann für mich, weil der soviel Wissen hat, das jeder Geheimdienst nutzbringend verwerten kann. Bei dem war es so, daß die Frau geschleust wurde, die wollte weg, und es war zu befürchten, daß er auch nachrückt. Unsere Erkenntnisse waren so gesichert, daß, wenn wir es nicht verhindert hätten, er tatsächlich verschwunden wäre. Die Frau ist im Auto geschleust worden, im Kofferraum. Es gab ja richtige Fluchthelferverstecke, so wie man es auch in Filmen gesehen hat, Kofferräume oder irgendwelche Hohlräume, es gab Fälle, wo ganze Familien geschleust wurden, Kinder dabei, die stillgelegt wurden über Medikamente, da kam es auch zu Todesfällen. Wir hatten das mal im Magdeburger Raum, das Fahrzeug wurde gestellt, und das Kind war tot. Wir konnten die Motive für sowas nicht verstehen, daß Leute so ein Risiko eingegangen sind, bloß um rauszukommen.

Ein anderer Fall, ein Offizier der NVA hatte Verbindung mit einer Dame aus Westberlin. Die hatte sehr mysteriöse Kontakte, hatte auch Telefonnummern parat von Leuten, die mit Geheimdiensten zu tun hatten, und hier stand die Frage für uns, Spionage oder Schleusung. Charakterlich war der Offizier so beschaffen, daß er beides mitgemacht hätte, das wußten wir, also er war hinterm Geld her, hinter Frauen her, und wir wußten ja, wie die andere Seite arbeitet, daß sie Frauen einsetzen, die dann scheinbare Liebesbeziehungen eingehen. In diesem Fall war es so, daß er sich ein- bis zweimal in der Woche mit der Dame getroffen hat, im Berolina-Hotel, dort Schäferstündchen verlebt hat, sie dann zum Grenzübergang Friedrichstraße zurückbegleitete. Von uns wurde festgestellt, daß es auch eine Gegenbeobachtung gab, die Frau wurde auf unserem Gebiet von ihren

Leuten observiert, das bedeutete, daß wir uns sofort zurückziehen mußten. Daraus war erkennbar, daß diese Dame mit einem westlichen Geheimdienst in Verbindung stand. Wir haben die ganze Sache dokumentiert und letztendlich den Offizier festgenommen. Der ist verurteilt worden, nicht wegen Spionage, sondern wegen staatsfeindlicher Kontakte. Das war zum Beispiel so eine wichtige Sache.

Oder der Fall „Kröte". Da handelte es sich um den Kraftfahrer eines Militärattachés der DDR im Ausland. Kröte ist durch einen westlichen Geheimdienst in Österreich angeworben worden, auch wieder über Geld und Frauen, diese Mittel sind bei allen Geheimdiensten die gleichen, nicht nur, daß bei uns solche Mittel eingesetzt wurden, wie man uns heute gern nachsagt. Hier ist eine ganz akkurate Nachweisführung der Spionagetätigkeit gelungen, der Attaché wußte nichts, hat es erst im Nachhinein erfahren. Solche Leute wie Kröte waren natürlich für jeden Geheimdienst Spitzenkräfte. Unmittelbar an der Basis, wußten sie sehr viel, wann, wo und mit wem sich ihre Chefs trafen und was besprochen wurde. Sie kannten Eigenheiten und Eigenschaften, die unter bestimmten Umständen auszunutzen waren.

Das alles hört sich wesentlich abenteuerlicher an, als es ist. Dabei ist es eine langwierige Kleinarbeit, bei der Steinchen auf Steinchen zusammengetragen wird.

Jeder abgeschlossene Fall wurde natürlich ausgewertet, dadurch erfuhr der Mitarbeiter, wie gut er gewesen ist, wo er hätte besser sein können, wo er Fehler gemacht hat, also uns wurde signalisiert, eure Arbeit hat das und das Ergebnis gebracht. Das brachte auch so etwas wie Zufriedenheit, man mußte ja mal Erfolgserlebnisse haben, selbst wenn es über lange Strecken ging und nicht gleich Ergebnisse zu sehen waren. Es war schon gut, wenn einem gesagt wurde, eure Observation wurde nicht erkannt. Wir haben mal über zwei Tage mit dem Auto jemanden observiert, von Barth nach Suhl und zurück, ich immer im Auto hinterher, ohne Ablösung, zu der Zeit war ich OLZ-Mann, Mitarbeiter im Obersten Leitzentrum, das war Mitte der achtziger Jahre. Da waren verschiedene Leute eingesetzt, um alle Beobachtungsaufgaben zu koordinieren. Das war einfach mal notwendig geworden, weil viele an einer Sache operierten, das mußte unter Kontrolle gehalten werden, um zu analysieren, was zu welchem Zeitpunkt mit welchen Mitteln gemacht werden mußte, wie wird dokumentiert, mit Film, mit Fotos, und ich war mit verantwortlich, solche Absprachen zu führen, ein Code-System zu erarbeiten, bis dahin, daß ich vor Ort gefahren bin und die Beobachtung mit verschiedenen Arbeitsgruppen zu koordinieren hatte, auch mit Leuten aus den Bezirken, die uns zeitweise zugeordnet wurden. Das war 'ne relativ hohe Verantwortungsebene, ich war dauernd im Einsatz und sehr gestreßt.

Bis zum Ende der achtziger Jahre gab es für mich kaum ein Familienleben. Meine Frau mußte zu Hause alles alleine bewältigen, einschließlich der Kindererziehung. Die Kinder waren ja noch klein, die haben noch nicht gefragt, Papa, wo warst du denn so lange. Und meine Frau hat auch nicht gefragt. Das war eigentlich das schlimme an unserer Arbeit, wir hatten soviele Eindrücke, positive und negative, und durften darüber nicht reden, man hatte kein Ventil bei dieser Tätigkeit, mußte alles für sich behalten. Also was mir wichtig ist, der ganz normale Mitarbeiter, das war kein gezüchteter Typ, das waren Leute, die sich immer volksverbunden gefühlt haben, der Arbeiterklasse intensiv verbunden. Ich war selbst Arbeiter gewesen. Das Problem war einfach auch, wir haben im Prinzip nicht besser gelebt als andere, zumindest in den unteren Chargen. Ich habe mit zwei Kindern in einer Eineinhalbzimmerwohnung gelebt, 29 Quadratmeter, das war unsere erste gemeinsame Wohnung, und uns wurde gesagt, wir müßten verstehen, als erste werden die Arbeiter versorgt. Ich hab's verstanden, das war für mich nie die Frage. 1984 habe ich dann die Dreiraumwohnung bekommen. Es ging sehr langsam mit Gehaltserhöhungen, manchmal gab's 'ne Prämie, das war dann meist 'ne Kollektivprämie, also für Orden und Geld haben die wenigsten Leute, die ich kannte, gearbeitet. Ich hab die Verdienstmedaille der NVA, Kampforden im Kollektiv, der wurde ins Arbeitszimmer in der Firma gehängt, und die Prämie wurde gemeinsam verfeiert, mit den Ehefrauen. Unsere Frauen verstanden sich untereinander sehr gut, sie haben sich gegenseitig geholfen, aber ich habe festgestellt, daß im Zuge der Gesamtentwicklung dieses Ministeriums das kollektive Verhalten untereinander immer mehr nachließ, eigentlich regelrecht zerschlagen wurde. Möglich, daß die Frauen aus Sicherheitsgründen nicht soviel Kontakt haben sollten. Keimende Freundschaften wurden von vornherein ausgeschlossen, um die Mitarbeiter bei der Stange zu halten. Es war im Grunde Mißtrauen gegen die eigenen Leute. Es gab eine Abteilung, die sich nur auf die eigenen Mitarbeiter konzentrierte, ich weiß es nicht genau, aber es ist zu vermuten, daß auch viele von uns abgehört worden sind.

Zu meinem Freundeskreis gehörten Menschen, die durchaus der Auffassung waren, daß es sich auch noch woanders leben ließe als in der DDR. Ich habe das zwar nicht verstanden, aber doch toleriert. Und von dieser Akzeptanz her waren auch Freunde darunter, die nicht unbedingt dem Maßstab eines Mitarbeiters entsprachen. Ich hatte z. B. Umgang mit Homosexuellen, weil ich sie als Menschen akzeptierte. Das konnte bei uns keiner begreifen. Für die waren Homosexuelle ein Kreis leicht Ansprechbarer, Anfälliger, die gab es durchaus, aber so waren doch nicht alle. Oder einer, der hatte schon mal im Knast gesessen, wegen Gewalttätigkeit, nun bilde ich mir nicht ein, den erzogen zu haben, aber der ist nicht mehr

rückfällig geworden. Wir haben es ihm einfach ermöglicht, in einen Kreis zu geraten, der nicht kriminell war. Wie war es denn? Wenn Leute aus dem Knast kamen, die hatten zwar Arbeit, Arbeitsplatzbindung, sie bekamen auch eine Wohnung, sogar eingerichtet, aber irgendwann rutschten sie in ihren alten Bekanntenkreis zurück, weil sie keine anderen Freunde hatten. Also war es schon wichtig, daß sie mal anderen Umgang bekamen. Für mich war immer wesentlich, wenn man nur im Dreck arbeitet, und unsere Arbeit war oft Dreckarbeit, man hat immer nur das Schlechte gesehen, dann mußte man wirklich aufpassen, daß man die guten Seiten nicht total vergaß, daß man sich auch noch an Dingen erfreuen konnte. Ich bin zum Beispiel gerne in Kirchen gegangen, was für einen Mitarbeiter immer anstößig war, aber mich hat nicht der Gottesdienst interessiert, was der Pfarrer von der Kanzel von sich gab, das war manchmal auch sehr interessant, psychologisch, aber mich hat das gesamte Fluidum beeindruckt, ich fand die Bauten schön, ich bin auch begeistert in Kunstausstellungen und Konzerte gegangen, habe mir Bücher zugelegt, eine Drechselbank und mein Schnitzwerkzeug und habe nachgemacht, was mir gefiel, afrikanische Masken, Buddha-Figuren, das hat mir Spaß gemacht und war entspannend. Aquarien, Fische habe ich schon immer gehabt, Tiere sowieso, ich bin ja auf dem Land großgeworden, wir hatten immer irgendwas, und es hat mich nicht gestört, wenn die Kinder noch ein Meerschwein angeschleppt haben. Hugo, mein Rotkopfbarsch, wenn der so seine Bahnen im Becken zieht, das hat was Beruhigendes.
Naja, der Beruf, das ist nun Geschichte. Zur Wende hat uns der Minister per Brief mitteilen lassen: Die Konterrevolution marschiert. Man hat das akzeptiert, weil man davon ausging, der Minister hat den Überblick. Er forderte uns zur Wachsamkeit auf. Ich hatte den 4. November am Fernseher erlebt, habe die Reden auf dem Alex gehört und hatte das Gefühl, das ist der Anfang vom Ende der DDR. Uns wurde damals freigestellt, im Amt für Nationale Sicherheit weiterzumachen oder zu kündigen und uns was anderes zu suchen. Ich habe für mich entschieden, daß meine Arbeit im Ministerium beendet ist, weil für mich die Zielstellung nicht mehr gegeben war. Es machte keinen Sinn mehr. Dazu kam, daß ich im Nachhinein Informationen hatte über dieses Ministerium, so daß ich feststellen mußte, nach dem Lesen bestimmter Zitate von Robert Havemann, nach dem Lesen des Buches von Walter Janka, daß man uns geschult hat und genau gesagt hat, was wir lesen müssen, aber uns nie allumfassend klar wurde, was solche Männer noch alles geschrieben haben. Es wurde eigentlich genau das gemacht, was dem Westen immer vorgeworfen wurde, bestimmte Ausschnitte zu nehmen und gegen die Verfasser zu verwenden, für uns zu nutzen, was uns wichtig schien, alles andere kam nicht zur Sprache, weil, dann hätte man ein anderes Bild gekriegt. Ich habe mir dann erst mein Bild

von Walter Janka und Robert Havemann gemacht, die waren für mich wichtig, weil ich beide im Studium gehabt hatte, der Janka-Prozeß wurde uns sehr nahegelegt während des juristischen Fernstudiums in Potsdam, so daß ich, der den Mann nie gekannt hat, ich bin 1953 geboren, der festen Überzeugung war, jawohl, das ist ein Verbrecher. Unter heutiger Sicht, nachdem ich mich über den Mann umfassend informiert habe, muß ich sagen, es war absolut verwerflich, Menschen mit dieser einseitigen Sicht erzogen zu haben, wie das mit uns gemacht wurde. Inzwischen kenne ich Walter Janka, ich habe ihn lesen und reden gehört, und ich möchte mich eigentlich bei ihm entschuldigen. Nicht für die, die mich so einseitig geschult und erzogen haben, sondern ganz allein für mich, der es sich in seinem früheren Leben zu einfach gemacht hat, mit Aussagen zu schnell zufrieden war und nicht nachgefragt hat.

Es wäre aus dieser DDR was Besseres zu machen gewesen, wenn man auf solche Leute gehört hätte und nicht diese machthungrigen, teilweise korrupten und auch dummen Politiker uns in die Irre geführt hätten. Aber heute werden die jungen Menschen genauso einseitig beeinflußt. Wenn ich Sechzehn-, Siebzehnjährige über den Mauerbau reden höre, dann frage ich mich, was wissen sie denn, wie massiv die Spionagetätigkeit sich über Westberlin als Brückenkopf vollzogen hat. Es gab ja wirklich einen Tag X, an dem die DDR überrollt werden sollte, das ist nachweisbar, wenn ich den kalten Krieg analysiere, dann muß ich doch sehen, daß diese Mauer notwendig war. Zu einer Grenze gehören immer zwei Seiten, es gab 'ne NATO, es gab die Bundeswehr, es gab die Amerikaner, die in Vietnam eingefallen sind, die haben immer alles eingesetzt, wenn es um ihre Vormachtstellung ging, bis hin zum Golfkrieg. Und diese Menschen, die die Mauer gebaut haben, um unser System am Leben zu erhalten, anders war es nämlich zu dem Zeitpunkt nicht möglich, die waren nun die Bösen.

Für mich gab es 1989 ein tiefes inneres Zerwürfnis mit dem Ministerium, weil ich vieles, was ich dann erfahren habe, nicht wissen konnte. Es ist nun mal ein Prinzip der Firma, daß man nur soviel weiß, wie man unbedingt wissen muß. Da hats mich dann innerlich ganz schön zerrissen, ich mußte auch mein Leitbild von vielen Staatsfunktionären völlig umkrempeln, mußte mich selbst analysieren, wo hab ich meine Schwächen, meine Fehler gehabt. Trotzdem stehe ich zu meiner Arbeit, ich würde sie immer wieder machen, mit gewissen Abstrichen, aber mit den gleichen Idealen, mit den gleichen Zielstellungen, aber mit anderen Erkenntnissen. Sicherheitspolitik heute müßte wesentlich durchschaubarer für die Leute gestaltet werden, nicht über die Köpfe hinweg, und ich würde einiges trennen. Staatssicherheit war letztenendes eine Art Feuerwehr für alles. Es war doch nicht Sache der Staatssicherheit, wenn ein Soldat mal nicht aus dem Urlaub

zurückkam, das war Sache der NVA oder der jeweiligen Behörden in den Städten und Kreisen. Aber in jedem Fall wurde erstmal gesucht nach staatsfeindlichen Handlungen, und dieses Grundprinzip hat uns sehr geschadet. Man hätte nach dem Verbindenden suchen müssen, nicht überall Feindtätigkeit sehn. In vielen Fällen haben wir ja festgestellt, daß von Feindtätigkeit keine Spur war, daß es normaler Lebenswille war, das normale Jungsein, das dazu führte, daß einer über die Stränge schlug, oder daß einer nicht mit dem Armeeleben klarkam und bei seiner Familie sein wollte. Das wurde eben nicht auseinandergehalten. Feindtätigkeit hatte ich ja nun wirklich kennengelernt, die zeigte sich doch ganz anders. Wir hatten manche Diskussionen in der Parteigruppe über solche Fragen, hat die Partei wirklich immer recht? Das Ergebnis war, daß dann einfach mal 'ne Parteikontrollkommission zu uns reingeschickt wurde, die uns wieder auf Vordermann brachte. Der einzelne konnte durchaus schon mal seine Gedanken aussprechen, so war es nicht, aber es brachte keine Punkte, er wurde immer von irgendeinem Parteifunktionär zur Ordnung gerufen, und dann hieß es, Genossen, hier schießt einer übers Ziel hinaus, ihr müßtet mit dem wieder mal ideologisch arbeiten. So kam es, daß man seine Gedanken lieber für sich behielt oder sie im Freundeskreis aussprach, sonst wäre man dauernd Mode gewesen, und wer will das schon? Es gab auch Fälle, wo jemand rausgeschmissen wurde, aber die Fälle, die ich kannte, da war es notwendig. Bei einem war der Grund, er war Alkoholiker, der wurde zum Sicherheitsrisiko, man konnte ihn nicht mehr losschicken, der konnte nicht mehr mit Leuten reden, das war der eine Fall. Ein anderer war, wo jemand sich für eine Freundin oder Frau entschieden hat, die Westverwandtschaft hatte, da hat man sich im gegenseitigen Einvernehmen getrennt. Manche Vorgesetzten haben dann gesagt, hier hat ein Genosse versagt, er ist zum Feind übergetreten, das wurde aber von der Masse unserer einfachen Mitarbeiter überhaupt nicht so reflektiert.
Ich war schon immer engagiert für grüne Politik und habe mir 1989 nach meiner Entlassung vorgenommen, auch mal in andere Bereiche reinzublikken. Bin dann mit der Bürgerbewegung in Berührung gekommen, habe viele Veranstaltungen mitgemacht, mich orientiert und muß sagen, ich bin auch normal aufgenommen worden, obwohl ich nie verschwiegen habe, wo ich herkam. Es ist eigentlich meine Erfahrung, die Leute haben ein völlig falsches Bild von diesem Ministerium, und da sind wir auch selber schuld, wenn wir nicht die Wahrheit sagen. Es gab viele Leute, die mir offen gesagt haben, damit mußt du leben, nicht wir, aber wir beurteilen dich nach deiner Arbeit. So war ich auch mal eine Weile im öffentlichen Dienst, aber da bin ich dann nach einem Jahr auf Senatsbeschluß wieder rausgeflogen. Ich war nicht tragbar, wurde dann arbeitslos und habe mir was gesucht im Gaststättenwesen.

Ich hatte eine Phase, wo ich sehr deprimiert war, weil ich mir sagte, ich bin in dieser Gesellschaft nichts mehr wert. Die Angriffe auf uns, die zum Teil Halbwahrheiten enthielten und auf keiner Analyse beruhten, das ging mir doch sehr an die Nieren. Ich hatte auch Befürchtungen, was mit meiner Familie wird, denn ich weiß von Mitarbeitern aus anderen Städten und Kreisen, denen die Scheiben eingeschlagen wurden, es gab Fälle von Selbstmord, einige haben sich erschossen, Hauptabteilungsleiter, BV-Chefs, also diese höheren Dienstgrade, die einfach nicht mehr klarkamen und zum Teil auch durch Psychoterror dazu getrieben wurden. Ich war sehr enttäuscht, als ich feststellen mußte, daß etliche Mitarbeiter, auch führende Genossen des Ministeriums, auf die ich früher große Stücke gehalten habe, die mich ideologisch motiviert haben, plötzlich und unerwartet ganz anders gedacht haben, als hätten sie schon immer im Hinterkopf gehabt, daß es ja irgendwann mal anders kommt. Ich war enttäuscht, daß keiner dieser hervorragenden Genossen in der Lage war, dieses MfS als gesamt-gesellschaftliches Problem zu analysieren. Viele fühlten sich verstoßen, aber sie waren nicht bereit, darüber nachzudenken, wo ihr Anteil daran liegt, warum es so gekommen ist, daß sie daran Schuld tragen, weil sie eben den Mund gehalten haben, nicht aufgetreten sind. Es ist schon ein Unterschied, ob ein mittlerer Kader was sagt oder ein leitender, aber diese Leute haben geschwiegen, sie waren die ersten, die aus der SED rausgegangen sind und haben sich teilweise ganz schön gewendet, und nicht zu ihrem Vorteil.

Jeder muß mit diesem Leben, so wie es jetzt ist, klarkommen. Ich halte viel davon, sauber zu bleiben und mache nicht Geschäfte mit denen, die ich früher bekämpft habe. Meine Vorstellungen von dem, was ich nochmal machen könnte, sind relativ klein. Ich möchte dazu beitragen, daß die Menschen human miteinander umgehen, daß wir nicht auf Kosten der dritten Welt leben, daß es gerechter zugeht und der Weltfrieden nicht gefährdet wird, damit der Planet erhalten und bewohnbar bleibt. Deutschland, so wie es sich jetzt darstellt, gegenüber anderen Staaten teilweise arrogant und bevormundend, wie es seine Ausländer behandelt, dieses Land ist nicht der Nabel der Welt. Wir könnten doch dazu beitragen, die Welt zu erhalten, zu verändern, damit die Menschen menschlich miteinander leben. Diese Friedensliebe, dieses Bedürfnis nach Völkerverständigung, das, was ich selbst von kleinauf gelernt habe, möchte ich an meine Kinder weitergeben. Sie sollen mit offenem Blick und klarem Verstand durch das Leben gehn, soziale Mißstände sehen und bekämpfen, sie sollen begreifen, daß es im Leben um mehr geht als um Konsum, Wohlstand und Geld. Wenn mir das gelingt, kann ich ihnen vielleicht erklären, warum ihr Vater mit Che Guevara im Gepäck angetreten, aber mit Günter Mittag im Rucksack aufgewacht ist.

Herbert K., Jahrgang 1929

Ehem. hauptamtlicher inoffizieller
Mitarbeiter des MfS

Ich hatte ein Dienstbuch von der Kriminalpolizei sowie einen Dienst-
auftrag, wie gesagt, nur von der K. Ich bin geborener Berliner, als der Krieg
zuende war, war ich knapp 16. Meine Eltern waren geschieden, meine
Mutter war Buchhalterin in der Konfektion, und meine Schwester und ich,
wir mußten auch unbedingt in der Konfektion arbeiten. Meiner Mutter hat
immer vorgeschwebt, ihre beiden Kinder würden mal Konfektionäre
werden. Ich habe Industriekaufmann gelernt in der Bekleidungsbranche.
Mein Vater war Kommunist, und mein Großvater war Sozi, Großvater hat
nischt ohne seine Gewerkschaft und ohne seine Partei entschieden. Mutter
war also mit'm Kommunisten verheiratet, ihre Schwester mit einem
SA-Mann, Horst-Wessel-Sturm, und mein Großvater Sozi, wenn die
zusammenkamen, da war was los.
Meine Mutter ging arbeiten, wir haben mit sechs Jahren schon den
Schlüssel um Hals gekriegt, und dann hat uns Mutter beigebracht, wie man
den Haushalt führt. Wir hatten bloß Stube, Küche auf'm Hinterhof. Mit
zehn bin ich Pimpf geworden, und das letzte Kriegsjahr war ich vier Wochen
als Flakhelfer auf'm Bunker in Friedrichshain, als 'ne Bombe rauffiel, hab
ich mitgekriegt, wie so'n ganzes Geschütz mit Besatzung über Bord
geflogen ist. 1944 kam ich in die Lehre, jede Nacht zwei-, dreimal Alarm,
einmal hab ich verschlafen, bin nicht in den Keller gegangen, geweckt
wurde ich erst, als der Alarm vorbei war, durch meine Mutter, die in der
Lichtenberger U-Bahn Schutz gesucht hatte. Alle Scheiben waren raus,
Möbel demoliert, da ist zweihundert Meter entfernt 'ne Luftmine runterge-
gangen. Von Mutter hab ich noch Dresche dazugekriegt. Als Stalingrad fiel,
hab ich drei Tage auf dem Sofa gelegen und geheult, aus Angst, wenn die
Russen kommen, was aus uns wird. Aber bis zum Kriegsende hab ich doch
an den Endsieg geglaubt, hat man uns ja eingetrichtert. Nach 1945 habe ich
gute Freunde kennengelernt, die mich mitgenommen haben zum Antifa-
Jugendausschuß. Wir hatten in Friedrichsfelde einen wunderbaren Klub,
gleich hinter'm Tierpark, und ich kann nicht sagen, daß es mir schwer
geworden ist, vom Hitlerjungen auf die Antifa-Jugend umzuschwenken.
Das waren gute Leute, ältere auch, die uns beigebracht haben, wie Kriege
gemacht und wie sie verhindert werden können. Das habe ich recht schnell

begriffen. Wir hatten eine lebhafte Diskussion, da ging es um Helden, vor allem um sowjetische, und da war ich so empört, warum reden die nur von den Russen? Oberst Rudel war doch auch ein Held, der hat soundsoviel Flugzeuge und Panzer abgeschossen, und da haben sie mit mir darüber diskutiert, was die deutschen Krieger in der Sowjetunion zu suchen hatten. Jetzt nicht mit'm Holzhammer, sondern in Form von Unterhaltung. Wir haben regelmäßig Wochenendausflüge gemacht, da hat einer von zu Hause drei, vier Kartoffeln mitgebracht, der andre 'ne Handvoll Reis und wat se allet so hatten, einer hat bißchen Obst und Gemüse aus dem Garten mitgebracht, da haben wir draußen, weit hinter Königs Wusterhausen Zelte aufgebaut, Lagerfeuer gemacht, und man war Gleicher unter Gleichen. Ich hab Sport gemacht, gerudert, war damals bei Viktoria Grünau.

Nach meiner Lehre, wir haben in der Nähe vom Kudamm gearbeitet, in Westberlin, da habe ich zum Schluß hundertachtzig Mark gekriegt, schon damals nach der Währungsreform 1948 haben sie uns als Ossis behandelt, und ich habe gemurrt. Ich hab ja mit 17 von meinem Chef noch 'ne Ohrfeige gekriegt, und da hab ich gesagt, sowat gibt's nich mehr, wir sind 'ne demokratische Ordnung. Nach meinem Rausschmiß bin ich zum Konsum gegangen. Fahrzeugbau in Alt-Friedrichsfelde. Wir haben LKWs repariert. Das hat mir Spaß gemacht. Dann wurde ich Verkäufer im Textilkonsum, na ja, da hab ich nun ein bißchen mehr verdient, und dann sagte jemand, Mensch, kommste zu Elektrokohle, das hieß damals noch Siemens Plania. Als Verkäufer hatte ich die Angestelltenkarte, und bei Siemens Plania habe ich die Schwerstarbeiterkarte gehabt, das war mehr als das doppelte, was man an Lebensmitteln bekam, der Hunger war ja damals groß. Angefangen habe ich in der Stiftefabrik, später war ich am Vertikalofen, wo der Koks entgast wurde, bei 1600 Grad, dann Silitfabrik, ich hab schönes Geld verdient. Hab noch die Kranfahrerprüfung gemacht. Da war ich bis 1959. 1956 hatte ich geheiratet. Mein Schwiegervater war bei der Post und ist nach dem Westen gegangen, vorher hatten acht Personen, sechs Gören und die Eltern, in einer Eineinhalbzimmerwohnung gehaust, und Schwiegervater 310 Mark brutto. Dann kamen die Kollegen von drüben, die kriegten mehr Geld und sagten, komm doch rüber. Und da sind die 1955 abgehauen, mit drei Kindern von den sechsen. Meine Frau war schon Verdiener, die war auch bei der Post, ich hatte sie durch die FDJ beim Pfingsttreffen 1950 kennengelernt. Nachdem die Schwiegereltern weg waren, haben wir schnellstens geheiratet, um die Wohnung behalten zu können. So, und nun hatte ich mich bei der Volkspolizei beworben, in Lichtenberg bei der Inspektion, ich habe gesagt, meine Schwiegereltern sind im Westen. Ach, sagten sie, das ist doch nicht schlimm. Aber auf einmal kriegte ich eine Ablehnung, leider zur Zeit nicht möglich. Da hatte wahrscheinlich die Sicherheit die Finger drin. Dann kam mal einer, um sich mit mir zu unterhalten, was ich so mache, meine Herkunft, und dann haben sie mich gefragt, ob ich Interesse hätte, mitzuarbeiten. Ich hab gesagt, selbstverständlich.

Erst haben sie mir so kleine Aufträge gegeben, mal rüberfahren und gucken, dann mußte ich 'ne Skizze machen von verschiedenen Gebäuden, die wollten sehn, ob man zuverlässig ist und sich alles genauestens einprägen kann, man durfte ja nichts notieren. Ich hab das alles gemacht, das war schon politisch bewußt, ich war ja schon beim Konsum 1949 in die Partei eingetreten, zwei Tage vor Gründung unserer Republik. Ich hatte einen Führungsoffizier, den Begriff kannte ich früher nicht, jedenfalls war das ein Offizieller von drinnen, aus dem Ministerium. Naja, und dann so Gespräche geführt, uns konspirativ getroffen, auf 'ner Parkbank oder in 'ner Gaststätte, und da haben sie mich angelernt, zuerst für die Beobachtung. Es gab zum Beispiel Leute, die vom Betrieb aus Westverbot hatten, aber es übertraten. Da haste dann beobachtet, wie die eingestiegen sind in die U-Bahn nach Westberlin, bist hinterher, bis der wieder zu Hause war. Wir waren 'ne Gruppe von drei Mann, einer, der hinter ihm ging, zwei auf der gegenüberliegenden Straßenseite, aber immer so, daß wir in Sichtkontakt blieben. Wichtig war, was macht er, wen spricht er unterwegs an, steckt er Post ein, holt er sich Zeitungen, sucht er die und die Adressen auf. Man hatte uns 'ne Legende gesagt, wir wußten nicht, ob die stimmt, warum wir den beobachten sollten.

Zwei Jahre habe ich drüben gearbeitet. Wir hatten unter anderem am Bahnhof Friedrichstraße zu stehen, da war ein Parkplatz, und wir hatten den Auftrag, alles, was aus der Provinz kam, zu observieren. Die fuhren rüber und tätigten Großeinkäufe, brachten Geld auf die Bank. Wenn die zur S-Bahn gingen – mitloofen, was die drüben machen. Ich hab mit sechs Mann zusammengearbeitet, wir kannten uns nur mit Vornamen. Wie ich später mal mitgekriegt habe, waren wir Mitarbeiter der VIII. Gerade in den letzten Wochen, bevor die Grenzen geschlossen wurden, gab es welche, die drüben en gros eingekauft haben, unheimliche Summen umgetauscht, ich kenne Fälle, wo die zwischen zehn- und zwanzigtausend Mark drüben auf Banken eingezahlt haben, da war es unsere Geschicklichkeit, das mitzukriegen, ohne aufzufallen. Eins zu sechs oder eins zu sieben, das war ja der Schieberkurs, für uns war das ein Vergehen gegen unser Devisengesetz.

Wir hatten unsere Büros in irgendwelchen Häusern, die waren getarnt, da war ein Firmenschild dran, mit dem keiner was anfangen konnte, das waren unsere Basen, die gab's drüben auch. Die haben wir manchmal entdeckt, das waren auch Deckfirmen. Irgendein schniekes Haus, du gehst hoch und kriegst mit, ob da einer wohnt oder nicht, wer da reingeht, horchst, was gesprochen wird, und wenn du dann was aufgeklärt hast, das war natürlich was. Mir ist es dann mal passiert, daß ich am nächsten Tag nochmal hinging, das war so'n hochherrschaftliches Haus mit Dienstboteneingang, und ich hatte mir auf so'n Stücke Zigarettenpapier hauchdünn mit Bleistift einige Namen aufgeschrieben. Auf einmal „Tatütatü", ich seh die Portier'sche, drei Polizisten hinterher, ein Geschreie, da oben ist der, und ich dachte, die meinen mich. Was machste? Ich hab meinen Zettel verschluckt. Aber da ist noch ein Aufgang gewesen, wer weiß, was da los war, mich haben die gar nicht gemeint.

Ende 1959 hatten wir ein Einsatzgebiet draußen am östlichen Stadtrand. Es war uns bekanntgeworden, daß da Leute Waffen lagern. Der Tag X war ja vorbereitet, und mir kann heute keiner einreden, daß das eine Erfindung der DDR war. Adenauer hat nie'n Hehl draus gemacht, daß der uns alle sechs Monate mal befreien wollte. Wir vormittags in den Wald mit Zeltplane und Spaten, haben ein schönes tiefes Loch gebuddelt, den Sand mit der Plane weggebracht, das Loch mit Laub bedeckt, damit das keiner mitkriegt, und dann sind wir abends im Dunklen wiedergekommen. Einer mußte sich in diesem Loch verstecken, das war ich, leider, mein anderer Kumpel war eineinhalb Köpfe größer, der hat an der Chaussee im Graben gelegen. Wir hatten Funkgeräte, und der Führungsoffizier wartete in der Nähe in seinem Fahrzeug. Ich habe in dem Loch gesteckt, tagelang hat sich nichts ereignet, von den Bäumen tropfte es ständig, das war ein Gefühl. Und wenn dann was durchs Laub raschelte, Waffen hatten wir nicht, da ging dir dann doch die Muffe. So, und eines Abends wurden die dann aktiv. Zur damaligen Zeit durften bestimmte Leute, hauptsächlich Mediziner, Zahnärzte und andere Intelligenzler, die durften ja noch mit dem Auto rüber. Da haben wir die Mitteilung gekriegt vom Grenzübergang am Brandenburger Tor, jetzt kommt der und der. Wir haben damals auch Leute drüben gehabt, die uns informiert haben. Und dann dauerte es so'ne halbe, Dreiviertelstunde, bis einer antanzte und was verbuddelte. Und es hat sich später rausgestellt, daß das Waffen waren. Die Leute wurden nicht gleich hochgenommen, das mußte hundertprozentig sicher sein, daß wir feststellen konnten, wer, wie, was. Später habe ich erfahren, daß Zahnärzte daran beteiligt waren, die konnte man leicht erpressen und anwerben, wenn sie drüben illegal Zahngold erwarben.

Wir mußten uns zu Stillschweigen verpflichten, auch gegenüber den nächsten Familienangehörigen. Manchmal durfte ich meiner Frau was sagen. Sie wußte aus meiner Zeit bei Elektrokohle, was zu dieser Zeit an Sabotageakten im Betrieb passiert ist. Das wäre Stoff für Bücher gewesen, ich frage mich, warum darüber keiner mal was geschrieben hat. Da wurde ein Rußlager in Brand gesteckt, es wurden Kohlemischungen durch falsche Chemikalien versaut. So manch einer aus diesem Betrieb hat sich für Scheiß-Zwanzig-Westmark dafür hergegeben, sowas zu machen. 1953 sind zwei über Nacht abgehauen und haben nach und nach andere rübergeholt, Wissenschaftler, den Hauptbuchhalter, Leute, die früher schon bei Siemens gearbeitet hatten, also die Abwerbung damals von technischem Personal und dann diese Sabotageakte, das waren für mich Gründe, solchen Leuten mal das Handwerk legen zu wollen.

Unsere Ehe ist kinderlos geblieben, aber meine Schwester ist 1979 gestorben, von einem Tag zum anderen, und mit meinem Schwager war nicht viel los, für den war ich 'ne rote Socke. Wir hatten über zehn Jahre keinen Kontakt, dann hörte ich, die waren geschieden, und als meine Schwester gestorben war, riefen die Jungs abends an, Onkel Herbert, die Mutti ist tot. Ich bin hingefahren und habe gesagt, kommt ihr zu uns. Wir hatten eine Eineinhalbzimmerwohnung im Prenzlauer Berg, Klo 'ne halbe Treppe tiefer, und da haben wir die Jungs dann aufgenommen, da waren sie 16 und 17. Es war für uns ein Risiko, zwei Jungs, die du nicht richtig kennst, das Alter, aber wir haben es bewältigt, und die Jungs haben zu uns ein sehr gutes Verhältnis. Für die war ich immer Kriminalpolizist. Wir haben uns große Mühe gegeben, daß sie beide gut durch die Schule kamen und ihre Lehre bestanden haben. Die Jungs haben zu uns Onkel und Tante gesagt, in letzter Zeit reden sie uns aber plötzlich mit Vornamen an, ich muß direkt mal fragen, wie sie dazu kommen. Wir haben nun auch Enkel, für die bin ich Opa Herbert.

Seit die Grenzen zu waren, sind wir nicht mehr rüber gegangen. Bis 1963, 64, haben wir alle möglichen Beobachtungen gemacht. Unser Führungsoffizier verteilte die Aufgaben, wir haben in Schichten gearbeitet, manchmal die Nacht durch, es kam auf den Auftrag an und was die betreffende Person so beabsichtigte, also was man vermutete. Wir wurden eingewiesen, was bei der Observierung alles zu beachten ist, man ging natürlich davon aus, daß der was auf dem Kerbholz hatte, sonst hätte sich die Staatssicherheit nicht für den interessiert. Ich hatte keine Haßgefühle, ich kannte die Menschen nicht persönlich, ich mag auch keine Voreingenommenheit, ich habe einfach sachlich meine Arbeit gemacht, wie es von mir erwartet wurde. Wenn die Arbeit beendet war, mußten wir säuberlich mit der Hand Berichte schreiben. Die obengenannte Person, Deckname soundso... Jede Person, die wir observiert haben, erhielt einen Decknamen, angenommen, der hieß Konrad, dann wurde im Bericht nur K. geschrieben. Dann weiter, wann er das Haus verlassen hat, wohin er gegangen ist, welches Geschäft hat er aufgesucht, vor welchem Schaufenster ist er stehengeblieben, wenn ein Mann sich für ein Modegeschäft interessierte, war das auffälliger als wenns 'ne Frau machte, also es mußte alles genau aufgeschrieben werden, so gewissenhaft wie möglich. Nur weil man sich sagte, das könnte ein Feind sein, den Bericht zu übertreiben, sowas hat's nicht gegeben. Drei Mann haben berichtet, der Gruppenleiter hat es zusammengefaßt, A konnte natürlich gesehen haben, was B nicht gesehen hat, und C wieder was anderes, aber im Grunde mußte es übereinstimmen. Eine Weile haben wir auch die Missionsfahrzeuge der Amerikaner, Engländer und Franzosen beobachtet. Am Checkpoint Charly haben wir die aufgenommen, und dann immer mit dem Auto hinterher. Die haben sich interessiert für alles. In erster Linie sind sie sämtliche Militärobjekte abgefahren. Wir mußten festhalten, wo sie Vorschriften übertreten haben, Sperrschilder überfahren, Fotografieren, wo es verboten war, das mußte alles dokumentiert werden, und immer wenn es einen Konflikt in Berlin gab, dann wurde das vorgeholt. Vor dem 1. Mai, dem 7. Oktober waren die sehr aktiv, weil da Übungen vor Paraden waren, was kommt da an Technik, Panzer, Raketen usw., wo kommen die her, da waren die so schnoddrig, daß sie sich zwischen die Panzer geklemmt haben.

Im Prinzip war es eine einsame Arbeit. Du hast manchmal vierundzwanzig Stunden in einem Auto gehockt, manchmal hast du auch bei Leuten in der Wohnung gesessen und durchs Fenster beobachtet, Tag und Nacht. Festnahmen durften wir selber nicht vornehmen, damit wir uns nicht dekonspirieren. Von unserer Existenz wußten nicht einmal die Offiziellen im großen Haus, bis auf die Führungsoffiziere. Stundenlang, tagelang hast du irgendwo gestanden, manchmal im eiskalten Winter, und es spielte sich nichts ab. Wir haben tote Briefkästen beobachtet. Die waren auf Friedhöfen, an verlassenen Gräbern, wo keiner mehr hinkam, an Denkmälern, das haben wir auch drüben festgestellt, der Tiergarten ist ja voll von Denkmälern, oder an Zeitungskiosken, da ist immer 'ne Handbreit drunter frei, wir haben mit Fernglas und Teleobjektiv gesehn, wie solche Dinger geleert oder gefüllt wurden. Da wartest du eine Woche, kannst nicht raus aus dem Auto, mußt in Kanister pinkeln, sowas alles, und wenn dann einer kommt und du kriegst mit, was der macht, dann ist das ein Erfolgserlebnis.

Mich hat man dann zur Ermittlung geholt. Du bist intelligent, bist redegewandt, kannst auftreten, man hat's mir gesagt, ick hab's gegloobt, und dann habe ich von 1973 an Ermittlungen gemacht. Wir haben u. a. Reisekader aufgeklärt, Monteure, die für längere Zeit ins Ausland gingen, mit einem ganz bestimmten Fragenkomplex. Da hast du deinen Bogen gehabt, deinen entsprechenden Ausweis von der K., du hast Personen aus der Nachbarschaft angesprochen, die für zuverlässig galten, du wußtest ja nicht, wen du ansprechen kannst, wer glaubwürdig ist. Manchmal wußten wir, zu dem und dem kannste gehn, das war 'ne Quelle. Aber wenn einer im Neubau wohnt, ersten Stock, dann hat es keinen Zweck, wenn du einen aus dem elften Stock ansprichst. Dann hattest du deine Legende, warum du über jemanden ermittelst. Wir wollten wissen, welchen Leumund einer im Wohngebiet hat, ist er freundlich, aufgeschlossen, hilfsbereit, wie ist seine finanzielle Lage, lebt er über seine Verhältnisse. Ich bin immer davon ausgegangen, ich urteile über einen Menschen, und zwar über einen, den ich nicht kenne. Es ging nicht darum, jemanden schlecht zu machen, wir wurden immer zur Objektivität angehalten. Uns interessierten auch Hobbys der Leute, warum? Wenn einer bestimmte Neigungen, Interessen, Hobbys hatte, das konnten Schwachstellen sein, durch die einer im Ausland käuflich wurde. Es ging auch um Verwandtschaftsbesuche aus dem Westen, da wußtest du ja dann schon durch die Einreise, wer wann kam. Du solltest nicht nur mit einem sprechen, sondern mindestens mit zweien, und wenn sich das gedeckt hat, dann war das schon zuverlässig. Keinem von uns ist es dabei um Denunziationen gegangen. Wenn es hieß, daß einer ständig über unseren Staat meckert, über das, was es im Laden nicht gibt, na gut, das hat in letzter Zeit immer mehr zugenommen, das war noch kein Zeichen für eine feindliche Einstellung. Eigentlich sind wir ein sehr geduldiges Volk gewesen.

Die Gespräche mit den Leuten haben mir Spaß gemacht. Wir sind nicht gleich mit der Tür ins Haus gefallen, haben uns für ihre Haustiere interessiert, manche waren froh, mal einen Gesprächspartner zu haben, alte Frauen, die alleine lebten, also in den meisten Fällen sind wir aufgeschlossenen Leuten begegnet. Man mußte Legenden haben, die glaubwürdig wirkten. Was einem da alles erzählt wurde. Wir haben nicht gefragt, was hat der für 'ne politische Einstellung. Man mußte auch aussortieren, was Hand und Fuß hatte und was Klatsch war, da wurde ja manchmal stundenlang geredet. Das Gesamtbild einer Person war nicht allein von unserer Ermittlung abhängig, da gab's auch Beurteilungen vom Betrieb usw. Unsere Aufgabe war nur, herauszufinden, wie verhält sich einer in seinem Wohnbereich. Bei den Vorwürfen, die uns heute gemacht werden, muß ich sagen, ich habe nicht das Gefühl, Leute geschädigt zu haben. Wir haben ermittelt, wie es überall in der Welt gemacht wird. Wenn ich irgendwo hinkam, hab ich meinen Ausweis von der K gezeigt, wurde ich meist gleich reingebeten, das war auch das Vertrauen, das der Volkspolizei entgegengebracht wurde, eigentlich bis zum Schluß. Ich habe dreißig Jahre für die Staatssicherheit gearbeitet, fünfzehn Jahre als Ermittler. Das war manchmal eine ziemlich langweilige Arbeit. Du hattest mit niemandem Kontakt, du konntest dich mit keinem Kollegen austauschen, nur mal mit deinem Führungsoffizier, dein Arbeitsplatz war zu Hause, wo du deine Berichte zu schreiben hattest, du warst von Betriebsveranstaltungen ausgeschlossen, du mußt dich ja konspirativ verhalten gegenüber anderen Mitarbeitern. Na gut, ich konnte mir Freunde halten, aber wir waren da sehr wählerisch, meine Frau und ich. Sie hat auch Schicht gearbeitet, 40 Jahre lang, dadurch sind wir uns nie in die Quere gekommen.

Bei mir stand es schon im Mai 1989 fest, daß ich in Invalidenrente gehe. Ich habe mit der Wirbelsäule zu tun. Die schwere Arbeit bei Elektrokohle, dann als Beobachter, das stundenlange Stehen, ich habe gesagt, ich will noch bis zu meinem 60. machen, und dann ist Schluß. Ich bin mit meiner Frau übereingekommen, sie macht einen Aufhebungsvertrag zum Ende des Jahres. Gespart hatten wir uns auch was, und da haben wir uns vorgenommen, unser Leben zu genießen. Aber es ist anders gekommen. Jetzt ist sie Rentnerin, und ich bin Invalidenrentner.

In der letzten Zeit hatte ich das Gefühl, daß unsere Ermittlungen nichts mehr gebracht haben. Wozu machen wir das? Wir sind bei Reisekadern davon ausgegangen, sie sollen im Ausland unseren Staat vertreten, nicht daß sie uns blamieren, sondern daß die anderen sagen, das ist ein feiner Kerl. Im Nachhinein denke ich anders darüber, aber das nützt nun nichts mehr. In den letzten Jahren haben wir das übertrieben. Die Ermittlungen würde ich für normal halten, das ist überall so, die haben drüben Computer, da drückst du auf'n Knopf und hast den ganzen Lebenslauf, was wir gemacht haben, macht der Verfassungsschutz auch, bloß mit moderner Technik und viel ausgeklügelter. Ich kenne die Verfassung, ich kenne das Strafgesetzbuch, aus meiner Sicht hat sich das, was wir getan haben, auf dem Boden der Verfassung und der Gesetze bewegt. Das große Haus in der Normannenstraße habe ich nie von ihnen gesehn. Und ich glaube, daß selbst die, die dort arbeiteten, nicht wußten, was das für ein Riesenapparat war. Im Mai 1989 bin ich raus. Mit unserem Geld – ich habe 740 Mark, was meine Frau kriegt, ist noch nicht berechnet, der haben sie im April erstmal Abschlag gezahlt – also es ist schon schwer, damit zu leben. Wir mußten uns jetzt 'ne neue Waschmaschine kaufen, dann mußte ich für meinen Lada 500 Mark blechen, weil er nicht durch den TÜV kam, das geht alles von den Ersparnissen weg. Ich komme auf den Campingplatz, wir sind seit über zwanzig Jahren Campingfreunde, da habe ich wieder 'ne Panne. Wieder fünfhundert Piepen. Wir haben nun nebenbei Arbeit, wir machen sauber bei einem Kaufhaus, von sechs Uhr morgens bis halb acht. Wir dürfen ja nicht viel zuverdienen.

Nach der Kehrtwende hatte ich Zeit, nachzudenken, was haben wir falsch gemacht, und ich bin auch zu einigen Erkenntnissen gekommen. Aber die habe ich wieder übern Haufen geworfen. Denn es ist doch heute nichts besser. Die Ausgrenzung ist zigfach im Verhältnis zur DDR, es werden immer mehr Menschen ausgegrenzt. Wir sind das erste, das einzige Land, in dem ein Sicherheitsapparat beseitigt wurde. Warum das so gekommen ist, daß bestimmte Abteilungen verschwinden mußten, akzeptiere ich. Aber wie sie es gemacht haben. Und was die Medien bis heute daraus machen. Naja...

Manfred L., Jahrgang 1930

Ehem. Oberstleutnant des MfS,
zuletzt Hauptabteilung IX/11

Die Hauptabteilung Untersuchung war wohl die einzige Hauptabteilung unseres Ministeriums, deren Mitarbeiter offen als MfS-Angehörige unter der Bevölkerung auftraten, auftreten mußten. Sie hatten ja Kontakte als Untersuchungsführer zu den nächsten Angehörigen oder zu Zeugen des Straftatverdächtigen. Ich gehörte zunächst der Abteilung an, die Militärstraftaten oder Straftaten, die von Militärpersonen begangen wurden, untersuchte, Mord, Sexualverbrechen, Diebstahl, in solchen Fällen merkwürdigerweise Kameradendiebstahl genannt, obwohl natürlich nicht der Kamerad gestohlen wird, nun ja, das ist halt Sprachgebrauch. Wir untersuchten auch unerlaubte Entfernung von der Truppe, Verletzung von Dienstvorschriften, Fahnenflucht, unerlaubten Sprengmittel- und Schußwaffenbesitz, Beeinträchtigung der Kampftechnik, Verrat militärischer Geheimnisse usw. Seit 1980 war ich dann in der Abteilung, die nach Nazi- und Kriegsverbrechen recherchierte. Das geschah hauptsächlich aufgrund von Archivbeständen. Es wurden auch Überprüfungsmaßnahmen durchgeführt, Zuarbeiten für Ermittlungsverfahren geleistet oder für Rechtshilfeverfahren bei NS-Verbrechen, z.B. für die BRD und Österreich. Das erfolgte auf Anforderung des Generalstaatsanwaltes.
Ich stamme aus dem Erzgebirge, aus ärmlichen Verhältnissen. Der Mensch kommt ja ungefragt zur Welt, in Verhältnisse, die er nicht beeinflussen kann, aber später wird er für alles verantwortlich gemacht. Wenn ich so bedenke, mein Jahrgang hat bewegte Zeiten erlebt. Der Ort Holzhau, in dem ich geboren wurde, liegt an der tschechischen Grenze im Raum Altenberg/Seiffen. 1938 hab ich den Einmarsch in die Tschechoslowakei unmittelbar miterlebt. Ich war unehelich, und als meine Mutter dann heiratete, einen krankhaft jähzornigen Menschen, konnte ich in der Familie nicht mehr bleiben. Mein älterer Bruder Heinz auch nicht. Ungefähr mit neun Jahren bin ich zu Pflegeeltern gekommen, das waren Bauern im Nachbarort, ich war dort mehr die Arbeitskraft als das Kind. Damals ist mir das nicht so aufgefallen, daß ich gesagt hätte, ei Gott, geht dir's schlecht, aber im Nachhinein hab ich mir schon Gedanken darüber gemacht, und als ich heiratete, hab ich mir gesagt, so darf es deinen Kindern nicht ergehn. Es war schon komisch, die Mutter wohnte im gleichen Ort, ich bin einfach

vorbeigelaufen, zu den Pflegeeltern gegangen oder zur Großmutter. Die Pflegeeltern gaben dann die Landwirtschaft aus Altersgründen auf, die Wirtschaft wurde von einer anderen Familie übernommen, ich wurde nicht mehr gebraucht und kam weg, zu anderen Pflegeeltern, das waren Großbauern in Clausnitz.

Die Schule habe ich häufig gewechselt, bin bis zur achten Klasse gegangen, meine Leistungen interessierten niemanden. Bei den zweiten Pflegeeltern hatte ich es nicht besonders gut, es gab auch Schläge. 1944 habe ich mir dann im Ort eine Lehrstelle als Sattler gesucht. Bei dem Bauern wollte ich nicht bleiben. Nach einer Auseinandersetzung bin ich weggelaufen, zu meiner Mutter, hab gesagt, Mutter, ich bin wieder da. Mit Beginn der Lehre im Frühjahr 1945 habe ich wieder zu Hause gewohnt, der Stiefvater hatte dann auch nichts mehr dagegen. Der Krieg ging zuende, ich hatte Erlebnisse, die mir in Erinnerung geblieben sind. In den letzten Kriegstagen gab es einen Fliegerangriff auf einen in Holzhau stehenden Militärtransportzug, aber getroffen wurde nicht der Zug, sondern das Gemeindeamt. Ich habe die Bomben fallen sehen und bin hingelaufen. Es wurde versucht, alle möglichen Dinge zu retten, ein Hitlerbild wurde herausgetragen. Mir hat sich eingeprägt, wie das Gemeindeamt hell brannte, und dieses Hitlerbild hatte jemand so plaziert, daß es deutlich sichtbar war für jeden, der vorbeikam. Darunter der Spruch: Führer, wir danken dir.

Ich bin in völlig unpolitischen Verhältnissen aufgewachsen, aber Großmutter wußte schon, wie es in der Welt zugeht. Als 1944 mein Bruder Heinz gefallen war, mit 18 Jahren, der hatte vielleicht noch nicht mal ein Mädchen gehabt, und die Großmutter hatte ein Hitlerbild in ihrem Stübchen hängen, weil das damals so üblich war. Eines Tages kam ich zu ihr und sah, daß das Bild fehlte. Das hab ich abgenommen, sagte sie, wegen diesem Lump ist der Heinz gefallen. Noch tiefer berührte mich im April 1945, daß ich von der Sattlerwerkstatt aus auf der Dorfstraße von Clausnitz eine Menschenkolonne auftauchen sah, in gestreiften, zerrissenen Kleidern. Viele hatten nur Lappen um die Füße gewickelt. Es waren KZ-Häftlinge. Einige zogen einen Karren, darauf lagen Tote. Weil der Zug von SS-Leuten bewacht wurde, dachte ich zuerst, das sind Verbrecher. Erst später war mir klar, daß ich einen Teil des Evakuierungsmarsches aus dem Lager Buchenwald gesehen hatte. Eine Nacht kampierten die Häftlinge in der Scheune eines Bauern. Am Nachmittag kam ein SS-Mann in unsere Werkstatt und ließ sich seine Pistolentasche reparieren. Plötzlich stürzte eine Dorfbewohnerin herein und sagte, daß unweit von uns im Straßengraben ein Mann liegt, der angeschossen war, aber noch lebte. Der SS-Mann ging hin, ich mit, der Verletzte lag mit dem Gesicht in einer Pfütze und röchelte. Da nahm der SS-Mann einen Knüppel und schlug ihn tot.

Während meiner Tätigkeit im Archiv für NS-Material fand ich später ein sogenanntes Entnazifizierungsprotokoll aus Sayda, einem Nachbarort von Clausnitz, durch den die KZ-Kolonne auch gekommen war. Ich las, daß ein Ortsbewohner den SS-Männern zugerufen hatte, warum latscht ihr mit denen noch durch die Gegend, schlagt doch die Schweine tot. Da wurde das entsetzliche Bild, wie der SS-Mann in Clausnitz dem Häftling mit dem Knüppel das Genick zerdroschen hatte, wieder in mir lebendig. Solche Bilder vergißt man nicht. Und mir mußte niemand Antifaschismus verordnen. Wenn jemand mich heute wegen Staatsnähe und Regimetreue zur DDR beschimpft, dann möchte ich wissen, wie seine Vergangenheit aussieht. Ich kann nur sagen, die DDR war antifaschistisch, und das hat mich ihr nahegebracht. Der Krieg kam im Mai 1945 bis zu uns vor die Haustür. Auf den Nachbarhöhen waren schon Truppen der Roten Armee, man hörte es schießen, der Meister sagte, geh nach Hause, wer weiß, ob wir uns wiedersehn. Aus Angst vor den Russen verbrachte ich die erste Nacht im Wald. Dorthin kamen sie nicht, ich hörte nur die Panzer fahren, und weil ich Hunger kriegte, ging ich am Morgen nach Hause. Neben unserem Haus lag ein russischer Panzer, er war einen Abhang hinuntergestürzt und hatte Soldaten unter sich zerquetscht. Der Panzer lag noch wochenlang dort, und wir freundeten uns mit dem Rest der Besatzung an. Meine Mutter zerriß Bettlaken, um einem Offizier ein paar Fußlappen daraus zu machen. Also unsere Verluste hielten sich in Grenzen.

Nach drei, vier Wochen habe ich mich wieder bei meinem Meister sehnlassen und gefragt: Meister, machen wir weiter? Wir haben Pferdegeschirre angefertigt, auch Polsterarbeiten gemacht, mein Meister war ein guter Fachmann und ein gütiger Mensch, ich hab dort keine Prügel bekommen und viel gelernt. Dann bin ich als Polsterer in einen Industriebetrieb gegangen, der machte 1948 zu, und ich ging ins Bergwerk zur Wismut. Bin eines Tages einfach losgelaufen nach Freiberg, es hatte sich herumgesprochen, bei der Wismut gibt's Arbeit. Vorstellungen über die Arbeit unter Tage hatte ich natürlich nicht. Ich wußte nur, daß man Zusatzlebensmittelkarten bekommt. Die Arbeit im Davidschacht war schwer, und ich bin am ersten Tag ohne was zu Essen und zu Trinken eingefahren. Acht Stunden unter Tage, mir hatte niemand gesagt, daß ich Verpflegung mitnehmen müßte, wenn mir da nicht die Kumpel geholfen hätten, also das war schon eine gute Kameradschaft. Ich war körperlich nicht sehr stark und mußte das taube Gestein in ausgebaute Gänge schaffen, mit bloßen Händen. Schwer arbeiten mußte ich ja immer, aber das war doch ungewohnt. Später gehörte ich zu einer Gleislegerbrigade. Als ich dann schließlich die letzte Schicht gefahren bin, das war im Schacht Himmelsfürst, ist mir der Abschied trotz allem nicht leicht gefallen.

Im Oktober 1949 habe ich mich zur Volkspolizei gemeldet und bin Polizeianwärter geworden. Warum bin ich da hingegangen? Ich muß sagen, ich weiß es nicht so genau. Eine politische Entscheidung war es nicht. Mein Freund ging zur Volkspolizei, möglicherweise habe ich mich dadurch angeregt gefühlt. Ich kann nicht sagen, daß es patriotische Gründe waren, aber ich war schon sehr aufgeschlossen für Fragen der sozialen Ungerechtigkeit, aus eigenem Erleben, das Ausgegrenztsein von Bildungsmöglichkeiten usw., da habe ich schon gesehen und gefühlt, daß die neue Zeit eine Alternative zu dem war, was ich vordem kennengelernt hatte. Das habe ich schon begriffen. Ich kam also als Kursant zur Polizeischule Döbeln, es war eine Offiziersschule, im November 1950 wurde ich Unterkommissar. Dann wurde die Kasernierte Volkspolizei gebildet, und ich bin dabei geblieben. Auf der Schule habe ich eine richtig gute Kameradschaft gefunden, und ich bin erstmalig an Bildungsmöglichkeiten herangeführt worden, die mir bis dahin gefehlt hatten. Ich hatte schon immer viel gelesen, Gerstäcker, Karl May, John Knittels „Via mala", nun ja, alles, was man in die Hände bekam. Aber in der VP-Schule kam ich mit politischer Literatur in Berührung. Ich lag mit einem ehemaligen Neulehrer auf der Stube, 22 Uhr war Nachtruhe, danach sind wir oft wieder aufgestanden und haben uns an die Bücher gesetzt. Alles war eine Offenbarung für mich, da hab ich das erste Mal was gehört vom Kommunistischen Manifest, was darin zu lesen war, traf auf meinen sozialen Stand zu. Mein Politkommissar war ein erfahrener Genosse, er war im KZ gewesen.

1950 wurde in der BRD die Remilitarisierung beschlossen, der westdeutsche Geheimdienst war bereits 1949 etabliert worden, durch Gehlen, der von Canaris kam, Fremde Heere Ost. Zwei deutsche Staaten waren entstanden, und ich weiß, wie ehrlich wir damals die Wiedervereinigung wollten. Die BRD war daran offensichtlich nicht interessiert. Darum war es für mich ganz begreiflich, daß unsere Kasernierte Volkspolizei mehr und mehr einen militärischen Charakter bekam. Unsere Bewaffnung bestand aus Maschinenpistolen und Karabinern, 1951 wurden Granatwerfer eingeführt, und ich wurde nach einem Lehrgang Granatwerfer-Zugführer.

Mit der Zeit zeigten sich Beschwerden am Hüftgelenk, ich habe heute eine Hüftgelenkprothese, damals ging es damit los, darum wurde ich aus dem operativen Dienst herausgenommen und kam zur Personalabteilung in Frankenberg. Mir fällt dabei ein, ich hörte vor einiger Zeit eine Diskussion im Rundfunk, in der behauptet wurde, daß die Besetzung bestimmter Funktionen abhängig gemacht wurde vom Austritt aus der Kirche und von SED-Mitgliedschaft. Ich kenne keinen Fragebogen, wo nach meiner Konfession gefragt wurde. Erst 1952, ich war schon lange Offizier, wurde ich Kandidat der SED. Es hat sich niemand bemüht, mich anzusprechen, ich muß sagen, es war für mich bedeutungslos. Weder meine Parteilosigkeit noch konfessionelle Bindung wurde mir zum Vorwurf gemacht, das interessierte niemanden. 1954 wurden Wehrkreiskommandos gebildet, erst

Einrichtungen der KVP, später der NVA, für Werbung und Auffüllung des Personalbestandes zuständig. Da kam ich nach Karl-Marx-Stadt ins Wehrbezirkskommando. In der Zwischenzeit hatte ich geheiratet. Ich hatte meine Frau in Frankenberg kennengelernt, sie war in der Lehre als Industriekaufmann und eine streitbare FDJlerin. Bei einer Tanzveranstaltung hatte ich mich erst an ihre Freundin rangemacht, die ersten zwei, drei Tänze habe ich mit der Freundin getanzt, und dann gefiel mir plötzlich die andere, sie war 16 Jahre, freundlich, diskussionsfreudig, das war von vornherein eine feste Liebe, ja, kann ich sagen. Wir wohnten zunächst bei der Schwiegermutter, räumlich sehr beengt, dort wurde unser erster Sohn, Volker, geboren. Der Vater meiner Frau war frühzeitig verstorben, die Mutter hatte vier Kinder großgezogen und zeitlebens schwer gearbeitet. 1954 im Winter haben wir dann in Karl-Marx-Stadt eine Wohnung bekommen, unsere erste eigene Wohnung, wir waren sehr froh.

Im Wehrbezirkskommando war ich bis Ende 1958, ab 1. Januar 1959 war ich beim MfS. Irgendjemand muß auf mich aufmerksam gemacht haben, jedenfalls kam eines Tages jemand zu mir und fragte, was ich für Vorstellungen von meiner Perspektive hätte. Ich muß ehrlich sagen, mein heimlicher Wunsch war es eigentlich, mal Förster zu werden, das war vor 1945 von der Herkunft her ausgeschlossen, und mir hätte auch die schulische und berufliche Ausbildung gefehlt. In Karl-Marx-Stadt hatte ich die Fühler ausgestreckt, ob das im Nachhinein noch möglich wäre. Inzwischen hatte ich eine Sonderreifeprüfung gemacht, um mich auf einen eventuellen Hochschulbesuch vorzubereiten. Der Genosse, der mich aufsuchte, sagte, du kommst aus dem Militärwesen, du kannst helfen, den Sozialismus zu bewahren, so in dieser Art.

Mir war klar, daß Menschen gebraucht wurden, die zu diesem Land standen. Meine Frau hatte keine Bedenken, mit ihr war auch gesprochen worden. In politischen Fragen gab's zwischen uns kaum Meinungsverschiedenheiten. Mir wurde gesagt, ich käme zur Untersuchung, ich hatte davon so wenig Ahnung wie vom Bergwerk, als ich zur Wismut ging. Daß ich dazu Gesetze kennen müßte, das Strafrecht, Strafprozeßrecht usw., war mir wohl bewußt, ich hatte natürlich keine Vorstellungen, daß irgendetwas auf ungesetzliche Weise getan werden könnte. Beweisführungsmaßnahmen bzw. -pflichten hatten einen hohen Stellenwert für uns, wir haben bis zuletzt immer wieder Dienstversammlungen gehabt, die sich mit der strengen Einhaltung der gesetzlichen Grundlagen beschäftigten. Man konnte Beweismittel nicht beschaffen oder einsetzen, wie es einem gerade gefiel, oder Untersuchungen nach eigenem Gutdünken führen, am Gesetz vorbei. Auf diesem Lehrgang habe ich erfahren, daß das MfS mit inoffiziellen Mitarbeitern arbeitete, nicht informellen Mitarbeitern, wie man sie heute diskriminierend nennt. Überrascht hat mich schon, als ich durch eine

Richtlinie über die Arbeit mit IM erfuhr, schau an, dachte ich, es gibt Personen, die für uns arbeiten, ohne daß es bekannt ist. Später war das für mich kein Thema mehr, ich erfuhr ja durch die Arbeit, daß andere Geheimdienste auch mit diesen Methoden arbeiten, nur daß der BND seine IM eben V-Männer nennt wie früher der NS-Sicherheitsdienst. Es ging also darum, solche Personen zu finden.

Ich hatte in der Hauptabteilung Untersuchung keine IM zu führen. Es gab sie dort nicht. Aber in meinen Augen waren das wichtige Leute, mit deren Hilfe die zuständigen operativen Abteilungen viele Straftaten aufgedeckt haben, so z.B. bei der Aufdeckung von Veruntreuungen und Vorschriften- verletzung bei militärischen Schutzbauten oder in einem anderen Fall, wo ein hoher Offizier Verpflegungsgeld unterschlagen hatte, nahezu hundert- tausend Mark. Ohne inoffizielle Mitarbeiter lassen sich in solchen Berei- chen Straftaten nur schwer feststellen, weil militärische Regimeverhältnis- se – Vorgesetzte, Unterstellte – eine Aufhellung oft verhinderten. Inoffiziell erlangte Beweise durften bei Ermittlungsverfahren nicht verwandt werden. Weder Staatsanwalt noch Haftrichter hätten das akzeptiert. Die Forderung nach penibler Einhaltung von Rechtsnormen und Vorschriften ließen bei mir nie den Gedanken aufkommen, daß die Tätigkeit des MfS etwas Verwerfliches sei. Natürlich, kein Geheimdienst schreibt im Lehrbuch für Demokratie ab. Aber wenn uns vorgeworfen wird, wir hätten Leute drangsaliert, gequält, ja sogar gefoltert, da kann ich nur sagen, sollen sich diejenigen melden, die derartiges erlebt haben. Wären solche Dinge an mich herangekommen, ich hätte diese Arbeit aufgegeben. Natürlich wußte ich, daß eine Untersuchungshaft oder die Einleitung eines Ermittlungsver- fahrens einen tiefen Einschnitt im Leben eines Menschen bedeutet.

In Karl-Marx-Stadt saß ich zuerst mal nur dabei, wenn Vernehmungen durchgeführt wurden. Erinnerlich ist mir noch eine Untersuchung gegen zwei Bauern, die dem Nachbarn das Vieh vergiftet hatten, weil der in die LPG eingetreten war. Es waren Kühe gestorben, und es war zu untersu- chen, ob dahinter politische Motive steckten. Auf dem Grundstück wurden Waffen und Flugblätter gefunden, das Motiv der Straftat war Haß auf die DDR, ich kann aber nicht sagen, daß dahinter irgendwelche anderen Kräfte steckten. Es waren Leute, die die DDR haßten. Sicher gab es Tendenzen bei uns, die nicht in Ordnung waren, Rechtsdefizite. Ein alter Untersuchungs- führer sagte mir mal, Manfred, mir gefällt nicht, daß jemand, gegen den einmal eine Untersuchung eingeleitet worden ist, eben verdächtig sein muß, auch wenn sich der Tatverdacht nicht bestätigt hat. Nach dem Motto, wir finden schon was. Das gefiel dem Genossen nicht, er war ein sehr korrekter Untersuchungsführer, und wir haben sowas in der Abteilung diskutiert. Ich erinnere mich an einen Reisenden aus Plauen, das war eine Art Handelsvertreter, der hatte eine Unmenge Adressen gesammelt und stand im Verdacht einer Spionagetätigkeit. Es stellte sich aber heraus, das war ein Trugschluß, die Adressen hatte er, um möglichst vielen Leuten sein Produkt anzubieten. Aber in der Untersuchung kam heraus, daß er mit Hartfett geschoben hatte, dafür ist er verknackt worden. Sicher war das auch strafbar, stand aber in keinem Verhältnis zum Anfangsverdacht. Das war so ein Fall.

1960 bin ich nach Berlin versetzt worden. Auf dem Lehrgang hatte mich ein Mitarbeiter kennengelernt aus der Untersuchungsabteilung für Militär-straftaten in Berlin, der sagte, das wäre doch was für dich, du warst viele Jahre Militärangehöriger und kennst dich aus. Ich wollte nicht nach Berlin, wir hatten uns in Karl-Marx-Stadt eingelebt, aber ich wurde zur Kaderabtei-lung bestellt und nach Berlin kommandiert. Ich fühlte mich für die Untersuchungsarbeit noch gar nicht befähigt, hatte noch kein Ermittlungs-verfahren selbständig bearbeitet. Doch ich wurde an meine Verpflichtung erinnert. Da war meine Frau das erste Mal schockiert. Es fiel uns schwer, uns zu trennen. Ich habe in Berlin tüchtig rumgemeckert, bis wir eine Wohnung bekamen. Bis dahin hatte ich in Biesdorf in einem Ledigenwohn-heim gewohnt. So oft es ging, bin ich nach Hause gefahren, bis mein Leiter, dem das zu viel wurde, sich darum bemühte, daß wir eine Wohnung in Karlshorst bekamen, im sowjetischen Sperrgebiet, da kam man nur mit Ausweis rein und raus, das hatte seine Vorteile. Keine überraschenden Verwandtenbesuche. Inzwischen hatten wir den zweiten Sohn. Meine Frau hat damals eine Weile nicht gearbeitet, weil der Kleine auch einen Hüftschaden hatte, es gab viele Sorgen. Die Frau hatte es nicht leicht, ich war ja selten zu Hause. In den sechziger Jahren hat sie dann Arbeit als Sekretärin im Ministerium für Bauwesen gefunden.

Meine Tätigkeit in Berlin begann mit der Untersuchung von Fahnenfluch-ten. Das waren Personen, die ihre Einheit verlassen hatten, nach West-deutschland gegangen waren, das war noch zur Zeit der offenen Grenze, und die dann irgendwann zurückgekommen waren. Das war für mich schon interessant, denn sie kamen zurück, weil sie mit den Verhältnissen in der BRD nicht zurechtgekommen waren. Ich weiß nicht, wieviele mir in der Vernehmung gesagt haben, wissen Sie, lieber gehe ich hier ein paar Jahre in den Knast als dort ohne Arbeit zu existieren. Sicher gab es andere, die Fuß fassen konnten, aber wir untersuchten eben die Fälle, in denen sich solche Menschen zur Rückkehr entschlossen hatten. Der Umfang der Untersu-chung hing davon ab, ob sie Geheimnisverrat begangen hatten, und das hatten sie in der Regel.

Jeder mußte im Flüchtlingslager durch die Sichtungsstellen gehen, ameri-kanische, englische, französische und deutsche, und wenn sie viel wußten, kamen sie zu den Geheimdiensten außerhalb des Lagers. Zum Beispiel ins Camp King, einem Lager in Oberursel, da waren die Amerikaner, dort wurde ein ganzer Fragenspiegel abgearbeitet, kaum einer hat gewagt, die Antworten zu verweigern, wenn abgefragt wurde, was macht dein Vater, was macht deine Mutter, haben sie Funktionen, wo sind sie tätig, was machen die Vorgesetzten usw. Sie wollten doch aufgenommen werden in der BRD. Das war echte flächendeckende Ausforschung der DDR. Es ging auch um Strukturen, Art der Bewaffnung, Personalstärke, militärische Übungen usw. Und immer wurde gefragt, kennen Sie Personen, die für das MfS arbeiten. Oft handelte es sich um Arbeiter, einfache Leute, und ich habe mir damals gesagt, eigentlich sind wir nicht dazu da, Arbeiter zu bestrafen. Es hat mich immer berührt, daß die Menschen gegen ihre eigenen Interessen handelten, gegen ihren Staat, das war für mich schwer nachzuvollziehn, weil ich selbst dazu andere Auffassungen hatte.

Natürlich bin ich nicht so weltfremd, nicht zu wissen, daß es Probleme gibt, die Menschen zu bestimmten Handlungen veranlassen, die handlungstreibenden Motive waren ja vielfältig, und anziehend waren die westdeutschen Verhältnisse allemal. Ich erinnere mich an zwei junge Burschen, Söhne höherer Offiziere, die zurückgekommen waren und mir sagten, da waren wir nun in Hamburg, aber wir hatten nicht das Geld, um nach München zur Olympiade zu fahren. In der DDR haben wir gemault, daß wir nicht reisen konnten, nun hätten wir es gekonnt, und wir hatten nicht das Geld. Die reale Sicht auf die Verhältnisse waren oft Gründe für die Rückkehr. Hätten wir doch damals die Leute reisen lassen... Nicht an alle von mir bearbeiteten Ermittlungsverfahren erinnere ich mich, aber einige haben sich eingeprägt. So kam ein Fahnenflüchtiger zurück, und alles, was er mitbrachte, war ein Schuhkarton mit Fotos seiner Eltern und seiner Freundin, einige Briefe und Kugelschreiberminen. Es hat sich nicht gelohnt, meinte er. Ein anderer schilderte, daß er sich schon lange mit Rückkehrabsichten getragen hätte, aber er habe Angst gehabt, wegen der Strafe. Er war ein Puhdy-Fan und hatte in Westberlin eine Veranstaltung der Puhdys besucht. Danach ist er in sein Quartier gegangen und hat vor Heimweh wie ein Schloßhund geheult. Hals über Kopf kam er zurück. Wir sind mit den Zurückgekehrten, wenn sie dazu bereit waren, vor und auch nach der Verurteilung zu ihren Einheiten gegangen und haben sie erzählen lassen, auch darüber, wie es bei den Geheimdiensten zuging. Wir haben angeregt, daß Militärpersonen an Hauptverhandlungen gegen Fahnenflüchtige teilnahmen. Ob das etwas bewirkt hat, weiß ich nicht.

Ich war vor kurzem mal in der Stasi-Gedenkstätte in der Normannenstraße. Der Mangel an objektiver Sachdarstellung überraschte mich nicht. Zur Hauptabteilung Untersuchung wurde gesagt, die Mitarbeiter waren meist ausgebildete Juristen, was auch stimmte, aber wir hätten hauptsächlich Abweichler verfolgt. Natürlich, es ist unbestritten, daß es auch solche Straftatbestände gab. Dazu müßten sich mal unsere ehemaligen Justizminister äußern, Dr. Wünsche oder Heusinger, das waren Blockpolitiker. Was zum Gesetz erhoben wurde, konnte vom Untersuchungsführer nicht in Frage gestellt werden. Ich kann von mir aus nicht entscheiden, diesen Straftatbestand akzeptiere ich, jenen nicht. Aber jetzt soll der DDR sogar das Recht bestritten werden, Spione bestraft zu haben.

Mir ist noch eine tragische Sache in Erinnerung. 1963 oder 64 mußte ich gegen einen Grenzsoldaten wegen versuchten Mordes Ermittlungen führen. Ein Postenführer und ein Posten waren während des Dienstes an der Grenze zu Westberlin aus Langeweile auf die Idee gekommen, einen Grenzdurchbruch vorzutäuschen. Sie wollten Schüsse abgeben und an den Führungspunkt melden, daß ein Grenzverletzter auf sie geschossen hätte. Der eine traf dabei aus Versehen seinen Kameraden. Aus Angst vor den strafrechtlichen Folgen verlor er offenbar die Kontrolle über sein Handeln und gab aus ein bis zwei Metern Entfernung Dauerfeuer auf den Getroffenen ab. Er nahm an, daß er ihn getötet hätte. Der eintreffenden Kontrollstreife meldete er, sein Kamerad wollte fahnenflüchtig werden. Die Streife nahm dem Schützen die Waffe ab, er kam zur Untersuchungsabteilung, der getroffene Posten aber lebte noch, und der Täter wurde wegen Mordversuch oder Totschlag, genau weiß ich das nicht mehr, verurteilt. Er stammte aus dem Erzgebirge, er hatte in seinem Vorleben nur gute Beurteilungen bekommen, es war mir unerklärlich, wie er zu so einer Kurzschlußhandlung hatte kommen können.

Ein Außenstehender wird das vielleicht nicht verstehen, aber oft waren die Beziehungen zwischen Vernehmer und Beschuldigtem aufgeschlossen, locker, ungezwungen. Ich hatte mal einen aus Dippoldiswalde, NVA-Angehöriger und fahnenflüchtig geworden. Mit falschen Papieren war der zurückgekehrt, gab sich als Zuziehender aus und wurde in Dresden wohnhaft. Nach einer Zeit wollte er wieder in die BRD flüchten, wurde festgenommen und unter seinem falschen Namen verurteilt. Während des Strafvollzuges kam der Verdacht auf, daß er ein anderer war, als er angegeben hatte. Bei den nachfolgenden Vernehmungen stellte sich der wahre Sachverhalt heraus. Der Mann mußte leider – ich sage das so, weil er mir eigentlich sympathisch war – wegen Fahnenflucht verurteilt werden. Jahre später mußte ich ihn in Dresden als Zeuge in einer anderen Sache vernehmen. Wir erkannten uns sofort wieder, und ich habe ihn dann mit dem Dienstwagen nach Hause gefahren. Bei einer Tasse Kaffee, ich glaube, seine Mutter war dabei, meinte er zu mir, alles haben Sie damals doch nicht rausgekriegt. Nämlich daß ich zu der Zeit, als ich mit falschem Namen lebte, bei meinen Eltern zu Besuch war. Ich hatte sowas vermutet, war dem aber nicht nachgegangen, um die Eltern nicht mit hineinzuziehen.

1961 nach der Grenzschließung wurden die Methoden, mit denen Fahnenflucht versucht oder begangen wurde, oftmals gewalttätig. Ich denke an den

Fall Weinhold. Den habe ich nicht selbst untersucht, aber er war natürlich in der Abteilung bekannt. Weinhold war nach meiner Meinung ein brutaler Doppelmörder. Er stammte aus Dresden, hatte oft die Arbeitsstellen gewechselt und in Westdeutschland angegeben, von einer Kohlenhandlung, in der er beschäftigt gewesen war, wegen des Hörens von Westsendern entlassen worden zu sein. Also ich hab in der ganzen DDR niemanden kennengelernt, der wegen Westsendern rausgeflogen wäre. Das wären ja viel zuviele gewesen. Nein, Weinhold hat Schwarzfahrten mit Betriebsautos gemacht, das wars. Er ist eingezogen worden und im Urlaub nach Hause gekommen, da hat er seine Frau mit einem anderen Mann erwischt. Im Zorn ist er zur Dienststelle, seine Einheit hatte wohl gerade Wache, jedenfalls hat er sich eine Waffe genommen und Munition, eine große Menge, später sind unsere Mitarbeiter durch die Wälder gestiegen und haben die Magazine gesucht, damit nichts rumliegen blieb. Auf alle Fälle hat er sich ein Fahrzeug beschafft, in Frankenberg eine Geisel genommen und ist dann zur Grenze gefahren, stieß auf Posten, es waren Klaus-Peter Seidel und Jürgen Lange, und er hat kaltblütig draufgehalten. Beide Grenzer waren sofort tot.

Die Untersuchung ergab, daß sie noch die Mündungsschoner auf ihren Waffen hatten, das heißt, sie haben den nicht mal wahrgenommen. Das spielt ja bei der Untersuchung eine Rolle, wer hat auf wen geschossen. In der BRD sagte ein Entlastungszeuge aus, der blieb namentlich ungenannt, sowas kenne ich nicht im DDR-Recht. Weinhold wurde zunächst freigesprochen und bekam im Gerichtssaal demonstrativ einen großen Rosenstrauß. Im zweiten Verfahren ist er wohl zu sechseinhalb Jahren verurteilt worden, für einen Doppelmord! Parallelen zu Grenzerprozessen darf man gar nicht ziehen, die werden diskriminierend Mauerschützen genannt, das hört sich an wie Heckenschützen, als hätten sie nichts anderes im Sinn gehabt als zu schießen. Sie waren befugt, die Waffe zu tragen und anzuwenden, das ist in der ganzen Welt so. Und Leute wie Weinhold hatten an der Grenze nichts zu suchen. Er wurde vorzeitig entlassen, und in den Medien hat er dann erzählt, er würde verfolgt von der Stasi, die ihn ermorden wolle. Wahr ist, wir haben eine hohe Belohnung ausgesetzt, und es gab sogar Angebote von Personen aus der BRD, ihn rüberzuschaffen. Ich weiß mit Sicherheit, daß all diese Vorschläge abgelehnt worden sind, weil sowas nicht seriös ist. Die Leute aber, die eine offizielle Auslieferung verhindert haben, hätten wissen müssen, daß das zu Nachahmungshandlungen führt. Es war auch so, nach Weinhold kam es zu einigen weiteren Versuchen dieser Art, Geiselnahme, Grenzdurchbrüche mit Waffen, es gab eine ganze Reihe von Morden an Grenzern. Einer aus Leipzig hatte sich schon mit der Absicht zu den Grenztruppen gemeldet, um abzuhauen. Der hat seinen Postenführer erschossen, von hinten, das muß so im Oktober 1980 gewesen sein. In diesem Fall wurde in Westberlin das Jugendstrafrecht angewandt, um zu einer geringen Strafe kommen zu können.

Bei der Untersuchung von Fahnenflucht habe ich niemanden kennengelernt, der politische Gründe angeführt hat. Vielleicht hat sich das keiner getraut, kann schon sein. Aber die Motivforschung hatte für uns einen hohen Stellenwert. Man wollte ja wissen, was liegt dem zugrunde, daß ein Mensch versucht, das Land zu verlassen. In der Regel waren es persönliche Probleme, zum Teil mit dem Lebensgefährten, hauptsächlich spielten aber Erwartungen in Bezug auf den Lebensstandard in der BRD eine Rolle. Es hört sich nur nicht so gut an, wenn einer zugibt, der Dienst war mir zu anstrengend, ich wollte besser leben, Reisen machen. Wir haben sehr gründlich die Persönlichkeitsentwicklung analysiert, das wollten wir genau wissen, welche Umstände haben den Menschen geformt, das nahm solche Ausmaße an, daß der aufsichtsführende Staatsanwalt dann mal meinte, nun hört doch auf mit diesen endlosen Vernehmungen zur Person, welche Rolle spielt denn bei einem ausgewachsenen Mann, was der mit sechs Jahren für Schwierigkeiten mit den Eltern hatte. Aber wir wollten eben ein umfassendes Bild gewinnen, um gerecht urteilen zu können und nicht von vornherein in jedem Straftäter einen Feind der DDR zu sehen.

Es gab natürlich auch Fälle, in denen es um ganz andere Fragen ging. Zum Beispiel Sexualverbrechen. Ich erinnere mich an einen Fall, da hatte ein Unteroffizier der NVA im Urlaub ein Mädchen kennengelernt und es auf dem Nachhauseweg ermordet und mißbraucht. Es war eine polnische Studentin. Bei der Tat hatte er seinen Ausweis verloren. Der lag bei der Leiche. Kaltblütig kehrte er in die Parkanlage zurück und holte ihn sich. Das Mädchen wurde vermißt, jemand hatte sie mit einem Uniformierten gesehen, wir kamen auf den Mann, da wußten wir noch nicht, daß sie tot ist. Aber er sagte gleich zu Beginn der Befragung: Ich weiß schon, warum ihr kommt. Wegen der Toten. Er hat uns dann selbst den Ort gezeigt. Hier mache ich natürlich eine ganz andere Motivforschung. Er hatte in Dresden schon mal ein Mädchen gewürgt. Der Mann war ein Fall für den Psychiater, die Tat lag ja außerhalb der Verhaltensnormen. Die Paragraphen 15 und 16 StGB verlangten, in solchen Fällen die Schuldfähigkeit zu prüfen. Woran ich mich noch erinnere, das war ein Fall beim Grenzkommando Küste. Im Ort gab es mehrere Brände, und immer war ein Hauptmann mit seiner Kompanie an Ort und Stelle und hat mit Feuereifer gelöscht. Da hat ein operativer Mitarbeiter gute Arbeit geleistet. Der fand heraus, daß der Kompaniechef selber diese Brände gelegt hatte, weil er mit seinen Leuten für besondere Einsatzbereitschaft belobigt werden wollte. Auch er kam zu einer psychiatrischen Untersuchung. Die Einheit lag nahe der polnischen Grenze, dort gab es eine Art Niemandsland, und dieser Offizier hatte sich gern dort aufgehalten. Was hat er gemacht? Nach Wasser gegraben. Ich befragte ihn danach, und er sagte, ihm schwebte immer vor, als Einsiedler zu leben und von der ganzen Welt nichts mehr sehen und hören zu müssen. In der Urteilsfindung spielte das eine Rolle, er war nur bedingt schuldfähig.

Wenn man heute hört, daß Menschen in der Untersuchungshaft mißhandelt wurden, so möchte ich dazu sagen, seit meiner Zugehörigkeit zur Untersuchungsabteilung – ich habe zwischenzeitlich von 1966 bis 1969 die Juristische Hochschule besucht – kenne ich nicht einen einzigen Fall, wo sich jemand an einem Untersuchungsgefangenen vergangen hat. Es wurde mal darüber gesprochen, daß ein Untersuchungsführer, bis aufs Blut gereizt, dem Untersuchungsgefangenen einen Locher an den Kopf geworfen habe. Wegen dieser Entgleisung wurde er strafversetzt. Dann kannte ich einen Mitarbeiter, der in seinen Protokollen Befragungsergebnisse ausgeschmückt, unzulässig übertrieben hat. Nachdem man ihm mehrmals gesagt hat, unterlaß diese Übertreibungen, schreib auf, was wirklich gesagt wurde, nichts anderes, wurde er aus der Untersuchungsabteilung herausgenommen, weil solche Leute als Untersuchungsführer nicht zu gebrauchen sind. Jeder Untersuchungsgefangene hatte seinen Verteidiger, jeder konnte Verwandtenbesuch bekommen, also wenn da etwas Unzulässiges passiert wäre, sie hätten es nicht für sich behalten. Außerdem wurde fast jede Vernehmung mit Tonband aufgenommen. Es mag schon mal sehr unangenehme Töne gegeben haben, das will ich nicht ausschließen, laute, schroffe Vorhaltungen, scharfe Wortgefechte. Und für die Betroffenen war schon die Untersuchungshaft allein ein schwerwiegender Eingriff ins persönliche Leben, daß daraus Aggressionen uns gegenüber entstanden sind, ist ja ganz klar. Ich erwarte keine Streicheleinheiten von ehemaligen Untersuchungsgefangenen. Verhöre sind eine nervliche Belastung für beide Seiten. Ich bin mal mit einem Untersuchungsgefangenen überhaupt nicht zurechtgekommen. Er war wegen Widerstand gegen staatliche Maßnahmen festgenommen worden, und außerdem hatte er sich an Kindern vergangen, den Fall habe ich abgeben müssen, ich konnte mit dem Mann nicht umgehen, das war mir so zuwider, ich fand keine sachliche Beziehung zu ihm.

Aufgrund meines Hüftschadens war ich nicht mehr so mobil, viel herumzureisen. Man mußte ja vor Ort sein. Da hatte es beispielsweise während eines Übungsschießens mehrere Tote gegeben, das wurde an Ort und Stelle untersucht. Also solche Reisen, das ging nicht mehr, man war ja auch in Uniform, und es machte sich nicht gut, wenn man als Uniformierter humpelte. Da wurde mir Anfang 1980 angeboten, in die Abteilung zu wechseln, die Nazi- und Kriegsverbrechen, Verbrechen gegen die Menschlichkeit untersucht bzw. recherchiert hat. Das war ein Archiv in Hohenschönhausen, in dem hauptsächlich Naziakten aufbewahrt wurden, Unterlagen aus dem Archiv des III. Reiches, Gestapo-Akten, Volksgerichtshofakten, Unterlagen des Reichssicherheitshauptamtes, der SS, KZ-Unterlagen usw. 1950 waren die letzten Internierungslager der Sowjets auf unserem Gebiet aufgelöst worden, damals wurden von 18000 Gefangenen 15000 entlassen, gegen die anderen wurden Strafverfahren eingeleitet, das waren dann die Waldheimprozesse. In den Lagern saßen sicher auch Unschuldige, im Sinne von Kriegsverbrechen meine ich. Aus meinem Heimatort weiß ich, daß dort nach 1945 nahezu alle Männer abgeholt wurden bis hin zu Jungs meiner Altersklasse. Ich war erst im Herbst 1944 wieder zugezogen, man kannte mich nicht. Angeblich soll eine Werwolfgruppe existiert haben. Unter den abgeholten Männern waren aber auch Kommunisten, einen kannte ich persönlich, von denen sind viele nicht wiedergekommen. Es hieß, in der Kommandantur in Dippoldiswalde hätte jemand von der Wlassow-Armee gesessen, der hätte sich rächen wollen. Ich glaube das nicht, das scheint mir zu weit hergeholt. Aber bei mir hat das damals keine bleibenden Spuren hinterlassen, für mich waren das Kriegsauswirkungen.

Unsere Aufgabe im Archiv war es, bei Sicherheitsüberprüfungen bestimmter Personen, die für besondere Aufgaben vorgesehen waren, für ein Studium an der Militärakademie zum Beispiel, für den Einsatz in wichtigen politischen oder wirtschaftlichen Bereichen, festzustellen, gab es in der Familie vielleicht Belastungen aus der Zeit des Faschismus, Gestapo- oder SS-Zugehörigkeit, NSDAP-Mitgliedschaft usw., oder lag der Verdacht auf NS-Verbrechen vor. Wir hatten umfangreiche Gestapo-Unterlagen und anderes Material aus der Zeit von 1933 bis 1945, da haben wir dann nachgelesen. So ist zum Beispiel auch Henry Schmidt aufgespürt worden. Ich kann den Namen offen nennen, der ist ja verurteilt worden. Schmidt war Leiter des Judenreferates bei der Gestapo in Dresden. Es war angefragt worden, ich glaube, von unserer Kreisdienststelle in Altenburg, ob diese Person in unseren Unterlagen vorhanden ist. Er war nicht nach dem Westen gegangen wie die meisten, sondern hatte weiter in Altenburg gelebt, mit falschem Lebenslauf, vielleicht dachte er, Schmidt heißen so viele. Nach den ersten Verdachtshinweisen wurden intensive Ermittlungen geführt, und es stellte sich heraus, daß Henry Schmidt für die Deportation jüdischer Bürger nach Theresienstadt verantwortlich war. Auf sein Schuldkonto kommt der Tod von 500 Menschen. Er ist Mitte der 80er Jahre zu lebenslänglicher Haft verurteilt worden. Auch Pöhlig, der stellvertretende Zugführer eines Polizeibataillons, das in der Ukraine Tausende von Juden, Frauen und Kindern erschossen hat, wurde von unseren Mitarbeitern ermittelt. Die Recherche dauerte vier bis fünf Jahre, denn es war schwierig, nach so langer Zeit Zeugen zu finden. Jetzt habe ich gelesen, daß dieser

Pöhlig die Kassation des Urteils verlangt hat, weil es das Urteil eines DDR-Gerichts war. Das ist eine Unverschämtheit. Aber es fanden sich beherzte BRD-Juristen, die das Wiederaufnahmeersuchen als unbegründet zurückgewiesen haben. Das ist ermutigend für mich im Hinblick auf den Rechtsstaat.

Übrigens hatten wir auch Unterlagen zu Gustav Just. Es war bekannt, ich glaube, durch ein Tagebuch, das er geführt hat, daß er als junger Mensch zu einem Exekutionskommando gehört hat, das russische Zivilisten, die der Partisanenfreundlichkeit verdächtigt wurden, erschossen hat. Man hat diesen Fall aber nicht strafrechtlich gegen ihn verwendet, als er in den fünfziger Jahren vor einem DDR-Gericht stand. Und später, als er in die Politik einstieg, worüber ich mich, ehrlich gesagt, etwas gewundert habe, bei seiner Vergangenheit, da war es dann eben so, man sagt, die Rechtslage ist aufgebraucht. Wenn der Tatverdacht vorlag, aber nichts unternommen wurde, kann im Nachhinein keine strafrechtliche Verfolgung angestrebt werden. Das war auch so bei einem ehemaligen SS-Angehörigen, der im Verdacht stand, am Einsatz mit dem berüchtigten Gaswagen beteiligt gewesen zu sein. Also die Ermordung mit Auspuffgasen. Der Mann hat im Rahmen des Kommissarbefehls bei der Ermordung sowjetischer Kriegsgefangener mitgewirkt und war dafür zu einer hohen Freiheitsstrafe verurteilt worden. Die Sache mit dem Gaswagen war damals bekannt, aber nicht das Maß seiner Beteiligung. Wir haben dazu später recherchiert, aber strafrechtlich war nichts mehr zu machen.

Wenn ich heute von der Forderung höre, Opfer und Täter der Staatssicherheit zusammenzuführen, dann muß ich aufgrund meiner letzten Tätigkeit sagen, ich müßte demzufolge mit Gestapo-Schmidt oder dem Gaswagenfahrer oder einer anderen Person, die jetzt in Mainz wohnt und im April 1945 noch 53 Untersuchungsgefangene der Gestapo in Leipzig-Lindenthal exekutiert hat, konfrontiert werden.

Für mich war es eine hochinteressante Tätigkeit in diesem Archiv. Es ist schon etwas Ungewöhnliches, Dokumente in der Hand zu halten wie den Bericht von Stroop, dem Henker des Warschauer Ghettos, das berührte mich doch sehr. Oder der berüchtigten SS-Einheit Dirlewanger, einer Einheit mit vorzugsweise vorbestraften Wilderern, die zur Niederschlagung des Warschauer Aufstandes hinzugezogen wurde. Ebenso das Material über Rudolf Höß, den Auschwitz-Kommandanten. Ich habe auch das Vernehmungsprotokoll in der Hand gehabt, das bei der Gefangennahme von Stalins Sohn im Reichssicherheitshauptamt angefertigt wurde. Ich weiß nicht, wieviele tausend Akten des Volksgerichtshofes ich durchgelesen habe, zu Bernhard Bästlein, Robert Siewert und vielen, vielen anderen bekannten Widerstandskämpfern. Ich denke auch an das Aktenmaterial der Euthanasie-Aktion, der sogenannten Aktion T 4. Es gab auch viele Unterlagen zu Gestapo-Maßnahmen gegen die Kirche, über den Widerstand, der oft von einfachen Gemeindepfarrern geleistet wurde. Das hat mich immer sehr beeindruckt.

Da diese Tätigkeit des MfS wenig angreifbar war, hat das Bürgerkomitee damals das Einverständnis gegeben, daß ein Teil des Archivs nach der Auflösung des MfS vom damaligen Zentralen Staatsarchiv Potsdam übernommen wurde. Nach der Auflösung des Amtes für Nationale Sicherheit am 28.2.1990 wurde das gesamte Material vom Bundesarchiv Koblenz übernommen. Bis Ende 1991 haben die meisten unserer·Mitarbeiter dort noch gearbeitet. Ich bin früher ausgeschieden, weil ich invalidisiert wurde. Daß das eine blöde Entscheidung war, hat sich erst später herausgestellt, denn nun habe ich diese Mindestrente, mit der wir bestraft werden. Zu meiner Zeit waren Mitarbeiter aus Koblenz bei uns im Archiv, die haben sich gewundert, daß Fachleute wie wir, die mit Sachkenntnis diese Probleme der NS-Vergangenheit bearbeiten können, nicht mehr weiterbeschäftigt wurden. Wenn ich bedenke, daß der Volksgerichtshof 16 000 Prozesse geführt hat, in denen 5000 Todesurteile gefällt wurden, und daß von 800 Richtern nur wenige belangt worden sind, ja wieder zum Einsatz gelangten und richterlichen Nachwuchs ausbilden durften, dann ist es schon kurios, wie mit ehemaligen DDR-Bürgern, denen Staatsnähe angelastet wird, umgegangen wird. Von unseren ehemaligen Mitarbeitern weiß ich nicht einen, der bereut hat, daß 1989 die Sache gewaltlos vor sich gegangen ist. Nicht einer hat gesagt, hätten wir bloß. Und wir waren ja bewaffnet. Ich bin politisch kein Ignorant. Wenn diese Sache sich so vollzogen hat, gibts für mich keine Gründe, das auf den Kopf stellen zu wollen. Wir würden uns schon einbringen, wenn dafür eine sachliche Basis vorhanden wäre. Aber das ist leider nicht der Fall.

Natürlich, Heilige waren wir nicht, es gab dumme Entscheidungen und überhöht harte Reaktionen auf politische Aktualitäten, aber das sozial Gerechte überwog allemal. Die DDR war über 40 Jahre für die Sowjetunion und das Kräftegewicht in der Welt ein nützlicher Faktor. 1989 wurden wir Ballast. 1937/38 hatte sich die Sowjetunion auch schon schlimm an deutschen Kommunisten vergangen, aus mir bekannten Unterlagen weiß ich, daß viele politische Emigranten dem faschistischen Deutschland ausgeliefert wurden. Meine Abneigung gegen diese Politik habe ich unterdrückt, weil – wir hatten schon genug Gegner. Gutwillig wollte man glauben, es waren einmalige Entgleisungen. Ich räume ein, an passenden Erklärungen für Fehlleistungen hat es bei uns nie gefehlt. Andererseits, würde man die Alt-BRD so gnadenlos kritisch durchleuchten wie es mit der DDR gemacht wurde, was meinen Sie, was da zutage käme!

Volker L., Jahrgang 1954

Ehemals Hauptmann in der Hauptabteilung III

Unsere Abteilung hatte mit Funkelektronik zu tun. Ich war von 1973 an bei der Firma, mit 19 bin ich eingestiegen. Geworben wurde ich während der Lehre. Ich habe ja auswärts gelernt, in der Nähe von Oschersleben, Facharbeiter für BMSR-Technik. Sicher habe ich mich mit Vater darüber unterhalten, daß ich angesprochen worden bin, aber die Tatsache, daß er beim MfS war, hat für mich nicht den Ausschlag gegeben. Ich hatte ja als Kind kaum einen Eindruck von Vaters Arbeit. Mit zwölf Jahren habe ich ihm noch zum Tag der Nationalen Volksarmee am 1. März gratuliert. Er kam manchmal in Uniform nach Hause, ansonsten wurde da nicht viel drüber gesprochen. Er kam oft später nach Hause, das war das, was uns von anderen Familien unterschied. Wir haben ja in Karlshorst gewohnt, da waren viele von der Sicherheit und anderen Ministerien, das merkte man auch an der Zusammensetzung der Schulklassen, manche Kinder prahlten damit, daß ihr Vater bei der Staatssicherheit ist, ich konnte da gar nicht so richtig mitprahlen, weil ich eben nichts wußte.

Ich habe als Kind schon gern gebastelt, vor allem elektrotechnisch, ich habe mich auch für Astronomie interessiert, wir haben mal für die Schule ein Fernrohr gebaut, das hat zwar nie richtig funktioniert, aber auf jeden Fall gab's auf dem Zeugnis ein Lob. Dann hatte ich mich für drei Jahre zum Wehrdienst gemeldet und kam zum Wachregiment der Staatssicherheit. Damals war die Hauptabteilung III im Aufbau begriffen, sie hatte sich abgespalten von der Abteilung, die für Funkspionage zuständig war, man kann mit Funk ja wesentlich mehr machen als Spione jagen. Man kann ja auch Informationen auffangen von anderen. Die III, das war ein Ministerium im Ministerium, wir hatten alles selber, ein eigenes Wachregiment, unseren eigenen medizinischen Dienst, unsere eigene Waffen- und Bekleidungskammer und so weiter. Kurioserweise habe ich nie einen Grundwehrdienst gemacht. Mich hatten sie vergessen, rechtzeitig einzuziehen, und ich kam nicht im Mai, sondern erst, als die anderen fertig waren. Da bekam ich dann meinen eigenen Unteroffizier, der mich persönlich geschliffen hat. Das war noch viel schöner als im Kollektiv. Dann habe ich mich überzeugen lassen, mich als Berufssoldat zu verpflichten, und bin in die technische Abteilung geraten. Nach einem halben Jahr bin ich zur Schule gekommen und habe eine Spezialausbildung bekommen, neun Monate insgesamt. Das war eine sehr gute Funkausbildung. Später wurde ich an der Grenze eingesetzt, ich habe jahrelang in Wohnwagen an der BRD-Grenze gehaust und den Funkverkehr belauscht, in Grenzeruniform. Wir haben schwerpunktmäßig gesucht nach militärischen Informationen, im über Richtfunk geführten Telefonverkehr. Damals waren ungefähr 960 Telefonleitungen auf einem Bündel, die konnte man gar nicht alle abhören, uns interessierten die sogenannten Standleitungen der Bundeswehr, die wurden von uns unter Kontrolle gehalten. Ich muß dazu sagen, wir waren die Truppe, die solche Leitungen gesucht hat, bearbeitet wurden sie von anderen.

Es wurden immer neue Möglichkeiten gesucht. Da wurde dann entsprechende Technik in Flugzeuge und Hubschrauber eingebaut und versucht, aus der Luft zu beurteilen, wo es sich lohnen würde, mal genauer reinzuhören. Ich war von 1983 bis 1987 „Chef" der Funkaufklärung aus der Luft, wir waren aber nur sechs oder sieben Hansels, von denen war ich praktisch der Chef. Wir sind auch mit Hubschraubern der sowjetischen Streitkräfte geflogen, um Westberlin rum, da durften wir ja selber nicht fliegen, interessant war das schon. Das war hauptsächlich Richtfunkverkehr, wir hatten Frequenzen festzustellen, Standorte, wo müßte man da am Boden was machen. Das ist für Laien schwer zu erklären.

Schwerpunkte waren für uns große Manöver, da haben wir am Boden und in der Luft festgestellt, ob die Aktivität im Funkverkehr größer wurde, weil man ja aus solchen Vorgängen erkennen kann, ob die Gegenseite irgendwelche militärischen Dinge plant. Da gibt es bestimmte Kriterien, die sagen, vor großen Angriffshandlungen ist 24 Stunden Funkstille, weil das Risiko zu groß ist, daß sich jemand verquatscht. Wir sind ja lange Jahre davon ausgegangen, daß ein militärischer Angriff aus 'ner Manöverbewegung heraus passieren kann. Man kann's heute nachlesen, es hat viele Manöver gegeben, die exakt in Richtung auf unsere Staatsgrenze geführt wurden. Da wäre es ein Kinderspiel gewesen, einfach weiterzugehn. Wir waren eingebunden in die Verteidigungsstrategie des Warschauer Paktes. Das war eine notwendige Sache. Die Gegenseite hat auch ihre Anlagen gehabt, die wirklich nur dafür standen, den Funkverkehr der DDR und der sowjetischen Truppen abzuhören. Heute sieht man, was dabei rausgekommen ist. Unsereins ist arbeitslos. Aber ich würde nicht sagen, daß es sinnlos war. Wenn heute wieder die Situation wäre, ich würde es wiedermachen. Weil sich ja meine Überzeugung nicht gewandelt hat. Das war nicht verbunden mit Menschenrechtsverletzungen.

Man hat ja nicht nur gearbeitet bei der Staatssicherheit, man ist ja auch erzogen worden. Aus dieser Erziehung heraus kann ich mir nicht vorstellen, daß es solche Greueltaten bei uns gegeben hat, wie in den Medien behauptet wird. Da hätten irgendwelche Leute bei uns ganz anders erzogen werden müssen. Wenn sich der Mielke vor die Volkskammer gestellt hat und gesagt hat, ich liebe euch doch alle, dann klingt das ziemlich beknackt, aber der hat das ehrlich so gemeint. Der war überzeugt, er muß für alle seine Landeskinder selber denken, der gute alte Mann.

In der Partei zu sein, gehörte bei uns dazu. Aber ich habe eine Reihe von Mitarbeitern gekannt, die erklärten eben, ich fühle mich noch nicht reif, und dann wurden die in Ruhe gelassen. Die hatten den Vorteil, daß sie pünktlich nach Hause gehn konnten, wenn wir Versammlung hatten. Es ist ja immer so, die Leute, die sich raushalten, die können dann hinterher den Finger heben und sagen, ich war's nicht. Ich hab' zum 7. Oktober 1989 noch die Kundgebung zum 40. Jahrestag funkmäßig abgesichert. Weil ich 'ne Frau aus der Sowjetunion geheiratet hatte, was nicht gern gesehen wurde, war ich die letzten beiden Jahre quasi strafversetzt in eine andere Abteilung, da gehörte es vor Jahrestagen mit zu den Aufgaben, einen elektronischen Störnebel zu erzeugen, damit nicht irgend'ne Bombe auf der Tribüne ferngezündet werden konnte. Wir haben einen Sender unter der Tribüne aufgebaut, der das gesamte Frequenzspektrum für solche Funkfernsteuerung gestört hat. Ich bin auch zu der Eisenbahnstrecke geschickt worden, über die die Teilnehmer der Militärparade gerollt sind. Dort standen immer Beobachter der Militärverbindungsmissionen und haben das Ein- und Abrücken der Technik beobachtet. Wir haben uns dann auch da hingestellt und gehorcht, was machen die über Funk. Das war mein Abgesang in der aktiven Tätigkeit.

Vorher hatten wir noch in Objekten der Staatssicherheit Computer zu überprüfen, ob sie so'ne Strahlung abgeben, daß man draußen mitschreiben kann. Es gab Geräte, wo man Auflagen erteilen mußte, sie woanders hinzustellen, weil man außerhalb der Gebäude mitkriegen konnte, was da geschrieben wurde. Und dann ganz zum Schluß die Suche nach elektronischen Spionen. Kurz vor dem großen Knatsch hat die Staatssicherheit ein Gerät von den Amis ausgebuddelt und der Öffentlichkeit vorgestellt, in der Nähe eines sowjetischen Militärobjektes. Zu der Truppe, die das aufgespürt hat, gehörte ich. Ein elektronischer Spion, der hat Fahrzeugbewegungen automatisch registriert, ganz exakt, wieviele, welche Größenklasse, welche Richtung, und das ganze Ding war nicht viel größer als ein Schuhkarton. Einmal in der Woche wurden über Satellit die Informationen an den Auftraggeber gesendet, vermutlich an einen amerikanischen Geheimdienst. Die Übermittlung dauerte nicht länger als eine Sekunde. Für uns war es eine gewaltige Leistung, das Ding zu finden. Das hat vielleicht ein halbes Jahr gearbeitet und in der Zeit etwa fünfzehn, zwanzig Sekunden gefunkt. Dazu haben wir natürlich im Zusammenspiel innerhalb des Ministeriums, über IMs zum Beispiel, erfahren, daß sowas existiert, in welchen Frequenzbereichen. Rein zufällig findet man sowas nicht. Das war praktisch mein größter Erfolg, und damit war meine

Tätigkeit dann auch beendet. Am 4. November wollte ich noch an der großen Demonstration teilnehmen, aber das ist mir verwehrt worden, da kannste nicht hingehen, das ist gefährlich, wenn die mitkriegen, daß du von der Staatssicherheit bist, die werden dich umbringen. Gut, habe ich gesagt, dann laß ich mich zerreißen. Das Problem wurde dadurch gelöst, daß eine allgemeine Sperre ausgesprochen wurde, und wir haben alle dagesessen und uns die Veranstaltung im Fernsehen angeguckt. Dann kamen die Bürgerkomitees in unsere Objekte, es durfte kein Stück Papier mehr vernichtet werden, dann wurde die Technik geholt, von der NVA, von der Post, es wurde beraten, was mit uns wird, es gab ja den Plan, einen Verfassungsschutz zu bilden, ich wollte eigentlich zum Verfassungsschutz gehn, denn ich sagte mir, ich habe mich einmal für so'ne Tätigkeit entschieden, jetzt bleibe ich auch dabei. Mir schien es eine Chance. Aber das hat sich ja dann schnell zerschlagen. Wir hatten ziemlich gute Beziehungen zur Post, da bin ich dann bei der Post gelandet und hatte noch bis September 1990 dort Arbeit. Ich habe im Kontroll- und Meßdienst gearbeitet, dazu gehörte der Datenschutz, das Ausmessen von Funktechnik, der Aufbau des D-Netzes der Telekom, Funktelefon, und Haupttätigkeit wurde dann die Suche nach Wanzen. Es war damals die große Wanzenhysterie, jeder ging davon aus, daß er welche hatte, weil er ein Gegner war, und wenn ich auch eigentlich Schweigepflicht hätte, so kann ich doch sagen: über jede Wanze, die ich gefunden hätte, wäre in den Medien ein Riesengeschrei gewesen. Es hat kein Geschrei gegeben. Das war eine interessante Aufgabe. Ich war in vielen großen Hotels der DDR, Parteibüros, Ministerien, im Arbeitszimmer von Diestel, bevor er da einzog, überall wurde gesucht, und selbst wenn die Staatssicherheit so gut gewesen wäre, wie sie laut Presse auf diesem Gebiet war, so sagt mir meine Kenntnis der DDR-Realität: wenn so eine brisante Technik existiert, ist das teure Technik, die von irgendwoher beschafft werden mußte. Die DDR-Technik war nicht so gut, da wär 'ne Wanze ja so groß gewesen wie ein Schrankkoffer, also war das Westtechnik. Die Dinger, die ich gesehn hab als Muster, waren aus Japan, aus Westdeutschland, und wie ich die DDR kannte, mußte der Mitarbeiter, der so'n Ding haben wollte, einen Haufen Anträge schreiben, und wenn er die hundert Unterschriften zusammen hatte und das Ding einbauen konnte, war der heilfroh, wenn er das Ding abgeben durfte, weil sowas ja nicht dringelassen wurde, da wartete schon wieder der nächste drauf. Ich geh davon aus, daß diese Technik nur bei ganz besonderen Dingen eingesetzt wurde.

Uns wurde bei der Post immer wieder versichert, daß wir gebraucht werden, daß es keine Probleme geben würde. Am 13. September 1990 wurde uns mitgeteilt, daß unsere Abteilung aufgelöst wird, daß sich ab 3. Oktober alle Angehörigen des Funkkontroll- und Meßdienstes im Wartestand befinden, und daß für ehemalige Mitarbeiter der Staatssicherheit der 13. September der 3. Oktober ist. Wir mußten unsere Ausweise abgeben und unsere Zimmer ausräumen. Ich habe mich arbeitsrechtlich gewehrt, von siebzig haben zweie einen Prozeß angestrengt, schon allein der Titel der Klageschrift hat sich für mich gelohnt: Volker L. gegen Bundesrepublik Deutschland. Der erste Prozeß endete mit einem Vergleich, der andere ist noch nicht entschieden. Seit Mai 1990 lasse ich mich umschulen in Computertechnik. Meine Frau sitzt zu Hause und bewacht die Kinder. Sie ist ja im Mai 89 erst reingelassen worden, da war sie schon schwanger und hat keine Arbeit mehr annehmen können als Dolmetscherin und Reiseleiterin. Die Deutsch-Sowjetische Freundschaft durfte eben nicht über den Bruderkuß der Generalsekretäre hinausgehen.

Als ich meine Umschulung begonnen habe, kriegte ich gleich am ersten Tag einen Hexenschuß. Ich mußte zum Arzt und kam erst etwas später zur Umschulung, das war im Englischunterricht. Ich mußte mich vorstellen und habe gesagt, Volker L., Sternbild Fische, 17 Jahre bei der Staatssicherheit gearbeitet. Ich kann nicht sagen, daß denen der Unterkiefer runtergeklappt ist. Im Gegenteil, ich bin eigentlich immer gut damit gefahren, daß ich mich vor niemandem versteckt habe. Ob das mein Nachbar aus Bayern ist, CSU-Mitglied, der ist in unser Haus eingezogen, ein ganz bescheidener Mensch, der keine Buschzulage kriegt für seine Mitarbeit beim Aufbau im Osten, oder ein anderer Nachbar, dessen Bruder mal bei uns in U-Haft gesessen hat, ich komme mit allen gut aus. Wenn die Medien nicht diesen Zirkus machen würden, das Verhältnis zwischen uns und anderen hätte sich längst normalisiert.

Kurt Z., Jahrgang 1937

Ehem. Oberst im MfS

Sicherlich bin ich einer der letzten, der noch zum Oberst befördert worden ist, das war im Oktober 1989. Zu dieser Zeit war ich in der Zentralen Arbeitsgruppe Geheimnisschutz. Vorher war ich fast 34 Jahre in der Bezirksverwaltung Berlin, davon 25 Jahre in der Abteilung XX und zweieinhalb Jahre Stellvertreter des Leiters der Berliner Bezirksverwaltung. Das Spektrum der Verantwortlichkeit der Abteilung XX war sehr breit, in erster Linie ging es um die Sicherung des Staatsapparates, d. h. wir waren verantwortlich für Magistrat, Gesundheitswesen, Kultur, Jugend und Sport, sowohl Leistungssport als auch Breitensport, Volksbildung, Künstlerverbände, Hoch- und Fachschulwesen, u. a. Humboldt-Universität, wir hatten die vorbeugende Arbeit gegen Jugendgefährdung und Jugendkriminalität zu leisten, mit den spezifischen Mitteln des MfS. Uns oblag auch die Abwehrarbeit im Bereich der Kirchen, die Bekämpfung der politisch-ideologischen Diversion und der politischen Untergrundtätigkeit.

Das MfS fühlte sich verantwortlich, d. h. wurde durch den Minister verantwortlich gemacht für die Sicherheit des gesamten Staates, darunter wurde verstanden das politisch-operative Durchdringen aller gesellschaftlichen Bereiche mit Ausnahme des Parteiapparates der SED. Wir wollten lückenlos wissen, was in all den von uns zu sichernden Bereichen passierte, es sollte keine Überraschungen geben. Insofern bestand das Erfordernis, das gesamte DDR-Territorium aufgeteilt zu haben in Verantwortlichkeiten. Den Bezirksverwaltungen waren Kreisdienststellen zugeordnet, insofern hatte Berlin elf KD, die zur BV gehörten. Zu dem Begriff Abwehrarbeit: Es hieß, Informationen aus den zu sichernden Bereichen zu gewinnen, und zwar solche, die aus unserer Sicht bedeutsam waren gemäß der Grundaufgabe des MfS, Erkennen und Abwehren staatsfeindlicher Handlungen.

Die operativen Diensteinheiten haben mit Inoffiziellen Mitarbeitern gearbeitet. Das waren zum Zeitpunkt der Auflösung etwa hunderttausend IM, aber in den vierzig Jahren DDR waren es natürlich weitaus mehr. Sie kamen aus allen Berufen. In meinem Verantwortungsbereich als Leiter der Kreisdienststelle Treptow hatten wir ungefähr 200 Agenturen, d. h. 200 IM aller Kategorien, darunter auch Inhaber von konspirativen Wohnungen. IM hieß nicht in jedem Fall eine Verpflichtung unterschrieben zu haben, es handelte sich um Bürger, die bei uns registriert waren, die sich zum Teil dessen nicht bewußt waren. Ausschlaggebend war, daß Informationen kamen, die operativ bedeutsam waren. Sie mußten uns nicht mitteilen, wann die Sonne aufgeht, es mußten wahrheitsgemäße, von uns überprüfte Mitteilungen sein. Es war eine Grundvoraussetzung, das weiß jeder, der mit Informationen arbeitet, daß sie zuverlässig sein müssen. Insofern nützt es nichts, jemanden zu werben, der geschwätzig ist, das, was er uns erzählte, mußte Hand und Fuß haben, mußte interessieren. Es war die Regel, daß Informationen verschiedener Quellen gegenübergestellt, verglichen wurden. In der Wissenschaft wird ja auch auf dem Wahrheitsgehalt jeder Information rumgebissen, nur derjenige ist ein akkurater Wissenschaftler, der aus überprüften Informationen richtige Schlußfolgerungen zieht. In dem Sinne haben auch wir gearbeitet.

Informationsgewinnung über inoffizielle Tätigkeit hat für mich bis heute nichts Unmoralisches, es kommt auf das Ziel an. Wenn man natürlich von dem heutigen Stimmungsbild in der Bevölkerung ausgeht, das ja von den Medien geprägt ist, wird jeder annehmen, so wir überhaupt ein Gewissen haben, müßten wir nur mit schlechtem Gewissen rumlaufen. Aber das ist nicht der Fall. Sicher ist in Frage zu stellen, ob dieser Sicherheitsbedarf, wie wir ihn praktiziert haben oder versucht haben, zu decken, ob dieser Bedarf real gegeben war. Andererseits gab's natürlich genügend Anfeindungen gegen die DDR und angesichts der ökonomischen Schwäche sehr starke Erfordernisse, den Zusammenhalt, die Unangreifbarkeit des Staates zu gewährleisten. IM aus Bereichen, in denen Angriffe auf die DDR zu erwarten waren, hatten für meine Begriffe legitime Motive, mit uns zu arbeiten. Es war ja nicht das blanke Mißtrauen gegen die Mehrheit der Bevölkerung, was die inoffizielle Arbeit bestimmte, auch wenn es sich heute so darstellt.

Ich bin gebürtiger Berliner, aus Lankwitz, habe dort bis 1949 gelebt und bin dann ins Internat Scharfenberg-Ost gekommen, war dort bis 1951 und habe 1955 das Abitur gemacht. Meine Eltern waren Arbeiter, mein Vater ist im Krieg geblieben, meine Mutter hat nach 1945 einen Neulehrerkursus gemacht und ist Lehrerin geworden. Es war für uns leichter, daß ich ins Internat ging, ich war den ganzen Tag alleine zu Hause gewesen, war das einzige Kind, hatte bis zur 7. Klasse ziemlich schlechte Leistungen, weil ich nicht den Antrieb zum Lernen hatte. Ich bin mit dem Fahrrad durch ganz Berlin gefahren und hab mir was angesehen, bin erst in geordnete Bahnen durch das Internatsleben gekommen. Dieses Internat hatte eine antifaschistische Prägung, Schafenberg als Insel im Tegeler See war in den zwanziger Jahren als Schulfarm gegründet worden, meines Wissens kommen Heinrich Scheel und Hans Coppi von der Roten Kapelle aus der Schulfarm Scharfenberg. Scheel hat bei uns die Abschlußprüfungen mit abgenommen, als Beisitzer. Wir haben nur von anderen Schülern gehört, was Scharfenberg für eine Tradition hatte. Ich kann nicht mal sagen, wie ich dahin gekommen bin, es war ja fast eine Auszeichnung, dort zu sein, die Masse der Schüler sind engagierte DDR-Bürger geworden.

Nach dem Abitur wurde ich von Mitarbeitern des damaligen Staatssekretariats für Staatssicherheit, wie es nach dem 17. Juni 1953 hieß, angesprochen. Es wurden Abiturienten geworben, und ich war bereit zur Mitarbeit, zumal ich keine festen Studienvorstellungen hatte. Ich hatte auch von der Staatssicherheit keine Vorstellungen, aber ich dachte, wenn die meinen, du kannst das, versuchste's mal. Ich war ein grüner Junge, der vom Leben noch gar nichts kannte, es war für mich eine unerhörte Umstellung, beinahe ein Schock, auf einmal als Ermittler Verantwortung zu übernehmen beim Umgang mit fremden Menschen. Das fiel mir anfangs sehr schwer. Ich war manchmal ganz verzweifelt und hoffte, wenn ich auf den Klingelknopf gedrückt hatte, es macht keiner auf. Ich mußte dann ja irgendeine Legende erzählen, wo ich herkomme. Mich hat weniger das Aushorchen gestört, darauf lief's ja hinaus, wenn man ermittelt hat, sondern die Art und Weise, mit einem bestimmten Ziel Kontakt zu fremden Menschen herzustellen, ohne sich zu erkennen zu geben.

Mir gefiel diese Arbeit nicht besonders, aber mir wäre nie in den Sinn gekommen, sie aufzugeben. Ich habe nie einen Fahneneid geleistet, sondern eine Verpflichtung geschrieben, aber damals hatte ich eben mein Wort gegeben, und das mußte ich halten. Ich wäre sonst mir selbst gegenüber ein Versager gewesen. Ich hatte mehrmals im Leben das Problem, daß ich an mir selbst gezweifelt habe, aber ich hab mich immer durchgeboxt. Heilfroh war ich, als ich 1956 auf unsere Hochschule nach Eiche gehn konnte. Damals nannte sie sich Juristische Hochschule, im Prinzip war's 'ne Offiziersschule.

Meine Mutter wußte von meiner Entscheidung, von Anfang an, ich hab ja noch zu Hause gewohnt, sie hatte keine Einwände und hat mir keine Fragen gestellt. Es gab ein ehernes Gesetz, über die Arbeit wird zu Hause nicht geredet, auch meine Frau hat eigentlich erst nach der Wende erfahren, was ich gemacht habe.

Ich hatte sie kennengelernt im Theater der Freundschaft 1958. Sie saß zwei Reihen vor mir, ich hab sie gesehen, und sie hat mir gefallen. Ich war schon einundzwanzig, und ich hatte vorher nie was Ernstes gehabt. Sie war da mit 'ner Freundin, und ich sah sie dann wieder auf dem S-Bahnhof. Sie anzusprechen hätte ich mich nie getraut. Aber daraufhin habe ich einem Schulfreund geschrieben, weil ich wußte, daß dessen Frau ihren Namen erfragen konnte. Ich erfuhr, wer sie war, sie studierte an der Humboldt-Uni Deutsch und Geschichte. Daraufhin habe ich mir ihre Akte besorgt – Amtsmißbrauch! – hab mir die angeguckt und dachte, den Namen kennste doch. Ihr Bruder war mit mir zusammen beim MfS eingestellt worden. Daraufhin habe ich den Bruder gefragt, sag mal, ist deine Schwester noch frei? Ja, sagte der, und er hat dann auf meinen Wunsch hin arrangiert, daß wir uns getroffen haben. Das war im Januar 1959, und im Dezember haben wir geheiratet. Ostern 1960 haben wir eine Wohnung in Oberspree gekriegt, 1961 kam der erste Sohn, 1962 der zweite, 1967 der dritte, und 1972 kam die Tochter. Meine Söhne waren auch Berufssoldaten, obwohl ich keinen dazu gedrängt habe. Sie wollten Kriminalist wie Vater werden. Ich hab ja 1962 bis 1966 im Fernstudium Kriminalistik an der Humboldt-Uni studiert und war mit Leib und Seele Kriminalist.

Ich hab versucht, immer gesund zu leben, habe Sport getrieben, wenig Kaffee getrunken, kaum Alkohol, bin viel gelaufen und Fahrrad gefahren. Das kommt mir jetzt zugute. Ich habe zum Glück wieder Arbeit gefunden, in einem Baubetrieb bei Berlin, die vierzig Kilometer fahre ich oft mit dem Rad, auch mit dem Auto, Klappfahrrad im Kofferraum und dann mit dem Rad zurück. Ich sitze den ganzen Tag im Betrieb am Computer, ich mache die Betriebsabrechnungen, und da ist die Bewegung ein schöner Ausgleich für mich. Sonst würde ich fett werden. Bis vor zwei Jahren bin ich noch jede Woche meine zehntausend Meter gelaufen. Aber das habe ich jetzt sein lassen, weil ich mit den Füßen Beschwerden kriege. Ich habe eine Rennsteigwanderung mitgemacht, 1989 im Mai, 30 Kilometer in drei Stunden 19 Minuten. Zur Dienststelle bin ich auch manchmal mit dem Fahrrad gefahren.

Ich brauche das Grüne, bin ja draußen in Lankwitz großgeworden, die Großstadt liegt mir eigentlich nicht. Ich bin sehr dafür, die Natur zu erhalten, da bin ich mit den Grünen einer Meinung. Ich wandere gerne, und ich kann nicht verstehen, wenn die Verkehrsbetriebe streiken, daß man zu spät zur Arbeit kommt. Dann fahre ich eben mit dem Rad. Mein Auto ist zwölf Jahre alt, ich hoffe, daß es noch eine Weile hält. Sonntags nach dem Mittagessen laufe ich manchmal zwanzig Kilometer, ganz allein, das hilft, den seelischen Streß abzubauen. Zum Kaffee um drei bin ich wieder da. Die Familie akzeptiert das, wir halten fest zusammen, und ich muß sagen, ich gewinne dem Leben heute noch was ab. Es hat keinen Sinn, nur in Nostalgie zu verfallen. Es reizt mich, mir das Land anzusehen. Es ist schön, daß man reisen kann. Ich hab's früher nicht so vermißt, ich hab mir gesagt, lieber verzichte ich auf was und wir haben Frieden und 'ne starke DDR, so daß den andern nicht die Bäume in den Himmel wachsen.

Aber nun ist es doch anders gekommen. Einer meiner engsten Mitarbeiter hat sich 1990 das Leben genommen. Ich habe keinen Augenblick an sowas gedacht. Er wußte, daß ich mit Leuten von der Bürgerbewegung im Gespräch bin, das hätte er kaum gekonnt. Sich das Leben zu nehmen, hieße ja, den andern das Feld zu überlassen. Das Leben ist Kampf. Wir waren auch ein bißchen entwöhnt in der DDR, uns auseinanderzusetzen und uns zu behaupten, auch dem Staat gegenüber. Nun sind wir hilflos ausgeliefert. Mich beeindruckt zum Teil die Leistungsfähigkeit des Wirtschaftssystems, aber ich sehe auch sehr viele Schatten. Ich hab zwar ein Drittel von dem Geld, das ich früher hatte, und Miete zahle ich das Mehrfache, aber ich sehe, daß ich nicht verhungere. Nun werden die Leute sagen, die hatten früher genug, es stand ja in der Zeitung, was wir verdient haben, bei mir waren es über 3000 im Monat. Allerdings bei weitaus mehr als 200 Arbeitsstunden im Monat. Wir haben feiertags Dienst gemacht. 1988 war ich fast jeden Sonnabend auf Arbeit und jeden zweiten Sonntag. Da liefen die Gottesdienste in der Sophienkirche und anderswo, und da war ich auf Arbeit, weil ich für die Sicherungseinsätze verantwortlich war.

Nun kann man sagen, da sind wir selber schuld, wir hätten die nicht bearbeiten sollen. Das war eben das System. Wir sind davon ausgegangen, Schaden von der DDR abhalten zu wollen. Für mich persönlich hatte ich davon keine besonderen Vorteile. Ich hatte einen Dienstwagen mit Fahrer, der hat mir auch manchmal Brötchen besorgt, weil ich keine Zeit hatte und vor Ladenschluß nicht aus dem Dienst wegkam. Ich habe natürlich als junger Mensch schneller eine Wohnung gekriegt als andere, wenn auch erst eine kleine, in der wir jahrelang mit zwei Kindern gelebt haben. Meinen Lada habe ich nach acht Jahren Wartezeit bekommen. Von jung an war ich geprägt auch durch Literatur über den Widerstandskampf, hab die Arbeit sehr ernst genommen, auch, daß man darüber mit niemandem zu reden hatte. Uns ist das oft passiert, daß jemand sagte, ich kann für Sie nicht arbeiten, ich kann das nicht für mich behalten. Das habe ich nie verstanden.

Ein Geheimnis ist keins mehr, wenn man mit anderen darüber redet. Meine Familie hat diese Haltung respektiert, und ich habe damit Achtung gewonnen. Man kann über alles sprechen, aber wenn Leute 'ne Verschwiegenheit brechen, auch im persönlichen Leben, dann ist das für mich ein Vertrauensbruch.

Natürlich haben wir mit Legenden gearbeitet. Uns wurde an der Schule und in der täglichen Arbeit beigebracht, daß eine Legende keine Lüge ist, sondern Ausdruck von Findigkeit und Ideenreichtum, daß es auch in der Literatur so etwas gibt, z. B. bei Märchen und Fabeln, darauf wurde Bezug genommen, daß man sich daran ein Beispiel nehmen könnte, was dort für Legenden entwickelt wurden, um bestimmte Ziele zu erreichen. Das ist ja keine Erfindung von uns. Die Lüge hat eine negative Grundaussage, Legenden sind etwas anderes, man darf sich nur nicht erwischen lassen. Ich hatte keine Skrupel, denn ich hab's ja nicht gemacht, um mir persönliche Vorteile zu verschaffen oder jemanden zu schädigen, ich hab's als legitime Methode betrachtet, bestimmte Ziele zu erreichen, ohne die Absichten erkennen zu lassen. Von der Pike auf habe ich das Handwerkszeug der Nachrichtenbeschaffung gelernt, das Ermitteln ist ein Teil davon und wird in der kriminalpolizeilichen Arbeit ja auch von jedem für legitim gehalten. In Kriminalromanen wird der Held dem Leser umso sympathischer dargestellt, je geschickter er mit Legenden umzugehen versteht.

Erfolge als Ermittler waren relativ dünn gesät. Sie bestanden darin, daß man sich ein bestimmtes Bild von einem Menschen machen konnte. Was uns interessierte, hing jeweils vom Auftrag ab, wir waren ja Ausführende eines bestimmten Auftrages, für den es Gründe gab, z. B. Kaderüberprüfungen, wenn man jemanden einstellen wollte, man mußte ja wissen, wer der Mensch war. So wurden Ermittlungen eingezogen, Personalakten im Betrieb eingesehen, um ein Persönlichkeitsbild zu bekommen, viel mehr war aus solchen Akten nicht rauszuholen. Ob jemand in unserer Kartei blieb, hing davon ab, wofür die Ermittlung gemacht wurde. Ein Teil der Personen war nur erfaßt in dem Sinne, daß zu erkennen war, über den wurde mal ermittelt. Da ging es zum Beispiel um bestimmte Geheimnisträger, die wurden alle paar Jahre überprüft. Wenn sonst nichts weiter anlag, dann war die Erfassung nichts Negatives. Aber wenn womöglich bekannt wurde, ein Geheimnisträger hatte einen Partner, der politisch auf 'ner ganz anderen Wellenlänge lag, dann gab uns das zu denken, sowas wurde aufmerksam registriert, weil man daraus unter Umständen auf die politische Lauterkeit eines Menschen schließen konnte.

Ich meine, für die Leute, die sich sehr kritisch zu unserem Staat geäußert haben, hatten wir natürlich immer ein waches Auge, die wurden unter Kontrolle gehalten. Es wurden operative Personenkontroll-Akten angelegt, OPK, wie wir sagten, mit dem Ziel, nachzuweisen, ob durch solche Personen Handlungen begangen wurden, die strafrechtlich relevant waren im Sinne des StGB, besonderer Teil Kapitel 1 und 2, d. h. auch Staatsverbrechen. Wenn Leute nur 'ne andere Meinung hatten, die konnten wir nicht alle registrieren, denn 'ne andre Meinung hatten viele. Nicht alle haben sie offen kundgetan, wir haben dennoch viel erfahren. Doch das war alleine noch kein Registriergrund, erst wenn ein Tatbestand z. B. der öffentlichen Herabwürdigung erfüllt war, dann haben wir uns darum gekümmert. Strafbar war staatsfeindliche Hetze gemäß § 106 des Strafgesetzbuches, aber da ging es nicht allein um Äußerungen, sondern um Handlungen. Zum Beispiel, wenn man sich in Gruppen traf, und das waren Leute mit politischen Wehwehchen, das hat uns schon interessiert, und da haben wir angefangen, Informationen zu sammeln.

Ich möchte niemanden namentlich nennen, den wir bearbeitet haben, die Betreffenden wissen es zwar heute, aber ich spreche über sowas mit denjenigen selbst, habe es bereits getan, deshalb bleibe ich hier allgemein und sage nur, daß ich Verantwortung getragen habe für die Bearbeitung bestimmter Leute der Bürgerbewegung, ab Mitte, Ende der siebziger Jahre. Ausgangspunkt waren Informationen über Aktivitäten, die wir als politisch negativ beurteilt haben. In einem Fall ging uns die Information zu, daß ein Pfarrer eindeutig politische Aktivitäten zeigte, die über den Beruf eines Kirchenmannes hinausgingen, ob er nun Blues-Messen organisierte oder auf andere Weise mit jungen Menschen zusammentraf, die er beeinflußte. In dem Fall hatten wir Informationen, daß er vor 1961 Grenzgänger war, dann aber hier blieb und sich entschloß, zur Kirche zu gehen, um der DDR wirksamer begegnen zu können. Nach dem Tod Havemanns versuchte er, den Staffelstab der Führung der Opposition in der DDR zu übernehmen, um diesen Staat zu bekämpfen. Der Mann ist heute auf der Siegerseite, im Gegensatz zu anderen, die sich nicht als Sieger fühlen, weil sie was anderes wollten, eine bessere DDR.

Es gab ausgemachte Züge des Konspirierens in ihrer Tätigkeit. Insbesondere nach 1972, nach der diplomatischen Anerkennung der DDR, ist dabei auch viel von außen reingetragen worden, von Journalisten zum Beispiel. Nicht nur in einem Fall haben wir beobachtet, daß Journalisten halfen, konspiratives Verhalten zu vermitteln, und dazu gehört eine ausgeprägte nachrichtendienstliche Ausbildung. Wenn man mich heute fragt, ob es vom Gesetz her erlaubt war, Wanzen anzubringen, muß ich sagen, weder gestattet noch verboten. Da es keinen Richter über uns gab, haben wir gemacht, was wir für notwendig hielten.

Zum Begriff der Observation. Darunter wird das optische Wahrnehmen des Verhaltens einer Person verstanden. Die Beobachtung mußte im Prinzip unerkannt bleiben, sonst hätte sie keine Informationen erbracht, da wären wir an der Nase herumgeführt worden. Eine erkannte Beobachtung war wertlos. Aber es gab in den letzten Jahren zunehmend demonstrative Beobachtungen, die Leute einschüchtern und abhalten sollten, bestimmte Handlungen zu begehen. Das konnte auch Trotz herausfordern, dann hatte es wenig Erfolg. Mehr Wirkung hat das gebracht bei Antragstellern, die ausreisen wollten, oder bei Leuten, die wir davon abhalten wollten, an Demonstrationen teilzunehmen, am 1. Mai oder bei der Liebknecht-Luxemburg-Demonstration, da sind wir zum Teil direkt in die Wohnungen gegangen und haben sie angesprochen, also hören Sie zu, wir stehen bei Ihnen vor der Haustür, damit Sie nicht mit Gesetzen in Konflikt kommen. Da gab's verschiedene Reaktionen, angefangen bei 'ner Tasse Kaffee bis hin zu der Mitteilung, ich fahre heute auf mein Grundstück, das liegt da und da, Sie können hinterherfahren, bis natürlich zum Versuch, unsere Leute zu beschimpfen und sie abzuhängen.

Wir haben es auch mit Fußballrowdys zu tun gehabt, das gehörte ja zu unserer Arbeit, Verhinderung von Jugendkriminalität. Wir hatten zeitweilig zwei, drei Mitarbeiter pro Berliner Fußballklub, die den Jugendlichen durchaus bekannt waren. Der Rowdy-Anhang, das waren Leute, die es im Leben zu nichts gebracht haben und die der Gesellschaft auf dem Fußball-platz heimzahlen wollten, was sie ihnen ihrer Meinung nach angetan hat. Da haben sie den wilden Affen gemacht. Unsere Leute haben mit denen zum Teil geredet, für manche waren sie 'ne Art Vaterersatz, und ich muß sagen, wir hatten da inoffizielle Mitarbeiter, die selber schlimme Rowdies waren und dann hinterher gesagt haben, was sie gemacht haben und wer was gemacht hat. Wenn ein IM selbst strafbare Handlungen begangen hatte, mußte er auch dafür einstehen, wir arbeiteten dann mitunter nach der Haft mit ihm weiter. Oftmals haben wir Straftaten nicht verhindern können, aber wir haben hinterher aufklären können, bis zu schweren Körperverlet-zungen, die es gab. Notbremse ziehn, Vandalismus in der Bahn, da war vorher nichts zu erkunden, weil da 'ne Spontanität drin war, die wußten früh nicht, wenn sie nach Aue fuhren, was in Aue geschehen wird, aber hinterher konnten sie uns erzählen, was passiert war.

Eigentlich war das normale Polizeiarbeit nach unserer Auffassung, aber wir hatten die Weisung vom Minister, der wollte keine Verantwortung aus-lassen. Seine Grundaussage: Was die andern nicht bringen, müssen wir bringen. Es haben sich ja auch manche Bereiche zu wenig gekümmert, und wir haben oft von Genossen gehört, wißt ihr, wenn wir euch nicht hätten... Wir haben für viele die Dreckarbeit gemacht. Ich verstehe nichts vom Fußball und habe diese Arbeit immer ungern gemacht, für mich war das das primitivste, was es gab, diese Atmosphäre, aber das war auf der höchsten Ebene nicht besser, ging bis zu Warnke und Mielke, die sich am liebsten an die Wäsche gegangen wären, Warnke war für Union, Mielke für seinen BFC, und im MfS hatte jeder den Fußball zu fördern, man war fast ein Unmensch, wenn man den Fußball nicht gefördert hat, also natürlich den BFC. Ich kann leider nicht in Abrede stellen, daß es in unserem Ministeri-um auch sehr hochfahrende Leute gab, zumal wir ein unerhörtes Wissen hatten über den Staat. Wir kannten die Schwächen vieler einflußreicher Politiker, vor uns standen die Leute quasi nackend da, und das führte mitunter zu sehr selbstsicheren, ja zynischen Urteilen über die Gesellschaft außerhalb unseres Organs. Ich meine, jeder soll sich an die eigene Nase fassen, wir hatten nur das Glück, daß andere über uns keine Dossiers hatten. Der Vorwurf des elitären Denkens wird sicherlich von der Masse der Mitarbeiter zurückgewiesen, aber ich habe erlebt, daß selbstherrlich über Menschen geurteilt wurde, die auf ihrem Gebiet Großartiges geleistet haben. Wenn ich daran denke, wie anmaßend wir manche Wirtschaftsleute, Wissenschaftler, Künstler beurteilt haben, nur aus unserer sicherheitspoli-tischen Sicht heraus, da gab's Dinge, die uns mit Recht zum Vorwurf gemacht werden.

Als ich 1955 eingestellt wurde, mit 18 Jahren, habe ich mal einen Häftlingstransport begleitet, kriegte 'ne Pistole mit, hatte die zu bewachen, aber mir wurde beigebracht, bei uns wird kein Häftling physisch angepackt, das war später auch an unserer Schule ehernes Gesetz, ich habe das nie erlebt und auch von Leuten, die bei uns gesessen haben, später nie gehört, daß sowas passiert ist. Was vor 1955 war, das kann ich nicht beurteilen, aber in meiner Zeit wurde nicht geschlagen. Was es natürlich gab, waren taktische Finessen, die halte ich für legitim. Aber was so erzählt wurde über Hohenschönhausen, ich weiß nicht. Also daß es in 'ner Haft nicht gut zugeht, ist klar, aber daß dort gefoltert wurde, sowas gab's nicht. Selbst wenn wir's hätten machen wollen, es wäre ja rausgekommen. Die DDR lag doch auf dem Präsentierteller! Wir haben auch keinen Menschen verschwinden lassen. Mich hat Rainer Hildebrandt vor kurzem angerufen, sonnabends am Nachmittag, er macht doch diese Täter-Opfer-Gespräche und wollte, daß ich da mitmache. Ich hab ihm gesagt, ich hab kein Verständnis dafür, ich weiß nicht, was das soll. Die Handlungen solcher Leute waren doch unter anderem mein Motiv, die DDR zu schützen. Ich fragte ihn, sind Sie der Rainer Hildebrandt von der Kampfgruppe gegen Unmenschlichkeit, und da sagte der Ja. Ich sage, dann sind Sie der Mann, für den Leute in der DDR zu langjährigen Freiheitsstrafen verurteilt wurden, in Prozessen vorm Obersten Gericht, da gab es sogar Todesurteile, zum Beispiel im Fall Burianek, der eine Brücke in die Luft sprengen wollte. Und Sie rufen bei mir an? Der wollte mich einladen, und ich wollte ihn eigentlich fragen, ob ich als Opfer da hinkommen soll. Er sollte erstmal erklären, warum Mielke sitzt für eine Tat, die er begangen haben soll, und warum Hildebrandt nicht sitzt für eine Tat, die er begangen hat. Burianek war ein KgU-Agent, und Hildebrandt war der Anstifter. Das war doch eine ausgemachte Terroreinheit, die nannte sich Kampfgruppe gegen Unmenschlichkeit, aber mit unmenschlichen Mitteln, mit schwersten Verbrechen haben die gearbeitet. Die wollten bei Erkner 'ne Brücke sprengen, als ein Zug drüber fuhr, das ist bei dem Prozeß doch alles bestätigt worden. Mich hat sowas mit geprägt, und daß daraus natürlich ein tiefes Mißtrauen bei uns resultierte gegen alles, was von drüben kam, das will die Gegenseite ja nicht hören. Sie kriegen Unterstützung von einem Teil der Bürgerbewegung, die diese Zeit nicht kennt und auch nicht kennen will. Wenn ich in öffentlichen Gesprächen auf die Vergangenheit zu sprechen kam, erlebte ich mehrmals, daß mir der Vorwurf gemacht wurde, ich würde viel zu lange reden, das interessiert sie alles gar nicht, was früher war. Aber kann man denn das trennen?

Bei unserem Versuch als MfS, keine Opposition in der DDR zuzulassen, gab es nie das sogenannte frame up wie im Amerikanischen, das heißt, das Organisieren einer Handlung, die den Eindruck erweckt, derjenige hätte ein Verbrechen begangen, also einem ein Verbrechen in die Schuhe zu schieben, um ihn dafür aburteilen zu lassen, Fallen zu stellen, Provokationen, also sowas haben wir nicht gemacht. Ich sage das definitiv für meinen Bereich. Wir haben niemandem was angehängt, wir haben nicht geprügelt, keine Geständnisse erpreßt. Aber wenn uns die Leute nicht den Gefallen taten, etwas zu tun, wofür wir sie einsperren oder nach drüben abschieben konnten, kam die Frage der psychischen Beeinflussung, sogenannte Zersetzungsmaßnahmen. Wir haben junge Mitarbeiter in einen Friedenskreis geschickt und diesem Kreis Diskussionen aufgezwungen, die wir für richtig hielten. Wir haben Dinge kundgetan, die das Vertrauen in bestimmte Leute erschüttern sollten, das ist uns ja später auch vorgeworfen worden, daß wir von einer Frau verbreitet haben, daß sie fremdgegangen ist, (stimmte ja auch), mit Briefchen, mit anonymen Schreiben, solche Spielchen. Oder wir haben dem einen oder anderen unterstellt, unser IM gewesen zu sein, Mißtrauen gesät. In einem Diskussionskreis in der Kirche habe ich versucht, das zu rechtfertigen, diese Zersetzungsmaßnahmen, andere Mittel standen uns nicht zur Verfügung. Die Genossen, die die Opposition zu bearbeiten hatten, sahen das auch, daß unsere Mittel nicht fruchteten, politisch wurde aber nicht reagiert. Wir standen unter dem Druck der Führung, die Mitarbeiter sollten Vorschläge machen, und dann kam ein Anruf, Bärbel Bohley hat schon wieder oder Eppelmann hat, aber diese politische Prinzipienlosigkeit in der Parteiführung, die Unentschlossenheit, die nach außen als Weisheit dargestellt wurde, das hat zu einer gewissen Apathie bei uns geführt.

Als die Wende dann kam, war ich ernsthaft der Illusion verhaftet, daß es uns gelingen könnte, mit einem Teil der ehemaligen DDR-Opposition einen besseren Sozialismus zu machen. Das war meine ehrliche Meinung, die hatte ich auch vorher schon mal in der Parteiversammlung vertreten, fand aber kaum ein Echo. Ich hab ja gesehen, daß es durchaus Leute in der Opposition gab, mit denen man zusammengehen mußte, die eine linke Denkweise hatten, auch wenn ich sie zum Teil als Chaoten eingeschätzt habe und das heute auch bestätigt sehe. Es gab Ende 1987 einen Vorstoß des Ministers bei Honecker, es wurde vorgeschlagen, in allen Bezirksleitungen der SED Arbeitsgruppen zu bilden, die sich politisch mit der Opposition befassen. Honecker hat das abgelehnt. Ich habe 1989 noch viele Informationen in die Berliner Bezirksleitung getragen. Die Hälfte der DDR-Opposition war ja in Berlin, und wir haben oft festgestellt, die haben nicht nur unrecht. Aber als ein Parteifunktionär mir entgegnete, seine Genossen sollen nicht in der Kirche, sondern mit Genossen diskutieren, wurden mir die Grenzen unseres Bemühens um politische Auseinandersetzung deutlich. Wir hatten beispielsweise große Probleme mit der Umweltbibliothek, da wurden Leute zu Staatsfeinden gemacht, die eigentlich gar keine waren. Nach der Wende bin ich einigen dieser Leute begegnet und habe mit ihnen gesprochen. Bis heute bin ich von keinem beschimpft worden, für dessen Bearbeitung ich Verantwortung trug. Manch anderer, der keine „Hausnummer" bei uns hatte, war da aggressiver. Vielleicht gerade deshalb? Ich erinnere mich an Vorgänge, die wir bearbeitet haben, darunter manche, die eigentlich Sache der Volkspolizei gewesen wären. Zum Beispiel der Fall „Urania". Das war der Kerl, der Kinder am Telefon aufgefordert hatte, sich das Leben zu nehmen. Der hat immer behauptet, er wäre von der Urania. Er hat mit so einer suggerierenden Stimme gesprochen, daraus ist ja ein Fernsehfilm geworden. Da waren das aber alles Westpolizisten. In Wirklichkeit war das unser Vorgang. Das haben wir aufgeklärt, mit Abhörmaßnahmen, damit haben wir ihn gekriegt. Wir haben diese Mittel genutzt, das konnte die Volkspolizei gar nicht. Wir sind ins Telefonnetz reingegangen, man wußte ja nie, wann wird der anrufen, von wo ruft er an, da haben wir Beobachtungsmaßnahmen eingeleitet und kriegten mit, daß er von einem Wohnhaus, da waren zwei Telefonzellen, daß er von da aus zweimal angerufen hat. Und dann haben wir die Telefonzellen beobachtet. Wir mußten den ja überführen, mußten ihn während des Telefonats festnehmen, und das ist uns gelungen. Das war 1988.

Oder ein anderer Vorgang. Da hat einer uns Briefe geschickt, an die MfS-Bezirksverwaltung Berlin, der hat einen chemischen Kampfstoff ins Kuvert gesteckt. Ich hab das auf den Tisch gekriegt, und ich hab das glücklicherweise nicht für Puderzucker gehalten. Wir haben gefahndet, nur gefahndet, und wir haben den rausgekriegt. Das war ein ehemaliger DDR-Bürger, der übergesiedelt ist nach Westberlin, war dann bei so'ner Nazigruppe und hat das gemacht, um sich an der DDR zu rächen. Unsere Adresse wußte der aus dem Telefonbuch, und er hat verlangt, wir sollen den und den aus der Haft entlassen. Da hatten wir die Handschrift, und dann haben wir die Einreisepapiere durchgefahndet. Wir hatten Glück, wir haben ihn gefunden. Das war er erste Fall, wo wir einen haben einreisen lassen und dann festgenommen. Das war 1973. Es gab keine Reaktion vom Westen, aber wir haben in der Transitkommission solche Dinge aufgetischt.

Dann haben wir mal einen festgenommen, der hat 'ne Telefonzelle am Alex gesprengt, das heißt, er hat 'ne Sprengladung in eine Packung Tobler-Schokolade gesteckt, wenn man das aufmachte, explodierte das. Ein Kind hat das gefunden und ist glücklicherweise nur leicht verletzt worden. Das sollte nicht 'ne Riesensprengwirkung haben, es war 'ne Demonstration. Der Mann hat in zwei Häusern selbstgebastelte Zeitzünderbomben gelegt, da hatte der 'ne Armbanduhr als Zündmechanismus gebaut, das war ein großer Bastler. Die Volkspolizei kam nicht weiter, weil ein wesentlicher Hinweis nur aus Westberlin erarbeitet werden konnte. Wir haben ihn dann gekriegt. Das war einer meiner ersten bedeutenderen Vorgänge. Ich war auch einer der ersten, der Biermann bearbeitet hat. Er hat keinen trocknen Faden an der DDR gelassen, und die DDR hat keinen trocknen Faden an Biermann gelassen, das beruht auf Gegenseitigkeit.

Im Mai 1989 bin ich aus der Bezirksverwaltung ausgeschieden. Im Januar war mir mitgeteilt worden, daß ich der Aufgabenstellung nicht gewachsen bin. Anlaß war ein schwerwiegendes disziplinarisches Vorkommnis, das heißt, zwei, drei Genossen, die mit der Bearbeitung der Bürgerbewegung beschäftigt waren, hatten den sogenannten Popielusko-Effekt in Erwägung gezogen, das war der polnische Pfarrer, der von Sicherheitsleuten umgebracht worden war. Dann waren jemandem im Rahmen einer sogenannten Zersetzungsmaßnahme die Reifen zerstochen worden, 'ne völlig sinnlose Sache, war politisch falsch, und das war der Anlaß, daß ich mich mit den Leuten auseinandergesetzt habe. Meine Obrigkeit schätzte ein, Zeiseweis ist zu schwach, der kann das nicht, der setzt sich da nicht durch. Es gab lange Querelen, die im Ergebnis dazu führten, daß einer gehn mußte, und das war ich. Ich wurde abgelöst und in die Zentrale Arbeitsgruppe Geheimnisschutz versetzt, da konnte ich keinen Schaden anrichten. Da war ich kein Operativer mehr. Und praktisch als Schweigegeld bin ich zum Oberst befördert worden, damit ich ruhig bin.

Anfang Dezember 1989 wollte es der Zufall, daß ich in die Position eines Verbindungsoffiziers des damaligen Leiters des Amtes für Nationale Sicherheit Wolfgang Schwanitz zum Staatssekretär in der Regierung Modrow, Walter Halbritter, kam. Da waren die Bezirksverwaltungen in Rostock, Dresden und Karl-Marx-Stadt von der Bürgerbewegung blockiert worden. Die wurden regelrecht belagert. Von da an war ich praktisch nur noch im Ministerrat. Die Lagemeldungen wurden immer aufregender über das Abkippen der DDR, wir hatten in jedem Bezirk eine Arbeitsgruppe. Wir hatten ja gesehen, daß sich was ändern muß. Es war abzusehen, daß die Wirtschaft zusammenbricht. Ich hab nicht glauben wollen, daß die eignen Genossen in der Parteiführung uns so hinters Licht geführt haben. Ich hatte eigentlich immer eine Hochachtung vor denen, ich kannte keinen persönlich, aber auf den Tratsch anderer habe ich nie was gegeben.

Als die Grenze dann offen war, war mir klar, daß die DDR nicht mehr zu halten ist. Ich war zum ersten Mal am 1. Mai 1990 in Westberlin. Ich hatte mir die hundert Mark nicht geholt, das fand ich so würdelos. Als ich arbeitslos war, bin ich allerdings fast jeden Tag mit dem Fahrrad durch Berlin gefahren. Bis 31. März wurde ich noch bezahlt vom AfNS, und da ich im Ministerrat die Auflösung der Bezirksverwaltung miterlebt und vollzogen habe, war ich der letzte Verbliebene aus der Arbeitsgruppe des Ministerrats, der diese ganzen Prozesse kannte. Es war zu erkennen, daß die Auflösung des Ministeriums noch eine Riesendimension kriegen würde. Einen Teil davon habe ich miterlebt, nach dem Beschluß vom 8. Februar

1990. Ich wurde angesprochen, ob ich nicht ins Komitee zur Auflösung des MfS gehen wollte. Dem bin ich nachgekommen und habe bis 31. August dort gearbeitet.

In der Arbeit beim Ministerrat war ich ja schon mit den Bürgerkomitees in Berührung gekommen, die kamen dann zu uns in den Ministerrat rein. In das Zimmer, in dem unsere Arbeitsgruppe zeitweilig Quartier hatte, zog dann Eppelmann ein. Aber damals sind wir nicht ins Gespräch gekommen.

Es gab dann wöchentliche Beratungen mit den Bürgerkomitees der Bezirke, und dort sind wir aufeinandergeprallt. Wir waren ausgemachte Gegenpole in der Auflösung des MfS, obwohl es da noch nicht um die Frage ging, ob ich sie bearbeitet habe. Das waren alles mir unbekannte Leute. Der einzige, der einen Namen in dieser Gruppe hatte, war der Fischer. Zum Teil waren das Leute, die aus einem Frust heraus, weil sie politisch nie eine Rolle gespielt hatten, so rangingen, jetzt haste mal was zu sagen. Sie waren nicht mal bearbeitet worden und waren zum Teil bitter enttäuscht darüber. Es gab natürlich auch Leute darunter, die aus wohlverstandenem politischen Interesse handelten, das MfS demontieren zu wollen. Da waren sachliche Gespräche möglich. Aber es gab auch politisches Banditentum, junge Rotzer, die eine ganze Bezirksverwaltung über Wochen blockiert haben, die hatten die Massen hinter sich, und da haben fünf, sechs Mann eine ganze BV geschurigelt. Da war überhaupt kein politisches Profil, und viele von denen sind dann auch von der Bildfläche verschwunden, weil sie mit den eigenen Leuten über Kreuz waren. Politische Hasardeure. Es gab da alle Schattierungen, von offensichtlich großem politischem Verantwortungsbewußtsein, einem erkannten Erfordernis sachlich Rechnung zu tragen, bis zum politischen Abenteurertum. Nur ein Teil von denen hatte wirklich Gründe aus früherer Bearbeitung. Da gab es Attacken von Leuten, die Minister werden wollten undsoweiter. Aber es gab auch Begegnungen mit Leuten, die ich in den Akten hatte. Solche Gespräche dauerten Stunden. Es ging darum, Positionen darzustellen, zum Beispiel in der Frage der Vernichtung von Akten. Zu dem Zeitpunkt gab es bei den mit der Auflösung befaßten Leuten des MfS die Ansicht, dann lieber dem westdeutschen Staat als der Bürgerbewegung die Dinge in die Hände zu geben. So schwer mir diese Denkweise fiel, weil ich mir sagte, die Bürgerbewegung ist ja doch irgendwas von uns, so war doch die Wahrscheinlichkeit, daß man halbwegs rechtsstaatliche Methoden anwenden würde, beim westdeutschen Staat mehr zu hoffen als bei der Bürgerbewegung. Heute zeigt sich, daß es da keinen Unterschied gibt zwischen Seiters und Bohley, bei beiden Seiten sehe ich wenig gerechte Beurteilung.

Was die von mir Bearbeiteten betrifft, so betrachte ich heute manches anders. Ich will nicht sagen, ich müßte Abbitte leisten, das wäre zu einfach, aber ich weiß heute natürlich mehr über die Motive der Leute. Als erstes erwartet man von uns immer, das habe ich bei öffentlichen Foren erlebt, zu denen ich gegangen bin, um mich der Auseinandersetzung zu stellen, daß wir uns entschuldigen. Da muß ich sagen, ich weiß nicht, wie man's hätte anders machen sollen. Wenn man uns sagt, ihr hättet mehr Demokratie walten lassen müssen, sage ich, Demokratie im bürgerlichen Sinne, die hätte dazu geführt, daß die DDR abgewählt worden wäre. Als ich jetzt mal sagte, der Sozialismus in der DDR und in den anderen Ländern war trotzdem ein großartiges Experiment in der Geschichte der Menschheit, da ist mich sogar einer angegangen, der mal Hochschullehrer an der - Humboldt-Universität war.

Einmal war ich in der „Wabe" im Thälmannpark, das war nach der Veröffentlichung der Gehaltsliste der Mitarbeiter, im März 1991. Da gab's Proteste gegen „Die Andere", daraufhin hat die Zeitung diese Veranstaltung in der „Wabe" organisiert, ein sogenanntes Podiumsgespräch. Der Veranstalter Klaus Wolfram war von uns in den siebziger Jahren im Operativvorgang „Kreis" bearbeitet worden. Da waren noch andere Bürgerbewegte, u. a. Bärbel Bohley. Wenige Tage vorher wurden mehrere von uns dazu eingeladen. Keiner hatte Interesse, da hinzugehen, ich auch nicht. Aber dann stand ein Artikel über mich in der Zeitung, von einem, der unter dem Decknamen „Tyrann" von uns bearbeitet worden war. Da sagte ich mir, jetzt kannste nicht kneifen. Ich sehe keinen Grund zum Kneifen, meine Devise ist, wir müssen uns zeigen, wir müssen Position beziehen, auch wenn es Hiebe gibt. Ich hab noch zwei angerufen, die sind mitgekommen. Die Veranstaltung beginnt, alle werden vorgestellt, und Wolfram sagt, trotz intensiver persönlicher Einladungen ist von der Stasi keiner gekommen. Daraufhin bin ich aufgestanden und hab gesagt, das stimmt nicht, ich bin hier. Da war ein Geraune in dem Raum. Dann mußte ich mich vorne mit hinsetzen, davor hatte ich mich bißchen gegrault, naja, und das wurde natürlich ein Tribunal. Der Höhepunkt war, als ich sagte, daß ich mich als Linker verstehe. Riesengelächter im Saal, ich wurde ausgelacht, die Linken waren sie. Naja, und dann ging's um die Frage, warum ich meine IMs nicht preisgebe, warum ich sie schütze. Da habe ich gesagt, ich kann Leute, die uns jahrelang geholfen haben, nicht preisgeben. Man soll sich an mich halten, wenn man von meinen Leuten was will.

Wenn es um den Satz von Rosa Luxemburg ging, Freiheit ist immer auch die Freiheit des Andersdenkenden – wer kommt denn mit Andersdenkenden aus? Nur der, der keine Macht hat. Wer Macht ausüben will, wer Machtambitionen hat, kann auf den Andersdenkenden keine Rücksicht nehmen. Der heutige Staat läßt sie reden – aber nicht mit sich! Er kann sich vieles leisten, was sich der Staat zur Zeit der Nazis nicht leisten konnte. Zur Zeit der Nazis haben sie noch rigoroser regiert als wir. Doch wenn du mal fragst, wo ist linke Politik regierungsfähig? Wir haben es versucht, allerdings mit rigorosen Einschränkungen der Andersdenkenden, und wir waren allergisch, weil wir keine Ökonomie hatten, die uns getragen hat. Wir haben ja den Staat nur durch Administration getragen. Ein Teil der Bevölkerung hat diesen Staat mit ganzem Herzen getragen, aber das war eine Minderheit. Das hat sich gezeigt, als die DDR unterging. Nicht mal die, die von Staats wegen befugt gewesen wären, nicht mal die haben da noch 'ne Hand krumm gemacht für diesen Staat. Das wäre dann nur noch mit Waffengebrauch zu machen gewesen. Wir hatten noch unsere Waffen, und wir haben sie nicht gebraucht. Aber wir werden zur verbrecherischen Organisation erklärt. Es gab für uns die preußische Ordnung, von sich aus schießt keiner. Jeder wußte, er würde auf Menschen schießen, die nicht unbedingt unsere Feinde waren. Das hat man ja in Leipzig gesehn, wer da alles mitmarschiert ist.

Theoretisch hätte man unter den Leuten, die gegen uns protestiert haben, Verbündete zur Rettung der DDR finden müssen. Aber praktisch? Ich weiß nicht. Es ging nicht in Spanien 1936, in Chile ging's nicht, die Linke hat nur dort existieren können, wo sie mit stalinistischen Methoden jede Opposition niedergehalten hat, nur dort hat sie sich zeitweise gehalten. Aber dadurch war sie moralisch auf die Dauer nicht anerkannt, und darum bin ich auch ausgelacht worden. Ich war dann fast bei allen PDS-Foren zum Thema Stasi, hab meine Position dargelegt. Es ist nicht viel dabei herausgekommen, aber meine Meinung war und ist eben, wir müssen uns zeigen. Ich bin mir bewußt, vieles falsch angepackt zu haben. Ich will mich nicht hinter anderen verstecken, die weitaus mehr Verantwortung getragen haben. Aber was hätte ich wesentlich anders machen können? Das weiß ich auch heute noch nicht. Wenn ich jetzt wahrnehme, wie es um die Alternative zum Kapitalismus steht, die mir so außerordentlich notwendig erscheint, dann kann ich richtig verzweifelt sein. Aber es muß weitergehn, und ich will durch Analyse und Bekenntnis des Vergangenen oder zum Vergangenen einen kleinen Beitrag leisten, im Sinne linker Politik wieder tätig werden zu können.

Jürgen B., Jahrgang 1960

Ehem. Oberleutnant des MfS in der Abteilung XX der Bezirksverwaltung Berlin

Seit 1978, 18. September, war ich bei der Firma, zuerst als Wachsoldat. Ich gehörte zu den ersten, die angefangen haben, die Baustelle des neuen Objekts in Friedrichsfelde zu bewachen. Und dann hatte man mich 1980 überredet, doch zu bleiben, weil, am Anfang war das eigentlich nicht für ewig gedacht, sondern als dreijähriger Wehrdienst beim Wachregiment. Dafür war ich geworben worden, aber offensichtlich war gleich daran gedacht, daß man mich sozusagen um-werben würde. Da hatte man nicht viel Schwierigkeiten mit mir. Ich hatte die Perspektive, Kriminalistik zu studieren, habe 'ne Art Praktikum in der Abteilung XX gemacht, ein kurzes Gastspiel an der Humboldt-Universität gegeben, Sektion Kriminalistik, da haben sie mich nach vier Monaten wieder rausgeworfen, da gabs Streit über'n paar Äußerungen zur Westberliner Hausbesetzerszene, weil ich ihnen gesagt habe, wenn man die Gesellschaft im Westen betrachtet, ist es irgendwo logisch, daß solche Häuser geräumt werden, also wir hatten unterschiedliche Meinungen zu der ganzen Problematik, sie haben sich mit mir angelegt und mich dann irgendwann rausgeworfen, so daß ich wieder da angefangen habe, wo ich mein Praktikum gemacht habe.

Das war im Referat zwo, das sich vorwiegend mit Jugendproblemen befaßte, und meine Sache war die Betreuung – in Anführungsstrichen – der Randgruppen. So nennt man die heute, damals war der Begriff Randgruppen erstmal verpönt, man faßte das unter dem Begriff zusammen „Negativdekadente Jugend", wobei das einfach Leute waren, die irgendwie anders leben wollten. Das waren Anfang der achtziger Jahre die sogenannten Assis, die Tramperszene, die dem Staat unbequem war. Zu der Zeit begann ja schon das ganze Problem mit den Punks, und das war dann eins meiner Hauptgebiete bis 1986/87, wobei ich da parallel schon Objektsachbearbeiter für zentrale Volksbildungsobjekte in Berlin war, für diese ganzen Fachschulen, Institut für Lehrerbildung, Kindergärtnerinschulen, wo man dann so'ne Art Verbindungsoffizier gewesen ist und die schöne Aufgabe hatte, diese Objekte vor dem fürchterlichen Feind zu bewahren, aber das wurde mehr und mehr ein Dienstleistungsunternehmen für anderweitig operative Diensteinheiten.

Das dritte Standbein war, daß ich von vornherein immer auch einen sogenannten Operativvorgang des politischen Untergrundes hatte, also sprich: der Opposition. Wobei es da immer Streit gab, darf man das denn als politischen Untergrund bezeichnen, weil man ja eigentlich nicht wahrhaben wollte, daß es überhaupt so etwas gab. Die Frage war: Nimmt man diese Opposition überhaupt zur Kenntnis oder wertet man sie dadurch auf? Im Jahre 1985 wurde versucht, das alles über eine Richtlinie neu zu fassen, das war eine direkte Dienstanweisung, die mit der Definition dieses Untergrundes begann, was das ist, welche Erscheinungsformen es gibt, bis hin zum geheimdienstlichen Umgang damit. Der Zwiespalt war eben, daß es sowas eigentlich nicht geben sollte in der DDR, und wir es trotzdem bearbeiten mußten. Das war der meines Erachtens falsche Drang, sämtliche Bereiche der Gesellschaft unter Kontrolle zu haben. Da ist einfach mal die Frage gewesen, wo sind denn da die Schwerpunkte und wo sind in der DDR die Feinde, und da es wenige tatsächliche Feinde gab und man unter einem Legitimationszwang stand, hat man immer den Konflikt gehabt zwischen den theoretischen Grundlagen und der tatsächlichen Praxis. Diese Dienstanweisung war für Berlin vielleicht als Möglichkeit gedacht, den geheimdienstlichen Umgang mit der Opposition zu organisieren, aber dadurch wurden eben auch Leute regelrecht zu Feinden erklärt, die mit dem ganzen Arsenal geheimdienstlicher Methoden als Schwerpunkt betrachtet und bearbeitet wurden.

Wir haben durch unsere Kontakte immer wieder gesehen, daß wirklich jemand, der einfach mal 'ne andre Auffassung zu'ner bestimmten jugendgemäßen Freizeitgestaltung hatte, zum Feind gemacht wurde, dabei wollte der bloß mal aus dem Alltag ausbrechen, ist entsprechend der Mode als Tramper durch die Gegend gefahren. Die haben natürlich auch Dumme-Jungen-Streiche gemacht, und da wurden dann, weil man einfach auch 'n Plan hatte bei der Kreisdienststelle irgendwo, Vorbeugegespräche geführt, daß die nicht anreisen dürfen, und weil das gar nicht soviele waren, hat man sich immer wieder auf dieselben Leute konzentriert, und so hat man Fronten geschaffen, durch die dann die Leute erst regelrecht aufgebaut wurden. Da gab's Berlin-Verbot und auch das Bestreben, diese sogenannten negativ-dekadenten Jugendlichen von gesellschaftlichen Höhepunkten wie Weltfestspielen, Jahrestagen usw. von Berlin fernzuhalten. Mitte der 80er Jahre gab es eine solche Konzeption, den Alexanderplatz als touristisches Zentrum von Berlin von diesen Jugendlichen freizuhalten, wenn also Otto Normalverbraucher aus dem Westen kam und den Sozialismus besichtigen wollte, daß er nicht gleich mal über'n Punk stolpert. Da sind die Leute regelrecht weggesammelt worden, und es gab solche Sachen, die juristisch nie haltbar waren, daß man den Leuten gesagt hat, sie haben Verbot, den Alexanderplatz zu betreten. Solche Verbote ließen sich überhaupt nicht durchsetzen.

Das war auch nicht die Aufgabe der Abteilung XX, zu unseren Aufgaben gehörte die geheimdienstliche Beobachtung solcher Jugendgruppen bis hin möglichst zu ihrer Zersetzung. Da wurde bei uns die Taktik, das Vorgehen ausgeheckt, wir waren so'ne Art geistiges Führungszentrum in diesem Sinne. Wer von uns die persönlichen Kontakte zu den Jugendlichen hatte, und das gehörte ja zu unserer Tätigkeit, mußte natürlich selber jung sein. Wenn man einen inoffiziellen Mitarbeiter aus dieser Szene werben wollte, da wäre man als Älterer gar nicht angekommen. Als ich geworben wurde, ging es darum, überhaupt für Berufsnachwuchs zu sorgen, nicht nur für den Umgang mit Jugendlichen. Wie sie auf mich gekommen sind, weiß ich eigentlich gar nicht. Aber meine Eltern waren schon immer im Blickwinkel dieses DDR-Geheimdienstes, weil sie Reisekader im Außenhandel waren, und da jede Diensteinheit ihren Plan hatte, soundsoviele Leute fürs Wachregiment anzuwerben, und wenn man da die Eltern schon aufgeklärt hatte, dann war es folgerichtig, sich auch die Kinder anzugukken.

Ich habe ganz stinknormal in Lichtenberg in der Kant-Schule mein Abitur gemacht, mit sehr gut, und es war einfach von der Erziehung und Entwicklung alles ganz brav und konfliktlos, groß erlebt habe ich als Jugendlicher nichts, das kam dann erst danach, als ich mit den Randgruppen zu tun hatte, da habe ich dann einiges nachgeholt. Der einzige, sagen wir mal sanfte Zwang, den meine Eltern ausgeübt haben, war der, mich zur Abiturstufe zu schicken, weil ich einfach aus meiner alten Klasse nicht raus wollte. Da hatte ich meine Freundschaften, und dann wurden wir in verschiedene Schulen aufgeteilt. Das war eigentlich ein fürchterlicher Einschnitt für mich, aber ansonsten konnte ich mich ziemlich frei entfalten, da wurde auch auf die Berufswahl kein sonderlicher Einfluß ausgeübt.

Nach dem halben Jahr Wachdienst war ich Unterfeldwebel und habe mich Stück für Stück hochgearbeitet, und nach eineinhalb Jahren habe ich dann, da ich aus der Humboldt-Uni rausgeflogen war, so'ne Art Fernstudium an einer Fachschule von uns gemacht. Da ging's um Gesetzeskenntnisse und um die spezifischen geheimdienstlichen Methoden, wie werden IM geworben usw.

Vieles in meiner Arbeit ist vielleicht nicht zu vergleichen mit anderen. Wenn man z. B. so einen Punk hatte, konnte man nicht mit den normalen Ansprüchen da rangehen. Wenn man in diese Szene wollte, war es klar, daß man da nicht einen sogenannten Stino-Jugendlichen, einen Stinknormalen losschicken konnte. Man hätte den natürlich vergammeln lassen können, aber die Konsequenzen, die für so einen Jugendlichen da dranhingen, die konnte man einfach nicht verantworten. Also mußte man sich die Leute aus der Szene raussammeln. Da hat man Ansatzpunkte gesucht, welche Jugendlichen sind schon mal mit der Polizei in Berührung gekommen, wo gibt es Auseinandersetzungen. Zum Beispiel beim Überfall der Skins auf das Konzert in der Zionskirche 1987, da war es natürlich für uns eine brauchbare Geschichte, daß es da Opfer gab, und mit Opfern kann man eigentlich immer ganz gut ins Gespräch kommen. Wenn solche Geschichten waren, haben wir schnell davon Kenntnis erlangt, und wenn Leute auf der Polizei vernommen wurden, haben wir uns da mit eingeklinkt. Man konnte da als guter Onkel aus Amerika kommen, weil die Polizei ja nicht zimperlich war, und man konnte ein bestimmtes Verständnis zeigen. Wenn man dann auf so'ner Schiene kommt, jemandem zu helfen, die Leute zu finden, die sie verprügelt haben, da entsteht dann schon so'n gewisses – naja, Vertrauen werden die Leute nie gehabt haben – aber da ist schon durchaus 'ne Atmosphäre da, in der man sich über bestimmte Sachen unterhalten kann. So hat man sich Stück für Stück inoffizielle Mitarbeiter aufgebaut.

In der ersten Phase muß man versuchen, überhaupt 'ne Basis zu finden. In einem Fall war das so, daß einer mit den Eltern erhebliche Schwierigkeiten bekam, die hatten in der Sowjetunion studiert, und der Sohn war bei der Großmutter aufgewachsen, und die Eltern hatten wenig Zeit zur Erziehung. Der war zu der Zeit 17 und war bei so 'nem Punkkonzert mit verdroschen worden. Da haben wir uns dann mit ihm unterhalten. Wir haben über viele Sachen geredet, und ich habe dann versucht, das Verhältnis zwischen ihm und seinen Eltern zu verbessern.

Ich habe mich mit den Eltern getroffen und ihnen klargemacht, daß ein bißchen mehr Toleranz gut wäre, weil Konfrontation nichts einbrachte. Er war ein bißchen der mißratene Sohn, die Großeltern hatten ihn ziemlich verwöhnt. Er war Lehrling, man hatte ihm mit Ach und Krach eine Lehrstelle vermittelt, aber Arbeit war nicht so sehr seine Sache, am liebsten hätte er bloß 'n Kasten Bier und'n Bette gehabt, und det reicht. Wir haben uns über seine Zukunft unterhalten, über seine Lebensideale, und wir haben eben erreicht, daß sich das Verhältnis zwischen ihm und den Eltern ein bißchen verbesserte. Bei dem ging es nicht darum, daß er eine schriftliche Verpflichtungserklärung unterschrieb.

In einem anderen Fall haben wir jemanden soweit gebracht, eine Lehre anzufangen und sein Leben von grundauf zu verändern, und der war dann für uns verloren.

Wir empfanden ja auch die Verantwortung dafür, daß solche Jungs aus dem Milieu wieder rausfanden, andererseits brauchten wir sie gerade da drin, das war immer ein Zwiespalt. Auf der einen Seite hatte ich einen pädagogischen Erfolg, und auf der anderen war ich die Quelle los. So bewegte man sich immer in einer Grauzone, die Leute haben Informationen geliefert, ohne verpflichtet worden zu sein. Es war ein regelrechtes Abschöpfen, die haben auch kein Geld dafür gekriegt, die meisten wären beleidigt gewesen, wenn man ihnen das angeboten hätte. Klar haben wir ab und zu einem, der überhaupt nicht mehr klar kam, fuffzig Mark zugeschoben, aber mit regelmäßigen Zahlungen wären wir auf die Fresse geflogen, weil die Leute sich ja von dem normalen Leben, was auch mit Geld zu tun hatte, versuchten zu distanzieren.

Wir haben ihnen sogar Tips gegeben, wie man 'ne Wohnung besetzt und die Schlamperei der Wohnungsverwaltung, sagen wir mal im Prenzlauer Berg, ausgenutzt. Wir konnten ihnen ja keine Wohnung geben. Es kam darauf an, das Been in der Szene zu haben. Wenn es einem gelungen ist, sich da Stück für Stück eine Vertrauensbasis zu schaffen, konnte man auch Leute gewinnen, im sogenannten politischen Untergrund tätig zu sein, weil sie da von vorherein anerkannt waren. Es gab nach dem Überfall auf die Zionskirche 1987 eine stärkere Verquickung zwischen der Punkszene und dem politischen Untergrund, und da kamen wir auch mal zu Top-Informationen. Aber das war nicht der Regelfall. Der Regelfall war, daß die Quellen vielleicht ein oder zwei Jahre tauglich gewesen sind, und man danach das ganze Ding vergessen konnte. Es gelang ja nicht, sie auf die Dauer an uns zu binden, weil die Motivation dazu nicht gegeben war.

Die wußten durchaus, wer wir waren, das war nicht das Problem, aber auf die Dauer hatten sie doch andere Interessen als mit der Staatssicherheit zusammenzuarbeiten. Da ist uns mancher verlorengegangen, vor allem, als es dann losging mit Ungarn. Da sind für sehr zuverlässig Gehaltene verschwunden, man hat herbe Enttäuschungen hinnehmen müssen, zumal man ja auch persönliche Emotionen dabei hatte. Ohne das wäre es gar nicht gegangen.

Ich will nicht sagen, daß ich da große Sympathien entwickelt hätte, aber es war doch so, daß man empfand, die Gesellschaft muß bestimmte Teile akzeptieren können, auch andere Lebensauffassungen, die nicht in jedem Fall was mit großer Politik zu tun haben, sondern eben sowas, daß man nicht unbedingt Gardinen in seiner Wohnung haben muß. Man mußte sich sehr genau damit beschäftigen, warum bestimmte Leute, und das sind natürlich Aussteiger gewesen, warum sind sie ausgestiegen, wo liegen die Ursachen, was kann man da eventuell machen. Ich muß nicht versuchen, einen Punk als Quelle zu werben, wenn ich nicht weiß, warum ist er so geworden, was ist das für eine Persönlichkeitsstruktur. Man muß sich da reindenken, und das habe ich auch getan. Gerade so 1985, 86, 87, als die ganze Geschichte mit den Gruftis anfing, da gab's Leute, die für sich selbst Perspektivlosigkeit geplant hatten, die sagten, in zwei Jahren sterbe ich sowieso, weil sie sich das fest vorgenommen hatten, da hatte dann eben einer kein Bett in der Stube, sondern einen Sarg. Oder daß da Gras in der Wohnung wuchs, das gab's im Prenzlauer Berg.

Aber auch in der Pfarrstraße in Lichtenberg, da haben sich einige Sachen konzentriert, da wohnten Rechte und Linke Haustür an Haustür, was natürlich Auseinandersetzungen gab. Ende 1987 war eine Entscheidungs-schlacht geplant zwischen Punks und Skins, die Punks hatten erfahren, daß die Skins die sogenannte deutsche Ordnung in diesem Haus wiederherstel-len wollten, und wir haben rechtzeitig davon Wind bekommen. Beide Seiten hatten auch Tote einkalkuliert, und das konnten wir natürlich nicht zulassen. Die Punks hatten sich darauf vorbereitet, den Skins 'ne Falle zu stellen, da gab es Leute, die zu beiden Seiten Kontakt hatten, das war entstanden aus Schulfreundschaften, der eine wurde Punk und der andere Skin, und ein Dritter hatte einen alten Schulkumpel dort und bei den anderen auch einen. Da wurden eben Leute von beiden Seiten zur Polizei vorgeladen, und man ließ sie wissen, was über sie bereits bekannt war, und ihnen wurde klargemacht, daß an dem Tag das ganze Viertel abgesperrt würde, damit gar keine Unterstützung von außen hinkam. Die Skins hatten sich Leute aus dem Westen bestellt, die auch bei dem Überfall auf die Zionskirche dabei waren, die Punks hatten Verstärkung aus Potsdam und Leipzig besorgt und hatten auch Sympathisanten bei einer Kraft-sportgruppe, die hätten schön zugeschlagen, zumal da auch Waffen vorhanden waren, selbstgebaute Dinger, Besenstiele, an jeder Seite 'ne Kette mit 'ner Eisenkugel, es war klar, daß man solche Konfrontation nicht zulassen konnte. Da ging es für uns nicht darum, links gegen rechts, sondern um Gewalt zu verhindern. In Hennigsdorf, Velten war schon sowas passiert, da ist dann eine Gruppe Skins mit Eisenstangen auf die Polizei losgegangen, und die konnten sich nur retten, indem sie einfach mal einen Warnschuß abgegeben haben. Die Skins haben den Streifenwagen mit Gehwegplatten plattgemacht.

Das waren Ereignisse, die dann auch auf die Politik Einfluß hatten. Vorher hatte das keiner zur Kenntnis nehmen wollen, weil es insgesamt ja nicht viele Leute waren, aber wir haben doch darauf hingewiesen, daß das schon ein Potential ist. Das waren meist Leute, die persönliche Konflikte hatten, nicht unbedingt politische, die sich irgendeiner Mode verschrieben hatten, aber das hat sich dann eben vertieft, weil bei uns bestimmte Konflikte nicht ausgetragen wurden. Der größte Teil war ja anders, ist immer schön vor Erich demonstriert, die paar Hansels, um die sollten wir uns eben küm-mern. Mit diesem Potential beschäftigte sich in der Gesellschaft keiner gerne. Die Punks entwickelten sich zur Opposition, weil sie von denen auch regelrecht rangezogen wurden. Da hat sich auch die evangelische Kirche sehr gekümmert, aber die sind auf dieselben Probleme gestoßen wie wir, daß es eben am Desinteresse der Leute selbst gescheitert ist. Die hatten ihre Anschauungen, und genauso, wie sie mit dem gesellschaftlichen Leben in der DDR auf Kriegsfuß standen, hatten sie auch mit der Kirche nicht viel im Sinn. Die hatte mit denen auch ihre Probleme, in der Art, daß bei

Konzerten intern Prügeleien gewesen sind, aber das war trotz allem die Szene, die man zielgerichtet an sich gebunden hat.

Wenn ich mit Punks zusammengetroffen bin, bin ich nicht als Punk rumgelaufen, aber auch nicht mit Anzug und Schlips. Man bleibt ja für die Leute immer die Staatssicherheit, es wäre einem nicht abgenommen worden, wenn man sich da verkleidet hätte mit dreckigen Jeans oder'm Loch am Hintern. Ich habe auch keine Bomberstiefel getragen, wenn ich mit Skins in Berührung kam. Es blieb immer klar, wer man war, ich bin auch nicht in Kneipen gegangen, wo die zu fünfzig Leuten zusammensaßen. Wir haben uns doch mehr konspirativ getroffen, wie es zur Geheimdienstarbeit gehört. Natürlich hatte ich Zweikampfausbildung, aber ich bin zum Glück nie in die Lage gekommen, das anwenden zu müssen, was ich gelernt habe. Ich bin auch nicht der Typ dafür.

Nachdem man sich in Berlin entschlossen hatte, ein eigenes Referat Politische Untergrundtätigkeit aufzubauen, war ich da mit drin und habe eigentlich mein Stammgebiet verloren. Ich habe mich dann mit ganz anderen Leuten beschäftigt.

Im Vorfeld des 40. Jahrestages war es schon zu einer Verquickung der Ausreisewilligen mit dem politischen Untergrund gekommen. 1983 gab es schon mal so eine Situation, und man hat sich damals entschieden, schlagartig Ausreisewillige rauszuschmeißen, auch um damit einfach mal die Leute hier zu isolieren von denen, die die Opposition nur nutzen wollten, um den Staat zu zwingen, sie rauszulassen. Die waren ja auch nicht dumm und haben gesehn, je mehr Lärm ich mache, umso schneller komme ich raus. Ich glaube, die Aktion hieß Blütenweiß, und damit hat man der Oppositionsszene damals einen ganz schönen Schlag verpaßt, auch der Kirche, weil viele von denen im humanitären Bereich beschäftigt waren, da gab es dann akuten Personalmangel beim Pflegepersonal. Daraus hat die Kirche die Lehre gezogen, daß sie sich ihre Leute genauer angeguckt hat und zusah, daß nicht zu viele Ausreiser dabei waren. Das hat ja damals die Arbeit von ganzen Krankenhäusern beeinträchtigt.

1988 entstand genau dieselbe Situation, bloß ein bißchen verschärfter. Viele haben bestimmte politische Forderungen der Opposition nur übernommen, um Druck auszuüben und rauszukommen. Der Opposition war das eigentlich gar nicht recht, denn die wollten ja im Lande wirken, andererseits haben sie natürlich Kraftverstärkung dadurch bekommen, insbesondere ein Potential, mit dem man auf die Straße gehen konnte, weil die für sich entschieden hatten, sie haben nichts mehr zu verlieren. Ab Ungarn waren die Leute dann einfach weg, und das hat die DDR auch ökonomisch an den Abgrund gebracht, denn Betriebsleiter mußten sich morgens überlegen, ob es sich überhaupt noch lohnte, ein Band anzuschalten. Mit ein paar Demonstrationen hätte man vielleicht noch umgehen können, aber die

Verschärfung durch diese Massenausreisen war eine ökonomische Verschärfung, mit der die Führung nicht mehr fertig wurde. Es war ja nicht nur wegen eines kranken Honeckers, daß über ein halbes Jahr keine ZK-Beratungen mehr stattfanden. Man wußte nicht mehr, was man beraten sollte.

Wir haben gesehn, daß die Sicherheitsorgane für vieles den Kopf hinhalten mußten, weil sie darauf gedrängt hatten, mit der Opposition politisch umzugehen. Es gab aber auch genügend Leute beim MfS, die sagten, da muß hart durchgegriffen werden, und diese Linie hat sich dann dummerweise zum Schluß durchgesetzt.

Das eigentlich Schlimme ist, daß Führungsgremien regelrecht verkalkt waren, da saßen ältere Herren, die schon kein Analysevermögen mehr hatten. Andererseits war es der vorauseilende Gehorsam, da waren sicherlich auch innerhalb des Ministeriums Biografien unterschiedlich. Ein Problem war, daß wir uns nicht als Staatsorgan verstanden, sondern als „Schild und Schwert der Partei". Geheimdienste haben überall eine systemerhaltende Rolle, aber bei uns war es ja so, daß dieser aufgeblähte Apparat die ganze Gesellschaft kontrollieren wollte. Nicht, daß jeder 'ne Wanze hatte, das wäre zu teuer gewesen, aber es war praktisch möglich, jede beliebige Information zu beschaffen.

Es stimmt nicht, daß jeder eine Akte hatte, es hat sich ja jetzt herausgestellt, daß mehr als 60 Prozent gar keine Akte hatten, aber die Staatssicherheit hätte vor einer zukünftigen DDR überhaupt keine Angst haben brauchen, wenn man nur mal die neuen Politiker nach der Wende nimmt. Ob's nun stimmt oder nicht, daß de Maizière IM war, oder sei es Böhme – jede Partei hat Leute in der Spitze, denen man nun vorwirft, für die Staatssicherheit gearbeitet zu haben. Das ist ganz normal, denn wenn man die Führungscrew der politischen Opposition unter Kontrolle hatte, dann hatte man natürlich diese Leute. Darum wurde in dieser sogenannten Umbruchphase als erstes die Staatssicherheit liquidiert. Das hat mich nicht gewundert, weil wir ja wußten, was wir wußten.

Für mich war klar, jetzt muß man sehen, was man aus der Situation macht. Ich habe versucht, sehr sachlich zu sehn, daß ich in dieser neuen Gesellschaft keine sonderlich guten Karten habe. Zum Schluß hatte ich sehr viel mit den Absichten der Gründung einer grünen Partei zu tun. Wir wollten versuchen, das zu kanalisieren, und es wäre sicherlich meine Perspektive gewesen, an diesem Problem zu arbeiten. Im November ist noch über konzeptionelle Arbeit nachgedacht worden, aber in der Hektik nach der Grenzöffnung konnte man den alten Anspruch der Superkontrolle ja gar nicht mehr wahrnehmen. Da ist man dann nicht mehr mit dem eigenen Koloß von Apparat klargekommen. Ich hätte vielleicht noch Chancen gehabt, in den Verfassungsschutz der DDR übernommen zu werden, aber während wir darüber nachdachten, wie soll denn der aussehen, hat schon jemand in der Führung angefangen, den zu gründen, bevor er von der Volkskammer beschlossen war. Das mußte natürlich danebengehn, bei den Einblicken, die die ehemalige DDR-Opposition inzwischen gekriegt hatte.

Aber wie gesagt, der ökonomische Zusammenbruch war das eigentliche, und da hat man sich schon mal langsam umgesehen, Mitte Januar, wo kann man denn hin. Ich habe mir gesagt, ich muß erstmal trocken wohnen, irgendwo an einer Stelle, wo man nicht in den Verdacht kommt, daß man schon wieder was tut, ich habe mich also an die Kasse in irgendeinem Supermarkt gesetzt, aber das war leider nicht sehr von Erfolg gekrönt, weil das Unternehmen stillgelegt wurde. Da war ich dann arbeitslos. Und das bin ich heute noch. Ich denke an eine Umschulung, aber ich weiß noch nicht, in welcher Richtung.

Mir macht die Gefahr des Rechtsradikalismus Sorgen. Das haben wir als Ministerium ja nie in den Griff bekommen. Es war ja auch eine gesamt-gesellschaftliche Sache. Man hat natürlich Probleme gesehen, wenn man sich mit Leuten unterhalten hat. Wir haben mal eine Analyse gemacht, daß die Nazi-Vergangenheit auch in der DDR eine Rolle spielt. Es gab aber Tabus und wurde regelrecht unterdrückt. Wenn dann ökonomische Krisen-situationen sind, kommt der Ruf nach dem starken Mann hoch. Das Potential ist eben hier auch vorhanden, wie es sich zeigt. Das ist eins der Probleme, die wir auch aus der DDR mitgeschleppt haben. Für junge Menschen ist es doch ein psychologisches Problem: Wie verschafft man sich gesellschaftliche Anerkennung? Bei uns in der DDR kamen viele aus einer bestimmten Lebensqualität, und wenn sie dann aus dem Elternhaus raus waren und neu anfingen, hatten sie gar nichts, ihre Lebensqualität sank ab, aber sie hatten den Anspruch auf einen bestimmten Standard und auf gesellschaftliche Anerkennung, die damit zusammenhing. Also wurde versucht, sich Anerkennung zu verschaffen, und wenn es materiell nicht ging, dann sagten sich manche, okay, dann verzichte ich auf Konsum, das hat bei Punkies 'ne Rolle gespielt, und auf der anderen Seite entstand der Drang, sich Anerkennung durch Stärke zu verschaffen, sich gewaltmäßig zu organisieren. Das ist gerade in Berlin charakteristisch gewesen. Man merkte, da war nicht der politische Hintergrund, vom Faschismus hätten sich viele distanziert, sie genossen es einfach mal, daß andere Leute vor ihnen Angst hatten.

Ende 1987 bis 88 sind in Berlin eine Unzahl von Gewalttaten passiert, aber das ist runtergespielt worden, ebenso wie der Überfall auf die Zionskirche runtergespielt wurde, zum Vergehen. Da hatten in einer Kneipe im Prenzlauer Berg Skins Geburtstag gefeiert und sich einen angesoffen und sind dann da hingezogen und haben zusammen mit ein paar Westberlinern diese Konzertgäste überfallen, 30, 35 Skins. In der Kirche waren hundert, hundertfünfzig Leute, die waren ja sehr friedfertig, trotzdem kam es zu einer Heidenschlacht, in der sich die Polizei auch nicht sonderlich klug verhalten hat, so daß der Eindruck entstehen mußte, die gucken einfach nur zu. Das war auf'm Sonnabendnachmittag, da wurde bei der Polizei angerufen, und ein normaler Polizeimensch hat sich da sicherlich gedacht, er wird verscheißert und hat nach dem Motto gehandelt: Na schicken wir mal einen Streifenwagen hin, ob das stimmt. Für vier Leute war es bei einer Massenschlägerei natürlich sinnlos, einzugreifen. Bis die Einsatzreserven der Polizei kamen, war das Unglück schon geschehen. Da wurde dann der Paragraph 220, also öffentliche Herabwürdigung, und Paragraph 215, Rowdytum herangezogen, und danach sind die Leute zu verhältnismäßig geringen Strafen verurteilt worden. Als dann der Volkszorn kochte, mußte der Staatsanwalt bei der Wiederaufnahme gegen seine eigene ursprüngliche Anklage Einspruch erheben. Im Interesse der Sicherheitsorgane lag es nicht, solche Sachen runterzuqualifizieren, wir haben uns in unserer Öffentlichkeitsarbeit sehr dafür engagiert, daß es eine öffentliche Auseinandersetzung über diese Probleme geben muß.

Heute sind es wieder die Probleme, daß Jugendliche es schwer haben, zu gesellschaftlicher Anerkennung durch materiellen Wohlstand zu kommen. Wobei wir davon ausgehen müssen, daß wir eben ein paar Grundlagen für die Radikalisierung der Jugend, z. B. in der Ausländerproblematik, in der DDR gelegt haben. Welcher Jugendliche kennt das Problem nicht, daß in Berlin zu DDR-Zeiten Ausländer aus Westberlin rüberkamen und sich mit 'ner Strumpfhose ein Mädchen gekapert haben? Die Zahlen wurden schon 1989 rausgegeben, Studien über das Rechtspotential bei Jugendlichen in Neubauvierteln von 30 bis 40 Prozent. So gesehen, ist ein Wahlergebnis von 5,7 für die Republikaner in Marzahn noch verhältnismäßig wenig. Aber das Potential ist leider da, und ich könnte mit meiner Berufserfahrung auf diesem Gebiet sicher einiges leisten. Aber ich habe natürlich auch eine bestimmte politische Haltung, und die ist sicherlich nicht so sehr erwünscht.

Ich würde nie sagen, daß die elfeinhalb Jahre bei der Staatssicherheit für mich eine verlorene Zeit waren. Die ganze Lebenserfahrung, die man da gewonnen hat, der Umgang mit den Menschen, die Erfolge und Mißerfolge, die man da hatte, das sind eine Vielzahl menschlicher Werte, die ich nicht missen möchte, und ich habe mir in diesem Sinne nichts vorzuwerfen. Die Hatz auf die inoffiziellen Mitarbeiter war vorauszusehen, so haben wir einiges für den Quellenschutz getan, denn die haben den Arsch hingehalten, und jetzt kriegt man sie dafür am Arsch. Darum habe ich auch vermieden, mich nochmal mit solchen Leuten zu treffen. Das waren natürlich nicht alles Freunde von mir, man hat doch auch manchmal eine

Art sanften Zwang ausgeübt, weil denen ja klar war, das war ein allmächtiges Organ, lieber mit denen als gegen die. Dann gab's natürlich auch eine Reihe von Leuten, wo das ein Abwägen von Vor- und Nachteilen war. Manches haben die Führungsoffiziere gedeckt, wenn Leistungen für das MfS gebracht wurden, dann wurde auch schon mal geholfen, daß es einer nicht so fürchterlich schwer hatte, sein Geld zu verdienen und wo er mal während der Arbeitszeit verschwinden konnte. Da gab's schon Untertauchjobs, zum Beispiel im humanitären Bereich, da verdiente man nicht viel, dafür gabs dann eben auch mal was von der Staatssicherheit. Wir haben unseren Einfluß manchmal geltend gemacht, wenn es darum ging, Punkies zu unterstützen. Das war mal in Mahlsdorf der Fall, da wollten die einen Jugendklub aufmachen, und wir wollten den für uns nutzen. Der FDJ-Kreissekretär war Feuer und Flamme. Unsere Kreisdienststelle kam ganz hektisch an und fragte: bekämpfen oder unterstützen? Na unterstützen, sagten wir, dort kann man doch mit den Leuten ins Gespräch kommen und Jugendarbeit mit ihnen machen. Zumal, an der Peripherie der Stadt, der große Touristenstrom kommt dort nicht vorbei.

Die Polizei hat ganz ordentlich mitgezogen, das war ein einheitliches Vorgehen der Sicherheitsorgane, aber leider muß man sagen, daß die SED-Kreisleitung, im Grunde alle gesellschaftlichen Erziehungsträger, im Graben saßen und eigentlich drauf gewartet haben, daß das Experiment scheitert. Und das ist natürlich zum Schluß gescheitert, weil nicht viel mit den Leuten gemacht wurde, bestimmte Gelder nicht da waren usw. Das hat sich von selbst erledigt.

Man hätte mehr mit den Realitäten leben müssen, da hätten sich bestimmte Auswüchse verhindern lassen. Die waren ja meist nicht gegen die DDR. Ich sag's nochmal: Die DDR hat sich Feinde regelrecht selber gezüchtet. Wir haben uns damals mit Leuten beschäftigt, die heute zum Teil mit DDR-Fahnen zur Demo gehn, die zwar nicht wiederhaben wollen, was sie damals hatten, aber die sich nach wie vor von dem Traum einer besseren DDR nicht verabschiedet haben. Die sind heute wieder in Opposition, und vielleicht werden sie schon wieder bearbeitet, wobei fraglich ist, ob sich jemand so intensiv mit ihnen beschäftigt, wie wir das getan haben. Wenn's natürlich zu staatlicher Repression kommt, sind die die ersten, die was mit dem Knüppel auf den Kopf kriegen, weil sie diejenigen sind, die sich dem entgegenstellen.

Michael S., Jahrgang 1957

Ehem. Oberleutnant des MfS in der Untersuchungshaftanstalt Berlin-Hohenschönhausen

Also ich habe Jura studiert und wollte eigentlich Richter werden. Meine Großmutter war Richterin, vielleicht bin ich dadurch auf den Gedanken gekommen. Schon vor dem Studium war allerdings klar, daß ich zur Staatssicherheit gehe. Es gab zwar Dinge, die mir in unserem Staat nicht in Ordnung schienen, aber ich hab immer gedacht, das sind Kinderkrankheiten, die müssen wir auch noch in Ordnung kriegen. Selbst wenn mir in der Arbeit irgendwelche Zweifel kamen, weil ich mir gesagt habe, der da an die Grenze gerannt ist, der muß ja aus seiner Sicht Gründe gehabt haben, ich habe versucht, das irgendwie zu verstehen, und ich habe mir gesagt, bevor es jemand anders macht, die Kripo, die war nicht immer fein, wo's ja auch mal eine in die Schnauze gab, da machst du diese Arbeit als Untersuchungsführer vielleicht doch besser.

Ich muß natürlich dazu sagen, die Kripo hatte viel mehr Arbeit, wir konnten uns auch Zeit nehmen für den einzelnen Untersuchungsgefangenen. Der Staatsanwalt hat uns schon Fristen gesetzt, aber es ist eben ein Unterschied, ob man zehn Verfahren auf einmal bearbeitet oder zwei, höchstens drei. Das ist ein gewaltiger Unterschied. Ich hab auch reingeschrieben in meine Protokolle, da hat man uns wirklich freie Hand gelassen, daß die Beweggründe für einen, der gegen Paragraph 213 verstoßen hat, irgendwo nachvollziehbar waren. Da war es für mich mal sehr schlimm, daß einer, mit dem ich mir wirklich Mühe gegeben habe, wo der mir selber gesagt hat, das haben Sie aber schön geschrieben, die mußten ja das Protokoll unterschreiben, wo sie den dann verurteilt haben zu drei Jahren und sechs Monaten. Da guckte eben raus, daß sie ihn so hoch verurteilt haben, damit es'n Haufen Lösegeld gibt. Das hat mich doch sehr erschüttert. Das war 1989, da war im Grunde schon keine Moral mehr da.

Strafrecht hat mir schon während des Studiums am besten gefallen, und darum war ich auch einverstanden damit, in die Untersuchungsabteilung zu gehn. Ich bin zu Hause politisch erzogen worden, mein Vater war Ingenieur, meine Mutter Lehrerin, ich habe einen ganz normalen Entwicklungsweg genommen wie viele DDR-Jugendliche: Pionier, FDJ, Partei, ich wollte zu denen gehören, die etwas vorwärtsbewegen. Beim Studium an der Humboldt-Universität war ich ziemlich entsetzt, was das für'n Haufen war in der Partei, Demagogie in schönster Vollendung. Naja, damals habe ich es nicht gesehn, ich wollt's wahrscheinlich nicht sehn, daß das nicht die Ausnahme war, sondern die Regel.

Dann kam ich also in diese U-Haftanstalt, das waren zwei Gebäude. Eins war so quadratisch gebaut, wo im Innenraum so 'ne kleinen Höfe waren für die Häftlinge, wenn sie Freistunde hatten. Alle Fenster waren vergittert, ich habe selber auch hinter Gittern gesessen. Und dann war noch ein neueres Gebäude drangebaut für den sogenannten Wasserkopf, da saßen erheblich mehr Leute als bei uns, wo die eigentliche Arbeit gemacht wurde. Aber das hat die Häftlinge weniger interessiert, für die war allein schon die Tatsache schlimm, daß sie zu uns kamen.

Wir haben auch Sachen bearbeitet, die öffentlichkeitswirksam waren, kriminelle Straftaten, Sexualverbrechen zum Beispiel, allgemeine Kriminalität, wo Leute beteiligt waren, die der Kripo möglichst nicht alles ausplaudern sollten, also aus den eigenen Reihen oder aus der Armee. Warum wir sowas bearbeitet haben, das waren manchmal Sachen, die in der Bevölkerung Kreise gezogen haben, und wenn es die Kripo nicht geschafft hat, den Fall aufzuklären, schadete das natürlich dem Ansehen der DDR.

Wir waren ja ein ganz normales Untersuchungsorgan, natürlich mit dem Hauptschwerpunkt politische Sachen, aber man muß auch sehen, daß wir von der personellen Besetzung her in einer besseren Lage waren, auch von der Qualifikation. Mir kann einer sagen, was er will, an den Polizistenwitzen ist was dran, das waren ja, jedenfalls in den unteren Dienstgraden, keine ausgebildeten Kriminalisten. Da sah es bei uns doch anders aus. Die Zwodreizehner, die ich bearbeitet habe in den vier Jahren bis zum Schluß, waren alle irgendwie aus dem Ausland rangeschafft. Das lag daran, daß die versucht hatten, in Ungarn oder der CSSR über die Grenze zu kommen. Die wurden dann dort erstmal festgehalten, manchmal monatelang, und kamen dann zu uns, natürlich schon in einem nervlich zerrütteten Zustand. Im Ausland wurden die nicht fein behandelt, und sie waren dann irgendwo doch froh, wenn sie bei uns landeten. Meist kamen sie gegen Abend mit dem Flugzeug, dann wurde erstmal 'ne Vernehmung gemacht, um den Sachverhalt zu klären und einen Überblick zu kriegen, was da eigentlich war. Meistens saßen sie total verängstigt vor uns, es waren vor allem junge Leute, die abenteuerliche Vorstellungen von der Stasi hatten und erstaunt waren, wie ordentlich sie behandelt wurden. Die schon kriminelle Erfahrungen hatten, verglichen das mit der üblichen U-Haft, dagegen war das bei uns ein Fünfsternehotel. Abends kam einer mit dem Essenwagen und fragte, welche Brotsorte, welche Wurstsorte sie haben wollten, das Essen, was die kriegten, war besser als das, was wir kriegten, aber das lag vielleicht am Koch.

Von jeder Vernehmung wurde ein Tonband gemacht. Das hatte mehr oder weniger den Zweck, daß hinterher keiner sagen konnte, na, die haben mich ja verhaun oder sowas. Zu der Zeit, wo ich da war, sind die eigentlich mit Samthandschuhen angefaßt worden, schon aus Menschenrechtsgründen, wir wollten uns da nicht an den Wagen fahren lassen. Sie waren meist in Zwei-Mann-Zellen. Ich war nicht der Auffassung, daß ich was mache, was anrüchig ist, man hatte eine ganz große Verantwortung, und man war für die, wenn sie ein paar Wochen saßen, der einzige Gesprächspartner. Das ging dann soweit, daß die sich gewundert haben, daß ein ordentliches Verhältnis zu uns möglich ist, und dann kamen sie auch mit persönlichen Fragen.

Die Rechtsanwälte, der Herr Vogel insbesondere, der ja der Prädestinierte für solche Leute war, die rüberwollten, der war absolut kein Partner. Der hat seine Leute geschickt, und die Häftlinge haben alle das gleiche erzählt: Der ist kurz mal reingekommen, hat gesagt: „Ich habe überhaupt keine Zeit, geben Sie erstmal alles zu, und wenn Sie dann verurteilt sind, werden wir schon alles weitere regeln." Das, was ein Anwalt eigentlich machen mußte, sich mit den Häftlingen unterhalten, sie beraten – nicht die Bohne. Da waren eben die Untersuchungsführer die Partner. Das Verhältnis war freundlich und höflich, aber wir sollten auf Distanz bedacht sein und irgendwelche persönlichen Fragen, die über die Straftat hinausgehen, nicht mit denen diskutieren. Es sollte keinem die Möglichkeit eingeräumt werden, später drüben zu sagen, mich hat die Stasi da und dazu überredet.

Da war eine junge Frau, die schon ein paar Wochen in der CSSR gesessen hatte und bei uns auch ein paar Wochen, die hatte sich von zu Hause aufgemacht, ohne sich um ihr Kind zu kümmern. Nach drei Monaten wurde ihr von ihrem geschiedenen Mann vorgeschlagen, daß sie auf das Erziehungsrecht verzichten sollte, und so wenig wie sie vorher Mutter war, so war sie dann doch hin- und hergerissen, was sie denn machen soll. Sie wollte zu einem anderen Mann rüber, das Kind hatte sie schon lange nicht gesehen, aber sie wollte es eigentlich nicht aufgeben und hat mich dann gefragt, was ich ihr denn nun raten würde. Ich durfte nichts dazu sagen, ich konnte nicht sagen, dann geben Sie dem Vater doch das Kind, die konnte ja hinterher erklären, die Stasi hat mir was in den Kaffee geschüttet, damit ich sage, der Vater soll das Kind haben. Aber die hat mich bekniet und gesagt: Wen soll ich denn sonst fragen? Die Tante in meiner Zelle, die kann ich nicht fragen, der Rechtsanwalt hat keine Zeit für mich, für sowas schon gar nicht, mit wem soll ich denn reden? Da habe ich dann mit großen Bedenken meine persönliche Meinung gesagt, sie soll doch mal daran denken, was für das Kind am besten wäre. Wenn es schon solange beim Vater ist, warum es dann in eine völlig fremde Umgebung bringen? Darauf hat sie dann tatsächlich ihrem Mann geschrieben, daß er das Erziehungsrecht haben kann. Wenn mein Vorgesetzter das rausgekriegt hätte, da wäre aber was los gewesen. Vielleicht hat sie wirklich später etwas anderes behauptet, durchaus denkbar, aber was soll ich mir jetzt darüber noch 'n Kopp machen.

Ich bin natürlich an jeden dieser Fälle zunächst mal so rangegangen, daß ich dachte, das geht so nicht, daß die da an die Grenze rennen, wenn sie rauswollen, sollen sie das anders machen, übern Ausreiseantrag. Klar haben die mir dann gesagt, das versuche ich schon fünf Jahre, ging ja nicht. Die Gründe waren unterschiedlich. Da war ein junges Mädel, die hatte einen Mann kennengelernt, der war schon x-mal geschieden, aber die war eben verknallt, und weil der weg war, wollte sie auch weg. Dann gab's einen, der sagte mir, er fand das theoretisch ganz toll mit dem Sozialismus, aber das hat eben alles nicht hingehaun. Es mag ja sein, daß das in hundert Jahren mal klappt, aber er lebt jetzt, und er will jetzt was von seinem Leben haben, deshalb will er rüber. Wir haben dann erstmal abgeklopft, ob man so jemanden überzeugen kann, hierzubleiben, aber bei wem zu sehen war, daß das nicht bloß so'ne Idee war nach zwei Stunden im Suff, daß das wirklich eine festsitzende Überzeugung war, die sich über Jahre herausgebildet hatte, was sollte das dann, den vielleicht zu agitieren. Da konnte man nichts anderes machen, als sich mit dem vernünftig unterhalten und vielleicht sogar akzeptieren, was er sagte. Da hab ich dann meinen Rüffel gekriegt, weil im Protokoll drin stand, wie der über den Sozialismus gewettert hat. Mir wurde die Frage gestellt, ob ich die Meinung etwa teile, naja, mein Gott, damit konnte ich leben.

Ansonsten, wenn ein junger Kerl, der noch nicht mal seine Lehre beendet hatte, der aus lauter Langeweile bei der Disko einen zuviel getrunken hat und sich fragte, was mach ich'n jetzt, nu werde ich mal an die Grenze rennen, na da hat man sich schon ein bißchen Mühe gegeben, mit dem zu reden. Ich habe auch mit den Eltern geredet, mit der Freundin oder was weiß ich. Früher, wenn sie übermütig wurden, haben sie 'ne Mülltonne umgekippt, zu der Zeit sind sie eben an die Grenze gegangen. Ich hatte keinen dabei, auf den geschossen wurde, obwohl – ich möchte nicht, daß das so rauskommt, als hätte ich das nicht gewußt, klar hab ich gewußt, daß da geschossen wurde, aber die haben mir auch erzählt, wenn da einer gerufen hätte: Stehenbleiben!, da wär ich sofort stehengeblieben. Die hatten wirklich Angst davor, auch in Ungarn und der CSSR hatten sie Angst davor. Als dann die Ungarn die Grenze aufmachten, haben wir uns hier gesagt, so'n Schwachsinn, daß wir noch so'n Zirkus gemacht haben. Jetzt können die alle legal raus.

Die Untersuchungsabteilung sollte nach der Wende noch von der Kripo übernommen werden, das fand ich auch ganz logisch, weil die Kripo ja wirklich schlecht besetzt war, und es war abzusehen, daß die Straftaten ins Unermeßliche steigen werden. Da war ich damals sehr enttäuscht, daß die sich einen feuchten Kehricht darum gekümmert haben, ob du qualifiziert warst, ob wir Dreck am Stecken hatten oder nicht – es hieß: raus. Sicherlich kann man das irgendwo nachvollziehen, ich weiß nicht, ob wir's umgekehrt nicht genauso gemacht hätten. Aber die Frage war ja nun, was wird aus der Familie. Ich habe immerhin drei Kinder.

Im November 1989 war es ja noch nicht um die Einheit gegangen, sondern darum, daß hier etwas verändert wird, in diesem Land, und das fand ich gerechtfertigt. Sicherlich habe ich dem auch mit 'ner gewissen Sorge entgegensehn, weil die Stasi ja da schon der Buhmann war, darum war ich ganz froh, als sich abzeichnete, diese Abteilung wird übernommen. Natürlich nach 'ner Überprüfung, aber da hatte ich ja nichts zu befürchten. Wir hatten uns auch vorher schon unterhalten, daß es so nicht weitergehen konnte. Die Häufung der Ausreisen, es war doch Schwachsinn, das zu kriminalisieren, schon allein die Tatsache, daß es Hunderttausende machten, war doch ein Indiz dafür, daß es eigentlich keine kriminelle Sache war, und deswegen haben wir gedacht, nun ist mit diesem Schwachsinn endlich Schluß. Sicherlich, wenn eine Grenze da ist, kann nicht jeder rüberlatschen, das ist in den USA genauso, in allen Ländern. Bloß daraus einen Straftatbestand zu machen, und den auch noch so intensiv durchzuziehn, sowas hat's woanders nicht gegeben. Das ist zum Mittel der politischen Unterdrückung geworden, das hatte nichts mehr mit Ordnungsgesetzen zu tun.

Ich hab dann in einem Anwaltsbüro angefangen, habe vor allem mit arbeitsrechtlichen Fällen zu tun. Wir vertreten Leute, die gekündigt wurden, ich hab schon viel Klagen von MfS-Leuten gemacht, die rausgeschmissen wurden, dagegen gibt es durchaus rechtliche Möglichkeiten. Die sind nicht unbedingt wieder eingestellt worden, aber sie haben meistens eine Abfindung bekommen. Überwiegend geht es um Kündigungen im öffentlichen Dienst, die sind schon sehr, sehr leicht gemacht worden durch den Einigungsvertrag. Aber es steht halt auch drin: „wenn durch die Mitarbeit im MfS das Festhalten am Arbeitsverhältnis unzumutbar ist", und das muß erst bewiesen werden. Das wird zwar sehr weit ausgelegt, aber wenn zum Beispiel einer nicht mal mehr Pförtner sein kann, dann ist das schon ziemlich albern. Und wenn einem Gleisbauarbeiter gekündigt wird, weil er bei der Stasi war, wo Gleisbau eigentlich das Sinnbild ist für 'ne schwere körperliche Arbeit, dann ist das reine Schikane. Mit den Kollegen kommen die meisten klar, ob das bei der BVG ist oder anderswo. Wenn da einer die Karten auf den Tisch gelegt hat und gesagt hat, so und so ist es, die haben sicher am Anfang schief geguckt, aber dann haben sie gesehen, daß er arbeiten kann, und daß er auch sonst nicht ganz verkehrt ist, und dann hat sich das Thema für sie erledigt. Das Stänkern kommt immer von oben. Das ist nicht nur bei Stasileuten so, auch bei denen, die Parteifunktionen hatten und jetzt dies und jenes nicht mehr sein dürfen, da war einer vor zehn Jahren mal in 'ner FDJ-Kreisleitung, und nun darf er nicht mehr Lehrer sein. Aber da muß ich sagen, ist die Rechtsprechung wirklich gerecht. Die Sachen gehn dann meistens wirklich nicht durch. Da hat man auch Erfolge.

Berthold H., Jahrgang 1933

Ehem. Oberstleutnant beim Wachregiment „Feliks Dzierzynski" des MfS

Wir haben erst in den letzten Jahren einen Ausweis erhalten, der in etwa dem des MfS entsprach. Das Wachregiment war eine militärisch-operative Einheit der Staatssicherheit. Es gab auch ein Wachregiment der NVA, „Friedrich Engels", und wenn man den Gegenstand der Tätigkeit unseres Regiments betrachtet, gab es eigentlich keine zwingende Notwendigkeit, uns beim MfS anzusiedeln. Schutz von Regierungsobjekten, Schutz von Objekten des MfS, Außenschutz, es gab immer noch Innensicherungen, die wurden von anderen Einheiten wahrgenommen, da hatten wir nicht die Qualifikation und auch nicht den Grad von Zuverlässigkeit, Sicherung der Bewegungsrouten der Partei- und Staatsführung, militärische Repräsentation in gewissem Umfang bei Staatsbesuchen, auch wenn sich Regierungs- und Staatsfunktionäre in der DDR irgendwo besonders auffällig durch die DDR bewegt haben, dann haben wir natürlich auch die Routen gesichert. Dann Verfügungsaufgaben, ich möchte mal sagen, Sicherung gewisser Transporte, von denen zumeist nicht mal die Offiziere, die das geleitet haben, wußten, was da eigentlich transportiert wurde. So gesehen, war das Wachregiment außen vor.

In den letzten zwei oder drei Jahren wurden die ganzen Privatarmeen der verschiedenen Hauptabteilungen des Ministeriums aufgelöst, weil das eine völlig unsinnige Dezentralisierung von Wacheinheiten war. Die wurden dem Wachregiment unterstellt. Die Offiziere und sogar Soldaten dieser Einheiten wußten über die Strukturen und die Aufgaben des MfS wesentlich mehr als die Mehrzahl aller Offiziere des Wachregiments, ich muß das mal so sagen. Mit wenigen Ausnahmen wußten wir fast nichts.

Ich habe verschiedene Funktionen ausgeübt. Als Posten habe ich angefangen, 1950, habe es in der Politlaufbahn bis zum Politstellvertreter eines Truppenteils gebracht, dann war ich dreizehn Jahre verantwortlich für kulturelle Prozesse im Regiment, und zum Schluß hatte ich die Aufgabe der Anleitung der Parteiorganisationen im Regiment. Ich komme aus dem Anhaltischen, war eigentlich gelernter Maurer, kam zu Aufbaubrigaden der FDJ und von dort zur Polizei in Berlin. Wir wurden im Januar 1951 praktisch übernommen als eine Einheit im Verfügungsbereich des Ministeriums für Staatssicherheit. Ich sagte, das Regiment stand in gewisser Weise außen vor. Die Grundaufgaben, die ich genannt habe, waren eigentlich seit der Regimentsgründung immer dieselben, und die Tätigkeiten, die damit zusammenhingen, wurden wesentlich aus dem Regiment heraus geregelt. Dort hatte das Ministerium bis in die letzten Jahre keinen sonderlichen Einfluß und auch keine sonderliche Übersicht, mit Ausnahme der Hauptabteilung PS, die ja verwandte Tätigkeiten hatte durch den Personenschutz. Manchmal hatten wir den Eindruck, man wußte im Ministerium mit uns nichts Rechtes anzufangen, das zeigte sich auch darin, daß wichtige Versorgungsleistungen nicht funktionierten, und erst in den letzten Jahren wurden wir etwas näher an das Ministerium herangezogen, als angesichts der erheblich gewachsenen Aufgaben dieser oder jener vom Wachregiment in die MfS-Arbeit einbezogen wurde.

Im Regiment waren alles Soldaten auf Zeit, Dreijahressoldaten. Die hatten einen außerordentlich schweren Dienst, auch die Unteroffiziere und Offiziere. Einen unverantwortlich schweren Dienst. Jeder, der diese Tätigkeit ausgeübt hat, muß sich dafür heute nicht entschuldigen, solche Tätigkeiten werden in entsprechenden Organen der Bundesrepublik auch ausgeübt. Was objektiv nicht gestimmt hat, war, daß das Regiment natürlich dazu beigetragen hat, die Partei- und Staatsführung vor dem Volk zu schützen, einen freien Raum zwischen Regierung und Volk zu schaffen, der immer größer wurde. Dabei entstand eine ungeheure Belastung, zeitlich und nervlich. Wenn ich mal den Turnus unserer Wachsoldaten betrachte, drei Stunden Stand- oder Streifenposten, drei Stunden Ruhe innerhalb von 24 Stunden, dazwischen 24 oder 48 Stunden frei, und in dieser Zeit teilweise sehr harte Ausbildung, da muß man kritisch sagen, dagegen hätten gerade wir Älteren mit höheren Dienstgraden auftreten müssen. Wir hatten ja sehr enge Kontakte zu den Kompanie- und Bataillons-Offizieren, zu den Soldaten gehabt, auch durch Kulturarbeit, und da wurde einem ja unverblümt gesagt, was man von dieser Belastung hält, und man hat die Auswirkung dieser Belastung gesehen. Wir haben das auch analysiert und auf den Tisch gelegt, aber wir haben uns in letzter Konsequenz abspeisen lassen und uns mit Begründungen über die Notwendigkeit dieser Belastungen zufrieden gegeben. Die Begründung war die immer komplizierter werdende Klassenkampfsituation, das hat man ja auch geglaubt und selber so argumentiert.

Aber es gab doch Alternativen. Es gab Vorschläge, Objekte kombiniert zu sichern, technische Anlagen einzusetzen und Streifenposten, die per Display etwas beobachten konnten. Es gab Werke in der DDR, die für die Staatssicherheit jederzeit sowas hergestellt hätten, aber jeder Vorschlag in der Richtung wurde völlig unsinnigerweise abgeschmettert. Diese Monotonie, diese stupide, auf die Knochen unserer Soldaten gehende Tätigkeit zu reduzieren, das war eben nicht drin, und wir haben den Spielraum als verantwortliche Offiziere in der Kritik an diesen Versäumnissen nicht ausgeschritten. Wir hatten ja ein paar Möglichkeiten, die keiner geringschätzen sollte, allein die Rechte und Pflichten, die im Parteistatut standen, die hätten wir erstmal ausspielen können, die hätten viele in der DDR ausspielen können, bloß wir waren nicht mutig genug oder manchmal zu bequem und zu untertänig, ich muß das mal so sagen.

Dieser großen Belastung unserer Soldaten und Truppenoffiziere mußte etwas entgegengesetzt werden, es mußte ein Ausgleich geschaffen werden, und das wurde auch versucht, mit kultureller Arbeit. Wir hatten eine große Gruppe von Kulturoffizieren und Leuten, die in Kulturhäusern und Kultureinrichtungen tätig waren. Das waren gut ausgebildete Leute, die kamen von der Humboldt- und von der Karl-Marx-Universität, dann hatten wir Kulturleiterfachschulen in der DDR, und natürlich waren auch unsere Bibliothekarinnen an Buchhändlerschulen ausgebildet. Wir hatten zum Schluß vier Bibliotheken im Regiment, und in allen Objekten gab's auch Buchhandlungen. Dazu kamen noch hochqualifizierte, fleißige und sehr soldatenverbundene Kulturoffiziere in den Truppenteilen. Schöpferische Leute, die selber aus der Truppe kamen. Durch die Ausbildung an zivilen Einrichtungen ist natürlich ein großer Strom frischer Gedanken zu spüren gewesen, und das führte zu hoher Akzeptanz. Das waren keine einseitigen, verknöcherten Leute, nicht intolerant, und deshalb gab es ein sehr interessantes Wechselverhältnis in der Kulturarbeit.

Wir hatten eine breite, volkskünstlerische Bewegung. Das nannte sich Soldatenfestspiele, das war ein ganzjähriger kultureller Ausscheid, wo in einer Art Wettbewerb zwischen den Einheiten Talente aufgespürt wurden. Wir hatten ja sehr kluge Soldaten, die konnten sich selbst erproben, ihr Suchen erhielt eine gewisse Richtung, und ich möchte mal sagen, viele haben Freude an so einer Tätigkeit gefunden. Sie haben gesungen, musiziert, Lyrik und Prosa geschrieben, in Zirkeln vorgetragen, ganze Programme selbst gestaltet, zum Teil mit Hilfe von Berufskünstlern. Ein Teil der Soldaten kam selber aus Kultureinrichtungen, die haben ihre Erfahrungen verbreitet. Ein Ergebnis bestand darin, daß wir Talente für Schauspielschulen, für Ausbildungsstätten der Bildenden Kunst rausgefischt haben, es gab erfolgreiche Schauspieler, Bildhauer, Maler, die aus dem Regiment gekommen waren.

Das Klubleben in den Kompanien wurde von den Soldaten selbst gestaltet. Die haben sich einen Klubrat gewählt und in den Klubräumen alle möglichen Veranstaltungen selbständig durchgeführt, die das Interesse vieler Soldaten erweckten. Die waren natürlich sehr sensibel gegen jede Bevormundung. Diese Kompanieklubs hatten nicht immer die Sympathie jedes militärischen Vorgesetzten, denn das Selbstbewußtsein der jungen Leute wurde sehr gestärkt, und die haben sich durchaus nicht immer an militärische, ich sag jetzt mal, preußische Enge gehalten. Das ging in den Klubs wesentlich demokratischer zu als etwa in FDJ-Leitungen und Partei-Organisationen. Eine wichtige Richtung war die Verbreitung von Kunst und Literatur. In den Bibliotheken und Buchhandlungen hatten wir sehr gebildete junge Frauen, die einen Draht zu den Verlagen hatten, die holten das Beste für die Soldaten und Offiziere ran, ich glaube, nicht wenige haben bei uns die Liebe zum Buch entdeckt. Es wurde sehr viel sowjetische Literatur angeboten. Das brachte mit sich, da diese Literatur ja mehr und mehr durch kritische Autoren geprägt war, Rasputin, Tendrjakow, Aitmatow, Schatrow, Trifonow – daß diese Literatur das Denken bei uns stark beeinflußte. Natürlich ist immer sehr viel an Weltliteratur hereingekommen, die Lateinamerikaner, die modernen Amerikaner, auch die BRD-Literatur und nicht zu vergessen, unsere eigene, die ja doch auch kräftig kritische Töne gebrauchte. Das wurde alles von unseren Leuten aufgenommen.

Wir haben Ausstellungen besucht, haben sogar im Politunterricht Bild- und Buchbesprechungen gemacht. Dieser breite Strom an Kunst und Literatur, der ins Regiment hineinkam, hat zweifellos dazu beigetragen, die Weite des Denkens zu beflügeln. Das war dazu angetan, gegen das Duckmäusertum vorzugehn, Ideale von mutigen Leuten, guten Haltungen aufzubaun. Nun will ich nicht sagen, daß wir etwa die Absicht gehabt hätten, eine Art Opposition aufzubaun, das war gar nicht möglich, denn das Ministerium hat natürlich auch auf uns eingewirkt, und da war Kultur dazu gedacht, die Aufgaben besser zu erfüllen. Wirklich große Kunst, humanistische Literatur ist ja auch gar nicht geeignet, antisozialistische Haltungen aufzubaun, im Gegenteil. Ob Autoren das nun wollten oder nicht, die Ergebnisse ihres Schaffens gingen immer in die linke Richtung. Ich hab mal drüber nachgedacht. Es gab ja in der Endphase der DDR eine Reihe sehr oppositioneller Künstler und Kunstschaffender. Ich nehme mal ein Beispiel. Frank Beyer hat „Die geschlossene Gesellschaft" gemacht. Aber vorher hat er „Fünf Patronenhülsen" gedreht, die „Rottenknechte", „Karbid und Sauerampfer", das ist doch alles auf uns gekommen und hat die Offiziere und Soldaten zu antifaschistischen, sozialistischen Haltungen befähigt. Es gab zweifellos Enttäuschungen über Leute, die weggegangen sind und sich dann drüben geäußert haben, aber ich will einfach deutlich machen, daß es natürlich Quatsch ist, daß die Motivation für den Dienst in der Staatssicherheit, im Wachregiment, aus uns selber herausgekommen ist, die ist u. a. sehr wesentlich durch Kunst und Literatur geprägt worden. Das hat uns für unseren Dienst zum Schutz des Sozialismus gekräftigt. Wir hatten denkende Soldaten und Offiziere, das Denken wurde ihnen bei uns nicht abgewöhnt, wir hatten einen hohen Anteil von Abiturienten, denen war das Denken nicht abzugewöhnen, es war höchstens belastet durch

Erschöpfungszustände. Es gab Patenschaften des Wachregiments für Schulklassen. Der Sport, die sportliche Talentesuche wurde auch durch uns gefördert. In 26 Berliner Schulen wurden Schüler sportlich betreut. Der Soldat vom Wachregiment war als Pate sehr beliebt. Ich muß noch eins sagen, wir hatten natürlich auch günstige Rahmenbedingungen geschaffen, die Angehörigen des Regiments mit dem Berliner Kulturleben vertraut zu machen. Es gab einen Veranstaltungsdienst, der Theaterkarten vertrieb. Manchmal haben wir ganze Theater gemietet, das Maxim-Gorki-Theater, das Berliner Ensemble, ich kann mich auch erinnern, daß wir in der Staatsoper gewesen sind, Ballett-Aufführungen gesehen haben. Aber soviel wir auch gemacht haben, das hat natürlich nicht alle erfaßt. Gewisse Entwicklungen in der DDR, Probleme schlugen sich nieder im Verhalten der Soldaten, was uns manchmal sehr erschüttert hat, wo die sich einfach ausgetobt haben, manchmal für uns völlig unverständlich, den Neuen gegenüber, beim Ausgang, das war ein Frustablassen, das wir leider nicht aufzufangen vermochten. Wir haben uns bemüht, die Gründe zu finden und haben gesehen, daß das mit Jugendprozessen in der ganzen Republik zusammenhing.

Wir glaubten, daß wir solche Dinge in den Griff kriegen, aber das war nicht möglich, auch nicht durch die Kulturarbeit.

Das Regiment hatte ein Orchester, es hatte ursprünglich die Aufgabe, Militärmusik zu machen, z. B. bei protokollarischen Aufgaben, Ehrenkompanie usw. Das Orchester entwickelte sich aber zu einem hochqualifizierten Klangkörper, es wurde von hochqualifizierten Leuten geleitet und hatte ein weites Repertoire, das weit über Marschmusik hinausreichte. Daneben entstand der Soldatenchor, der gute Solisten hatte und ständig ausgebucht war. Die reisten in der ganzen Republik herum. Das waren Sänger in Soldatenuniform. Auf der vor einiger Zeit in einer Zeitung veröffentlichten Gehaltsliste des MfS erschienen auch eine Reihe Musiker, die wurden ja nicht schlecht bezahlt. Aber nun erschienen die in der Rubrik der Schreibtischtäter, sowas führt dazu, daß solche Leute nicht mal mehr als Müllfahrer arbeiten dürfen. Das geschieht jetzt allenthalben. Auch mit Leuten, die bei uns als Schwimm-Meister gearbeitet haben, Sporteinrichtungen gewartet haben. Die wurden unter völlig fadenscheinigen Begründungen rausgeschmissen. Man muß sich an den Kopp fassen, so ein Unsinn ist das. Früher waren wir für die Leute der Umgebung „das Regiment". Nach der Wende war unser Gelände in Adlershof plötzlich das Gelände der Staatssicherheit, wir waren das Stasi-Regiment.

Nun möchte ich dazu sagen, daß ich um keinen Preis in den Geruch etwa der Entsolidarisierung geraten will. Im Gegenteil, ich empfinde es als absolut unmöglich, was man mit dieser pauschalen Verurteilung der Angehörigen des Ministeriums für Staatssicherheit macht. Man muß doch sehen, es gab doch ganz unterschiedliche Abteilungen, eine hat sich mit dem Aufspüren faschistischer Verbrecher beschäftigt, eine andere mit den Leuten, die schwere kriminelle Delikte verübt haben, das muß alles richtig benannt und nicht unter dem Begriff Stasi wie eine einzige verbrecherische Organisation behandelt werden. Wer Verbrechen verübt hat, bitte schön, den soll man zur Verantwortung ziehn. Wir haben alle irgendwo Grund, selbstkritisch zu sein, aber nicht gegenüber der westdeutschen Justiz und der Bundesregierung. Das treibt doch solche Blüten, der Bürgermeister von Treptow, der wohnt hier in diesem Bereich, der weiß genau, was das Wachregiment war, daß da keiner operative Arbeit geleistet hat und irgendwelchen Leuten hinterhergefahren ist und sie beobachtet hat. Und der läßt zu, daß seine Behörde die Leute, die im Wachregiment waren, rausschmeißt, daß sie neuerdings Bibliothekarinnen, Sportler usw. rausschmeißen.

Nachdem klar war, wie der Hase läuft, daß diese Einrichtung keine Funktion mehr hat, habe ich meinen Abschied genommen, nach fast vierzig Jahren. Ich habe mir Arbeit in einer Kaufhalle gesucht, als Lagerarbeiter, das war recht interessant. Ich hatte schon vorher die Absicht gehabt, mal so eine Arbeit zu machen, denn mit über fünfzig konnte ich ja nicht mehr die Kulturarbeit bei jungen Leuten machen, ich hatte schon meine Nachfolger entwickelt. Man kann, wenn man vierzig Jahre unter jungen Leuten ein ungeheures Getriebe und ungeheure Quirligkeit verspürt hat, nicht plötzlich irgendwohin gehn, wo man vielleicht völlig vereinsamt. Und da habe ich so eine Kaufhalle im Auge gehabt. Sicher hatte ich mir nicht vorgestellt, Kisten zu schleppen, aber nun kam es so, und da habe ich es eben gemacht, in drei Schichten. Man hat mal gesehen, unter welchen schweren Bedingungen die Mitarbeiter des Handels gearbeitet haben, man hat den eklatanten Widerspruch gesehn zwischen den großen Reden unserer Politiker über Sozialismus, über Arbeits- und Lebensbedingungen, und den Erschwernissen für die Leute, die im Handel gearbeitet haben, das waren ja vor allem Frauen. Für die wurde fast nichts getan, ihre Arbeit zu erleichtern.

Unsere Soldaten und jüngeren Offiziere sind häufig klüger gewesen als wir selber. Es war sicher ein großer Fehler, daß wir im Vertrauen auf das Papier von ZK-Beschlüssen das, was unsere Soldaten und Truppenoffiziere sagten, glaubten entkräften zu müssen, statt das gedanklich zu verarbeiten und in Verantwortung umzumünzen. Das hätten wir unbedingt machen müssen. Ich mach mir bei allem den Vorwurf, man hat ja eine Reihe von Tatsachen zur Kenntnis genommen, wo man sich an den Kopp faßt. Beispiel: Da wird eine Veranstaltung für den Minister der Staatssicherheit gemacht, da stehn vierhundert Mann auf der Bühne, für achthundertvierzig Mann im Saal. Tatsachen einer unsäglichen Repräsentationssucht, auch

Tatsachen einer Verschleuderung von Volksvermögen oder Privilegien, da hat man doch vieles gesehn, und da mache ich mir den größten Vorwurf, daß ich dahinter nicht das Prinzip erkannt habe, sonst wäre ich sicher auch anders aufgetreten. Aber es gab ja auch eine Fülle anderer Tatsachen. Und dann hast du bei Lehrgängen glänzende Leute gehört, aus dem Kulturbereich, aus dem konzeptionellen Bereich, und die haben die Dinge so dargestellt, daß du wieder rausgegangen bist und gesagt hast, ja, wir haben 'ne Konzeption, das ist alles erkannt, und das wird benannt, das andere sind doch Ausnahmen. Dann hast du das wieder relativiert.

Ich bin eigentlich immer ein Mensch mit Zivilcourage gewesen, und ich habe nur ein einziges Mal versagt, indem ich zugelassen habe, daß man einen Genossen in einer wirklich unglaublichen Weise diszipliniert und geduckt und behandelt hat wie einen Verfemten. Der hatte nur in den Widerspruch zwischen Gorbatschow und unserer Parteiführung in der Friedensfrage hineingehorcht und versucht, das in einer Lehrveranstaltung theoretisch auszuleuchten. Der war dann denunziert worden und wurde behandelt wie ein Feind, und das wirklich Schlimme ist, ich war einer der Dienstältesten im Regiment, ich hatte eine gewisse Autorität, hätte ich das Maul aufgemacht, ich hätte bloß den Mut haben müssen, darauf zu verweisen, das, was ihr hier macht, ist eine Schweinerei, verstößt in allen Punkte gegen das Statut, das wäre dann anders verlaufen. Der wurde dann kaltgestellt, in irgendeine Abteilung des Ministeriums gesetzt, wo er nichts zu sagen hatte.

Ich treffe ihn jetzt noch oft, wir sind gute Freunde, ich glaube, er hat mir verziehn. Der war nie einer, der der DDR feindlich gegenüberstand, das war ein ehrlicher Patriot, der war eben theoretisch gebildet, war ein Vordenker, in manchem auch ein Querdenker, normalerweise hätte sich gehört, der war Oberstleutnant, normalerweise hätte der auf einer ganz anderen Position stehen müssen, der hätte ganz nach oben gehört. Es war nur die Borniertheit bei uns im Organ, daß man solche Denker nicht nach oben kommen ließ.

Ich hab ja die Militärakademie in Dresden besucht, und dort habe ich meine Diplomarbeit geschrieben über den Anteil der deutschen Spanienkämpfer beim Aufbau der bewaffneten Kräfte der DDR. Da gab es eine theoretische Konferenz, das war irgendein Jahrestag der Interbrigaden in Spanien, da wurden nach langer Zeit die Spanienkämpfer in der DDR wieder mal aufgewertet. Ich hatte für meine Arbeit einige von ihnen interviewt. Eine der Zentralfiguren war zweifellos Franz Dahlem. So. Und der ist ja 1952 oder 53 aus dem Politbüro ausgeschlossen worden. Das Ganze erwies sich als Provokation von Berija, wo dann in den ganzen Volksdemokratien leitende Leute umgebracht wurden. Slansky, Rajk, und da Dahlem in der westlichen Emigration war, wurde er verdächtigt, unsere Parteiführung hat sich allerdings nicht hinreißen lassen, ihn zum Agenten zu machen, aber unter dem Druck der Sowjets wurde er ausgeschlossen. Er war vielleicht ein wirklicher Konkurrent von Walter Ulbricht, wegen seiner Rolle im deutschen Widerstand, wegen seiner Akzeptanz unter den Spanienkämpfern und alten Kommunisten. Der wurde praktisch aus dem Verkehr gezogen.

Mit diesem Akt verschwanden auch die Spanienkämpfer ein bißchen von der Bühne. Und ich hab die aufgesucht und natürlich eine ganze Menge erfahren. Sie haben ganz offen geredet. Für mich war erstaunlich, daß Mielke, den sie aus Spanien kannten, von ihnen nicht besonders positiv bewertet wurde, er wurde als eitler kleiner Mann charakterisiert. Das machte mir klar, daß Menschen, die in die hohe Politik gekommen sind – wobei der Mielke bei Ulbricht nur bis zum Kandidaten des Politbüros gekommen ist, und ich kann mich erinnern, daß er zu Ulbrichts Zeiten kritisiert worden ist, daß die Fetzen flogen – also meine Gespräche mit den Spanienkämpfern führten dahin, daß ich mir die Politiker als Menschen vorstellen konnte, nicht als Götter.

Was Mielke betraf, er hatte im Ministerium ein unwahrscheinliches Renommé und eine unbegrenzte Allmacht. Er konnte reden, also sein Stammeln vor der Volkskammer, das war nur noch ein Abklatsch von ihm, der konnte reden und kritische Gedankengänge auch passivieren durch seine brillante Demagogie. Ich habe erlebt, daß er sich gegenüber verdienstvollen Leuten des Wachregiments, zum Beispiel gegenüber dem langjährigen Kommandeur des Wachregiments General Gronau, der zwölf Jahre im KZ gesessen hat, mit einer derartigen verletzenden Taktlosigkeit verhalten hat, daß man sich nur wundern konnte. Der nahm auf niemanden und nichts mehr Rücksichten.

Ich glaube, daß bei den ersten Repräsentanten einer die Macht übernehmenden Klasse die Gefahr von Kulturlosigkeit, von Parvenuhaftigkeit besonders groß ist. Die größten Kritiker an diesen Auswüchsen war ja die Generation der Söhne, die nächste Generation, die schon mehr Bildung hatte, die dieses Gefühl eines Sieges über die alte Macht nicht als Notwendigkeit betrachtet haben, sich triumphierend zu verhalten, sondern als Notwendigkeit, was zu tun. Ich meine nicht die Schabowskis, die Hermanns, das sind die Karrieristen, ich meine andere, die kritischer herangegangen sind, die saßen in den Universitäten, das sind eben Leute wie Gysi und Brie und meinetwegen auch Bahro. Deswegen sage ich, daß hat die Oelschlegel in ihrem schrecklichen Buch gesagt, ich mag die Frau überhaupt nicht, aber da hat sie recht, wenn sie sagt, was will man denn von einem Konrad Naumann, der aus einem Dorf bei Leipzig bis an die Spitze der Macht hochgeschossen ist, anderes erwarten als so ein Emporkömmlingsverhalten. Und was will man von einem Mielke verlangen, der mit einem beschränkten Intellekt bis zu uneingeschränkter Machtvollkommenheit gelangt ist. Von Kultur hatte der nicht viel Ahnung. Der hat sich den Soldatenchor angehört, die haben für ihn Arbeiterlieder gesungen, Volkslieder hat er nicht sonderlich zur Kenntnis genommen, sein ganzes Verständnis für Kultur war wie bei einem römischen Imperator, das gilt auch für Leute wie Honecker.

Leider wurde das Wachregiment auch in Bereichen eingesetzt, die ich für parasitär angesehen habe. Also beispielsweise beim Wildzaunbau für die Staatsjagd. Wenn ich mir überlege, wie belastet die Soldaten waren, und dann solche Einsätze.

Oder sportlich gestählte junge Leute von uns mußten in Leipzig an den großen Sportfesten teilnehmen. Für eine Übung von zwölf Minuten wurden die eineinhalb Jahre vorher aus den Kompanien rausgezogen, um irgendwelche Elemente zu schwenken, ein Firlefanz. Diese Sportspiele verloren doch in der Bevölkerung mehr und mehr an Akzeptanz, das meine ich, wenn ich sage: Rom. Brot und Spiele. Das Regiment wurde auch eingesetzt zur Sicherung von Fußballspielen. Das war doch Sache der Polizei.

Zur Vereidigung im Frühjahr und im Herbst kamen Tausende von Eltern. Ganz Adlershof war verstopft zu solchen Ereignissen. Also so volksfeindlich, wie man es uns heute unterstellt, das berüchtigte Wachregiment, bei wem warn wir denn berüchtigt? Wir hatten in einem unserer Objekte, das war in Hessenwinkel, ehemals ein Heim für schwer erziehbare Mädchen, ein Wandbild des Malers Frankenstein nach dem Vorbild des Mexikaners Siqueiros. Durch Zufall kriegte ich jetzt mit, daß dieses Bild und auch ein zweites von ihm zerstört worden ist. Wir haben Anfang der achtziger Jahre den Maler Frankenstein zu uns ins Regiment eingeladen, obwohl bekannt war, daß er ein kritischer Mann war. Wir haben ihm das Gemälde gezeigt und seinen Rat erbeten, was zu tun ist, um es zu erhalten als Kulturgut. Jetzt ist das Gemälde in Hessenwinkel durch Brandstiftung vernichtet worden, ein zweites in Hohenschönhausen wurde ebenfalls zerstört, und der dortige Bürgermeister hat gesagt, er hätte sowieso nichts mit dem sozialistischen Realismus im Sinne. Eine solche Ignoranz. Da gab es bei uns im Regiment mehr Kultur, so daß es von manchen im Ministerium schon sehr mißtrauisch beobachtet wurde.

Manche Unterhaltungskünstler durften wir nicht ins Regiment einladen, dabei, die konnten bei uns nichts anrichten, die konnten bei uns nur singen. Der Kreis der Künstler, die nicht reindurften, wurde immer größer. Es wurde auch ein Heidentheater gemacht bei Texten unserer Singegruppen. Da hatte sich einer mal erlaubt, zu singen: „Frieden schaffen ohne Waffen". Ein junger Künstler wurde aus dem Wachregiment rausgeschmissen, weil er ein Lied über Polen gesungen hatte, bei dem Leute im MfS fast einen

Herzinfarkt gekriegt hätten. Wir haben uns für den eingesetzt, aber das hat nichts genützt. Das war wie bei meinem Freund, da rückten Kommissionen an, man hätte doch das Vorleben des Genossen mal betrachten können, das war ein wunderbarer Mann, der hat eine große Lücke hinterlassen.

Das Wachregiment wird heute verketzert, weil die Leute, die bei uns gedient haben, zu einem Überwachungssystem gehört hätten und beispielsweise für den öffentlichen Dienst eine Zumutung darstellen würden. Dazu muß ich sagen, wir waren ein Verband von Soldaten auf Zeit mit ihren Offizieren, in dem es eine Abteilung des MfS für die spezielle Überwachung gab, die arbeitete mit IM gegenüber dem Wachregiment wie gegenüber Theatern und anderen Bereichen der Gesellschaft. Wir selber hatten keine sicherheits-operativen Aufgaben, wir wurden im Gegenteil noch sicherheitspolitisch überwacht. Damit möchte ich nichts gegen diese Abteilung sagen. In der Bundeswehr macht der militärische Abschirmdienst das gleiche, was diese Abteilung uns gegenüber getan hat. Die haben ehrlichen Willens die IM ausgewählt und ihre Berichte geprüft.

Für den Ernstfall hatte das Regiment die Aufgabe, die Regierungsbereiche zu schützen, Sperrgebiete zu sichern. Zu keiner Zeit gab es eine Taktik, gegen das Volk vorzugehen, etwa in Krisenzeiten. Wir waren am 7., 8. Oktober 1989 eingesetzt. Wir mußten die Bewegungsroute der Partei- und Staatsführung sichern, die führte ja direkt durch die Demonstrationszonen. Wie gesagt, die Selbstkritik besteht darin, jawohl, wir waren beteiligt an der Abschirmung der Führung vom Volk. Während Wilhelm Pieck seine Wachtposten noch weggejagt hat, und in den ersten Jahren Mitglieder des Politbüros ihren Begleitern noch ausgerückt sind, haben sich im Laufe der Zeit die leitenden Politiker dran gewöhnt und sich hinter der Sicherheit versteckt. Dieser Abschirmungsmechanismus war für sie sehr bequem, er sicherte ihnen ihre Privilegien.

Ich bin jetzt im Vorruhestand. Was mir leid tut, ist, daß begabte Leute aus dem Regiment, einer, der Komposition und Gesang studiert hat und als Chorleiter arbeiten könnte, der hat dann irgendwo als Wächter angefangen, bei so'nem Wachtschutz. Ein anderer, der prädestiniert gewesen wäre, mit jungen Leuten zu arbeiten, der eigentlich ins Sozialwesen gehörte, der ist nu irgendwo in so'ner Kaufhalle. Das ist sowas Trauriges. Und ein Dritter, der ist in die Produktion gegangen, in so eine gesundheitsschädigende Tätigkeit. Ein sehr talentierter Klubleiter, der hat jetzt so'ne kleine Spedition. Das Regiment ist in alle Winde zerstreut, die Uniformen hängen im Schrank, jedenfalls meine hängt noch. Ich sehe keine Veranlassung, sie wegzuschmeißen, auch nicht die Orden und Ehrenzeichen. Die imponieren meiner Enkeltochter sehr.

Werner H., Jahrgang 1951

Oberstleutnant der Abteilung IV der HVA, zuständig für Aufklärung der Bundeswehr

Von der Dienststellung her war ich Referatsleiter, unmittelbar verantwortlich für die Führung von Kundschaftlern in der DDR und im Ausland. In den letzten Jahren hat sich der Begriff Führungsoffizier eingebürgert, aber aus meiner Sicht durch die Medien, unser Begriff war das nicht. Bei uns hieß das vorgangsführender Mitarbeiter, also IM-Vorgänge und Quellen führen, das war an und für sich die Bezeichnung. Ich habe diese Tätigkeit 1979 begonnen. Vom Interesse her, ich hab Wissenschaftlichen Kommunismus studiert, wollte ich nach dem Studium in die Politik. Ich war damals bei der Armee ausgemustert, aus gesundheitlichen Gründen. Als Kind hatte ich häufig rheumatisches Fieber, da bleibt zu neunundneunzig Prozent ein Herzfehler übrig. Ich hatte damals eine gute Ärztin, die mit fünf Jahren Spritzen und einem Vierteljahr Krankenhaus das in den Griff kriegte, aber mit so einer Krankheit wirste eben ausgemustert. Während des Studiums, ich habe in Leipzig Lehrer für Wissenschaftlichen Kommunismus studiert, wurde ich angesprochen von Mitarbeitern der Firma, da kam dann relativ schnell die Einstellung in Berlin, nach den Weltfestspielen 1973. So schnell, daß mein Studium verkürzt wurde, und ich die Diplomprüfung ein Jahr vorfristig ablegen konnte. Ich hab dann noch ein Jahr Militärgeschichte in Potsdam studiert, so, und dann ging die Arbeit im Ministerium los. Ich muß dazu sagen, man weiß ja nie, wo man landet. Auch wenn ich selber neue Leute angeworben habe, wurde die Katze, wo man hinkommt, relativ spät aus dem Sack gelassen. Es war auch Zufall, von wem man angesprochen wurde. Jeder ist ausgeschwärmt und hat seine Kader gesucht, es gab eine Sollstärke der Diensteinheiten, und da waren immer Plätze frei. Zwischen der Kontaktaufnahme und der Einstellung lag mindestens ein Jahr, es ging ja darum, einen Menschen erstmal richtig kennenzulernen, mal ging's schneller, mal langsamer, so, und wer dich da ansprach, ob der nun von der Abwehr kam oder von der Aufklärung, das war Zufall. Bei mir war's zufällig die Aufklärung. Auch darum sage ich im nachhinein, wer nun besser war, die Aufklärung oder die Abwehr, davon halte ich nichts, der Streit ist müßig für mich, bringt auch nichts, und die andere Seite nimmt ohnehin keine Rücksicht drauf, denn die Prozesse jetzt, die werden gegen die Aufklärung geführt, nicht gegen die

Abwehr. Bis jetzt jedenfalls. Es hat nichts gebracht, sich da besser zu dünken oder als der saubere Teil dieses Ministeriums. Hinzu kommt, daß ich die Arbeit im MfS immer als politische Arbeit empfunden habe. Es stimmte schon, manches war für uns einfacher, auch auf Leute zuzugehen, weil es unsere Zielrichtung war, raus aus der DDR und nicht Freunde und Bekannte bearbeiten. Für uns war es aber auch ein Problem, wenn wir sozusagen über DDR-Verwandtschaft an bestimmte Leute in der Bundesrepublik ranwollten, da kam dann auch die Frage Denunzieren. Bloß haben wir in der Regel, vielleicht im Unterschied zur Abwehr, uns immer offenbart, weil wir aktiv was wollten, wir mußten also, wenn wir zum Ziel kommen wollten, irgendwann sagen, wir sind vom Ministerium für Staatssicherheit oder irgend 'ne Legende in der Richtung.

Die Ehepartner wußten in der Regel nichts über das konkrete Tätigkeitsfeld im MfS. Erst in den letzten Jahren hatte sich das geändert. Wir haben dann Wert darauf gelegt, Ehefrauen und Kinder bei Veranstaltungen mit Kundschaftern und Kundschafterinnen einzubeziehen, sie einfach mal zu informieren, was die Partner so machen. Ich war ab 1985 Parteisekretär bei uns in der Diensteinheit, und wir haben aus eigener Initiative einiges unternommen. Es gab aber Zeiten, wo das nicht gern gesehen wurde, und die Frauen partout nichts wußten. Man hat sich zu Hause abgemeldet für 'ne Woche, und dann kam man mehr oder weniger pünktlich zurück, das war für beide Seiten doch eine psychische Belastung. Beim Umgang mit den Quellen gab es auch eine lange Zeit unterschiedliche Auffassungen darüber, was man sagt, und was man nicht sagt. Bei dem Günter Guillaume war es offensichtlich noch so, daß über eine eventuelle Verhaftung nicht gesprochen werden durfte, es gab keine Instruktionen, wie man sich in diesem Fall verhält, denn der Fall fand nicht statt, also keine Gespenster an die Wand malen. Danach wurden die Tabus abgebaut. Es gab dann auch mehr Literatur darüber, es ging los mit Fernsehfilmen, intern gab es Videos über Kundschafter, um einfach auch Leute zu motivieren. Es wurde mehr getan, um deutlich zu machen, was unser Arbeitsgegenstand ist, innerhalb der Aufklärung, im Ministerium insgesamt und in Bereichen der Öffentlichkeit.

Von Anfang an ging es in meiner Arbeit darum, neue Kundschafter zu suchen und zu gewinnen. Es gab mehrere Möglichkeiten. Einmal, daß man über alle möglichen Institutionen erfuhr, welche Leute aus der BRD in die DDR eingereist sind. Das konnte an Hochschulen sein, das konnten Privatbesuche sein, das waren Messegäste, wo es für uns oft ums Klinkenputzen ging, guten Tag, ich komm von der Nationalen Front oder vom Messeamt. Also in Leipzig, so schätze ich, wußte jeder, wenn da einer behauptete, vom Messeamt zu kommen, dann war das zu 99,9 Prozent die Staatssicherheit. So, da ging's darum, die Anknüpfungspunkte zu finden,

auf politischer Basis. Allein für Geld, das hätte nicht funktioniert. Es gab zwar genügend Leute, die sich anboten, die komischsten Typen, die kamen mit Zeitungsausschnitten übern „Leopard" und wollten den besorgen. Spinner, Lebenskünstler, aber aus denen ist im Prinzip nichts geworden. Es ging immer darum, das politische Feld zu suchen, und die Möglichkeiten waren relativ groß. Es waren nicht unbedingt Sympathien für die DDR, aber doch Protesthaltungen gegen das System in der BRD. Schwerpunkt waren Studenten und Intellektuelle, aber auch Wirtschaftsleute, die ja viele Kontakte hatten und aufbauen konnten, also ich muß sagen, sowohl hier in der DDR als auch in der BRD gab es in vielen Bereichen Bereitschaft, mit uns zu arbeiten. Wenn man allerdings die Anzahl der Mitarbeiter vergleicht mit der Zahl ihrer IM, es gab manche, die jahrzehntelang nicht erreichten, was erwartet wurde, die als Werber unterwegs waren und bei aller Anstrengung zu keinem Ergebnis kamen. Es kam ja darauf an, Informanten zu gewinnen, die auch Einblicke hatten, die ein Umfeld hatten und Kontakte zu Regierungskreisen, zur Bundeswehr herstellen konnten. Das war ein langer Prozeß, oftmals über viele, viele Jahre, es ist ja nicht so, daß jeder Karriere machen kann. Was war denn, wenn man einen Studenten gewonnen hatte, der politisch voll überzeugt war, daß etwas für den Frieden, gegen die Hochrüstung getan werden müßte, und der kam an keine Leute, an keine Informationen ran. Den irgendwo unterzubringen, ging nie ohne Beziehungen, der mußte erstmal einen ordentlichen Studienabschluß haben, also das war Arbeit über Jahre. Sicher überwog am Anfang das Klinkenputzen, da ist man auch mal rausgeflogen, aber es gab Fälle, wo Offiziere der Bundeswehr, die hier zu Besuch waren, Interesse zeigten, von Offizier zu Offizier ein offenes Gespräch zu führen. Das waren sehr interessante Gespräche, aber wenn's ans Eingemachte ging, um interne Informationen, da war Schluß. Bei Werbungen sah es so aus, daß die Angesprochenen nicht gleich erfuhren, daß es um einen Einsatz in der BRD ging. Es begann mit Stimmungsberichten und Personeneinschätzungen, um nicht gleich mit der Tür ins Haus zu fallen und auch Eignungen zu testen. Allmählich wurde die Richtung offenbart.
Ich habe Kundschafter geführt, bin aber nicht gereist, aus konspirativen Gründen, außerdem waren es Kostenfragen, Treffs waren im wesentlichen Sache der Instrukteure, die sich regelmäßig mit den Quellen im Einsatzgebiet trafen. Die Instrukteure waren in der Regel ehrenamtlich und nur für einen bestimmten Kundschafter da, haben den persönlich betreut. Man mußte persönliche Beziehungen pflegen, aber das war natürlich auch eine Zeitfrage. Bei manchem Kundschafter haben wir gekämpft, daß er alle zwei Jahre mal Zeit hatte, herzukommen, das mußte ja über Riesenumwege abgesichert werden, da war er für zwei Tage Besuch bei uns eine ganze Woche unterwegs.

Bis 1989 habe ich zwei Verhaftungen von DDR-IM gehabt, da gab es einen Fall von Verrat, der Instrukteur wurde bei der Ankunft von ein paar Herren erwartet. Es ist für den Führungsoffizier ein blödes Gefühl, vor allem, wenn es genug Indizien gab, die ein solches Auffliegen durch Verrat in den Bereich des Möglichen gerückt haben. Es war eine schlechte Entscheidung von uns, solche Vorbehalte beiseitezuschieben und zu sagen, versuchen wirs mal, und als es dann danebenging, mußte man sich sagen, das hätte nicht zu sein brauchen. Da muß man dann die Frau benachrichtigen, das ist das Schlimmste. Man hat ein starkes Schuldgefühl. Selber sitzt man sicher an seinem Schreibtisch, und so ein Instrukteur muß sich in Gefahr begeben. Gedanklich habe ich oft durchgespielt, ob ich das, was ich von Inoffiziellen Mitarbeitern verlange, auch selbst gemacht hätte. Aber für mich, bei meiner Herkunft, Vater Offizier, Lehrer an der Militärakademie, wäre ein inoffizieller Einsatz im Operationsgebiet nicht in Frage gekommen. Das mußte man innerlich mit sich abmachen. Inzwischen habe ich mehrere Vorladungen gehabt, ein Ermittlungsverfahren läuft, sodaß man sich also auch damit auseinandersetzen muß, in den Knast einzuziehen. Auf jeden Fall ging es bei der Zusammenarbeit mit den Instrukteuren darum, daß man ihnen nicht als der Mann vom Schreibtisch erschien, denn die Haut haben sie hingehalten. Bei Treffs in den berühmten konspirativen Wohnungen, wo man manchmal nächtelange Gespräche hatte, kamen Vorgesetzte dazu, und wenn dreie dasitzen, kann nur einer reden, das waren dann die höheren Dienstgrade. Das hing natürlich von der Bedeutung der Vorgänge ab, über die ich heute noch nicht reden kann, weil da einiges noch in der Schwebe ist. Es ging um den politischen und den militärischen Bereich, um relativ brisante Informationen, da war natürlich das Interesse der Vorgesetzten groß und die Versammlung war es dann auch, und der eigentliche Mitarbeiter hatte oft die Rolle eines Stenographen. Wobei, militärisch ging es bei der Aufklärung nicht sonderlich zu, das merkte man z.B. bei Schießübungen, jeder Militär hätte die Hände überm Kopf zusammengeschlagen, wenn er uns gesehen hätte, das fing bei der Kleidung an, also wir waren ein recht wilder Haufen. Es gab keine militärische Anrede, es gab grundsätzlich das Du bis auf wenige Ausnahmen nach oben hin, ging ja auch gar nicht, wenn bei einem Treff ein Oberst oder General dabeisaß, daß man den dann angeredet hätte, Genosse Oberst oder Genosse General.

Bei uns hieß es, man kann diese Art Arbeit nicht befehlen, weder für den Mitarbeiter noch den Instrukteur oder Kundschafter war irgendetwas zu befehlen, es war eine Sache der Überzeugung, man mußte gemeinsam nach Möglichkeiten suchen. Das Problem war, es mußte immer ein anderer Ja sagen. Das heißt, mein Arbeitsergebnis mußte sich über mehrere Stationen umsetzen, ich war immer auf andere angewiesen. Und hattest du jemanden, und der kam dann in so'ne gottverlassene Gegend oder 'ne Stellung, wo sich nichts bewegte, dann zerschlugen sich jahrelange Anstrengungen. Also Erfolge waren dünn gesät. Ich habe das 18 Jahre gemacht, und wenn ich mich heute frage, ob ich zur Entspannungspolitik beigetragen habe, dann muß ich sagen, Ja. Und ich habe dabei wunderbare Menschen kennengelernt, aus der BRD und aus der DDR. Und was die Ergebnisse betrifft, wir haben es doch geschafft, politische und Rüstungsvorhaben in der BRD aufzuklären, bis hinein in die NATO. Es gab durchaus auch Leute in Bundeswehrkreisen, die die Gefahren der Aufrüstung gesehen haben, die die Manöver gesehen haben, die gab's bei uns natürlich auch, und bei uns gab es sicherlich nicht weniger Atomraketen als drüben, und man muß doch sagen, es gibt keine guten oder schlechten Raketen.

Die Frage ist, was aus den Informationen gemacht wurde. Hätte man politisch andere Schlüsse gezogen, das hat sich ja nach der Wende gezeigt, wären nicht soviele Informationen in diesem Ministerium selber geblieben, dann hätte manches anders laufen können. Es gab so einen Satz, der eigentlich für mich das Credo der Aufklärung war, ein 22. Juni 1941 wird sich nicht wiederholen, das hieß aus meiner Sicht: Umfassende Kenntnisse über den Gegner und Umsetzung dieser Aufklärungsergebnisse in der Politik der Führung. Aber genau das ist nicht passiert, und das war für mich zum Schluß, als die Strukturen des Ministeriums durchsichtiger wurden, die Frage, wofür haben Leute wie Guillaume das gemacht? Die haben ihr Leben eingesetzt, waren Jahre im Gefängnis, und was ist dabei herausgekommen? Genauso, wie man sich generell fragt, was hat die politische Arbeit für dieses Land gebracht?

Wir hatten, glaube ich, einen qualifizierten Geheimdienst, sowohl was die Professionalität im operativen Bereich betrifft, als auch im technischen Bereich, z.B. beim Fälschen von Dokumenten, überhaupt beim Umgang mit der Technik. Im Nachhinein war ja für viele überraschend, wo wir überall drin waren, mitgehört haben, das war nicht immer Technik von uns, die haben wir gekauft, aber sie ist effektiv eingesetzt worden. Alle technischen Mittel, die es gab, sind sofort auf die Nutzbarkeit für die Aufklärung geprüft worden. Und eine unserer Stärken war, daß alles aus Überzeugung getan wurde. Das mag es beim BND auch geben, aber ich glaube nicht, daß das dort so ist wie es bei uns war. Sicher hat der BND-Mann auch ein Gefühl persönlicher Verantwortung für seine Quelle, aber im Prinzip glaube ich nicht, daß es solche persönlichen Beziehungen gibt wie es sie bei uns gab.

Man ist nicht reich geworden bei dieser Arbeit. Es gab diese Mitarbeitergehaltsliste, die veröffentlicht wurde, mein Sohn weiß seitdem, was ich verdient habe, sicher war das durchschnittlich über dem, was in der DDR verdient wurde, ich hatte zum Schluß Zweisieben. Die Ehrenamtlichen haben sich keine goldene Nase verdient, mitbringen konnten sie sich auch nicht viel, was machte das für einen Eindruck beim Zoll, wenn die da mit großen Geschenkkartons über die Grenze gekommen wären, und jeder wußte, daß ein Dienstreisender bei uns wenig Geld hat. Und die Quellen, wenn man das auf die Jahre umrechnet, dann mußte davon auch viel in die gesellschaftliche Stellung investiert werden, die man aufbauen wollte. Also das Geld stand in keiner Relation zu den Arbeitsergebnissen. Natürlich gab's auch Leute, die es für Geld gemacht haben.

Uns sind auch Pannen passiert, weil unsere Leute nicht selten zu erkennen waren, an bestimmten Merkmalen wie Reisetaschen zum Beispiel, und an der Menge Geld, die unser Zoll bei ihnen fand. Es war manchmal die komplizierteste Geschichte, erstmal rauszukommen aus der DDR. Auch wenn es die eigenen Grenzer, der eigene Zoll war, ging es ja nicht, jedem zu sagen, den laßt ihr jetzt mal durchmarschieren, da guckt ihr nicht in'n Koffer rein. Natürlich ließ sich das machen, aber das waren Ausnahmen, weil es 'ne Dekonspiration war. Hatte auch nichts mit der Zuverlässigkeit der Mitarbeiter zu tun, aber ein Dritter konnte natürlich auch sehn, daß da einer einfach durchgehn konnte. Wir haben's ja umgekehrt auch versucht zu registrieren. Das Grenzregime ist uns manchmal zum Verhängnis geworden, wenn da irgendein Stempel fehlte, weil man eben nicht normal ausgereist war, sondern zu Fuß über die grüne Grenze. Meistens ist man große Bogen gefahren, meinetwegen über London oder Italien oder so, um die Reiseroute zu verwischen. Aber dann gab's eben auch sowas, einer kam auf Besuchsreise aus der DDR und hatte einen Koffer frischgebügelter Hemden, weil er eben in Wahrheit erst losfuhr. Ich hab auch selbst IM an der GÜST – der Grenzübergangsstelle – in Empfang genommen, weil der Anruf gekommen war, daß unser Zoll einen selber enttarnt hatte. Die Frage war immer, wer hat's noch mitgekriegt im Zug. Und in der Regel waren es Termingeschichten, also wie holen wir den Zeitverlust wieder auf. Manchmal hat man's noch auf anderem Weg geschafft, weil bissel Pufferzeit drin war. Aber ein Streß war das. Und wenn dann einer zurückkommen sollte und die Zeit war schon drüber, das war ein flaues Gefühl im Magen. Ich bin das nie losgeworden, das war so 'ne Art Lampenfieber wie beim Schauspieler auf der Bühne, wenn man das nicht mehr gehabt hätte, dann wäre sicher auch was falsch gewesen.

Meine Frau hat das erst in den letzten Jahren alles so mitgekriegt, daß ich mit Kundschaftern zu tun hatte. Sie hat dasselbe studiert wie ich und ist dann Lektorin geworden im Militärverlag. Vielleicht war das ein Grund, warum ich nach der Wende begonnen habe, einen linken Buchhandel aufzuziehen. Ich war ja dann ab 16. Januar 1990 aus dem Ministerium raus, mein Schreibtisch und mein Aktenschrank waren leer, als die Massen da in die Normannenstraße reingekommen sind. Die Aufklärung ist ja nicht gestürmt worden, warum, weiß ich nicht. Vieles spricht dafür, daß einige Bereiche ganz bewußt gestürmt wurden, wo vorher schon Mitarbeiter verschwunden sind, die offensichtlich genau gesagt haben, wo was liegt. Einige derer, die bis zum Schluß die größten Reden gehalten haben, noch im Dezember 1989 auf der SED-Kreisdelegiertenkonferenz, waren im Januar die ersten, die weg waren und beim BND gelandet sind oder beim Verfassungsschutz. Oberste, die ich persönlich kannte. Es ist zu vermuten, daß die Verschwundenen schuld daran sind, daß Kundschafter hochgegangen sind, und es gibt auch Spekulationen darüber, daß das auch bei der RAF-Geschichte so war, weil da Dokumente dranhingen, in denen Klarnamen vorkamen.

Wir haben am 15. Januar gewußt, da waren die Bezirksverwaltungen schon besetzt, daß wir in unsere Räume nicht wieder zurückkommen. Mir war ab Dezember klar, daß es mit diesem Ministerium so nicht weitergehen konnte. Es hatte sich wenig verändert, ein paar sind in Vorruhestand gegangen, einige zum Zoll, in den Chefetagen hatte sich überhaupt nichts verändert, auch nicht an Einsichten. Das war auch Hilflosigkeit bei vielen, die nicht damit gerechnet hatten, daß es mal so kommen könnte. Dabei, was haben wir an Stimmungsberichten und Analysen geschrieben, irgendwann war schon kaum noch ein Mitarbeiter zu bewegen, was aufzuschreiben, weil sie wußten, daß sich eh nischt ändert, daß alles für die Katz ist. Es gab Diensteinheiten und Bezirksverwaltungen, wenn da das Wort Perestroika fiel, dann gab's schon fast ein Parteiverfahren. Das ging bei der Aufklärung nicht so, weil du keine Aufklärungsarbeit machen konntest mit ND-Argumentation und jeder im Haus Informationsfreiheit hatte. Du mußtest Kundschaftern gegenüber Argumente haben und auch auf die Schwachstellen im Sozialismus hinweisen. Solange ich politisch gearbeitet habe, war die Medienpolitik der Punkt, es gab auch Kritik am Kunstbereich, am Wirtschaftsbereich, auch von der Abwehr, es gab unterschiedliche Wertungen der Vorgänge um die Liebknecht-Luxemburg-Demonstration, mit diesen Verhaftungen und Abschiebungen, bis hin zur Bewertung des Neuen Forums, wo es in diesem Ministerium Auffassungen gab, daß man mit den Leuten doch reden müßte, daß das keine Feinde des Sozialismus sind, daß überhaupt der Dialog mit diesen Kräften nötig wäre. In der Partei war das nicht anders, viele in den Betrieben haben das ähnlich gesehen, aber in der Führung hat das nichts bewirkt, auch nicht im Ministerium. Ich meine, es war nichts mehr zu reparieren, es war einfach zu spät. Wenn man noch gedacht hat, irgendwann mal muß diese Schicht, die Änderungen verhindert, aussterben, dann sah man doch, daß die, die nachrückten, die gleiche Politik machten. Die Jüngeren im Politbüro waren ja teilweise schlimmer als die Alten. Das war für mich das Schreckliche. Ich hab mich auch mit meinem Vater gestritten, wie weit man taktieren müßte. An und für sich bin ich kein Taktierer, aber aus dem Kreis ausgebrochen bin ich eben auch nicht.

Mein Sohn hat jetzt das Abitur. Wir haben ein gutes Verhältnis zueinander, das, was ich ihm sagen durfte, hat er akzeptiert, er hat durch die ganzen Veröffentlichungen nach der Wende mitgekriegt, was da lief, wobei er gesehen hat, wieviel ich gearbeitet habe. Meine Schwiegermutter sagte immer, das Gehalt ist ja nicht schlecht, aber für den Stundenlohn würde kaum einer arbeiten. Von kleinan, wenn es hieß, Vati muß zur Arbeit, hat der Junge das schweigend hingenommen, aber wenn gesagt wurde, jetzt gehe ich mit Mama Bekannte besuchen und er mußte ins Bett, dann war das Geschrei groß. Ich war doch an vielen Wochenenden unterwegs, wobei ich sagen muß, wenn ich mal zu Hause war, dann war ich für die Familie da und bin nicht auch noch zum Fußball gegangen. Wir haben die freie Zeit intensiv genutzt, da mußte das wirken, daß man ihm eben durch die Haltung gezeigt hat, wer man war. Ich glaube, daß er jetzt, wo er das erste Mal gewählt hat, schon die richtige Wahl getroffen hat. Das, was es in anderen Schulen gab, Anfeindungen, persönliche Beleidigungen, das gab's bei ihm nicht. Ich hatte ja keinen Hehl daraus gemacht, in welchem Ministerium ich arbeitete, die Umwelt hat das sowieso mitgekriegt, wenn in 'ner Woche das dritte Auto vor der Tür stand, also das fiel für mich nicht unter Konspiration.

Es gab ja durchaus eine Akzeptanz des MfS, besonders der Aufklärung, in der DDR, das änderte sich in den letzten Jahren. Wer uns ablehnte, wurde auch mutiger. Aber Mitarbeiter des MfS waren kompetente Gesprächspartner für viele, die was verändern wollten, das sieht man doch meines Erachtens auch am Fall Stolpe. Viele haben mir gesagt, wenn ich im Betrieb so offen reden würde wie mit euch, dann würde ich aus der Partei fliegen. Diese Allmacht des Ministeriums ist für meine Begriffe auch übertrieben worden. Entscheidungen im Sicherheitsbereich wurden im Politbüro getroffen. Das soll nicht Fehlentscheidungen der Staatssicherheit entschuldigen, die es gab. Gut, das ist alles Geschichte. Eine historische Bewertung dieser über 70 Jahre Sowjetunion und 40 Jahre DDR steht noch aus. Es muß ja irgendwo eine Erklärung geben für die Massenbewegung, die zur Oktoberrevolution geführt hat und warum Millionen ihr Leben mit diesen Ländern, mit diesem realen Sozialismus verbanden. Nun habe ich Lenin mal zusammenhängend gelesen, auch was in seinem Testament steht, es war ja der große Streitpunkt Mitte der achtziger Jahre, ist Gorbatschow nun ein Fortführer Lenin'scher Politik. Und wenn ich bei Lenin lese, was er über die ökonomische Politik geschrieben hat, dann war das, was in den zwanziger Jahren in der Sowjetunion gemacht wurde, die NÖP, purer Kapitalismus. Wenn ich das ökonomisch so mache, dann muß ich das politisch auch anders machen. Das heißt, man hätte eine bürgerlichdemokratische Gesellschaft aufbauen müssen mit all den Attributen, die dazu gehören, Parlamentarismus, Opposition usw. Das wäre vielleicht der Weg gewesen. Marx hat auch vor der Pariser Kommune gewarnt, was so ja nie zitiert wurde, aber er sagte, wenn sie nun einmal da ist, gilt ihr alle Unterstützung. So wird man diese 70, 75 Jahre vielleicht auch einmal als historischen Versuch bewerten. Er hat ja nicht nur schlechtes für die Menschheit gebracht. Daß da auch viele Verbrechen geschehen sind, ist keine Frage, aber die gab es ja wohl auch auf der anderen Seite. Zwei Weltkriege...

Ich habe mit dem Studium angefangen, als mit Erich Honecker schon mal eine grundlegende Veränderung bei uns eintrat. Da habe ich gesehen, es gibt keine Axiome, nichts ein für allemal Feststehendes in der Politik. Heute bist du eine Autorität, morgen nichts mehr. Ich hab oft darüber nachgedacht, was würdest du als Politbüromitglied anders machen. Als Äquivalent zum Konkurrenzkampf ist mir ökonomisch nichts anderes eingefallen. Aber vieles, was man in Fragen der Demokratie echt hätte anders machen müssen. Diese Einbildung, man müßte die Leute zu ihrem Glück zwingen, indem wir sie nicht gehen ließen. Wir hätten sie gehen lassen sollen, wenn sie wollten. Da haben wir viele Fehler gemacht. Ich habe mich jetzt mal mit Walter Janka unterhalten. Da fragt man sich doch, warum hat es sich der Sozialismus so schwer gemacht, man könnte verzweifeln. Wir haben es immer nicht wahrhaben wollen, aber es gab eine Festlegung der SED-Politik in Moskau, darüber existieren Dokumente. Das werden die Historiker noch zu erforschen haben.

Bereue ich meinen Weg, meinen Beruf bis 1989? Nein und Ja. Vieles habe ich erst nach der Wende erkannt. Mancher Gedanke tauchte schon früher auf, aber nicht in der Konsequenz, mit der ich das heute alles sehe. Was meine Arbeit im MfS betrifft, in ihrem politischen Verständnis, als Entscheidung, etwas für den Sozialismus, für eine bessere Welt zu tun, so muß ich sagen, ich bereue da nichts. Daß ich dabei auch Fehler gemacht habe, daß ich aus heutiger Sicht manches anders entscheiden würde, ist sicher selbstverständlich. Wir haben der BRD echt Schaden zugefügt, und das war gewollt, dazu stehe ich auch, und nicht nur, weil diese Arbeit gegen den militärischen Bereich gerichtet war. Das heißt, ich bereue nicht das politische Engagement. Meine heutige Meinung zu Geheimdiensten: nutzlos. Geheimdienste beschäftigen sich zu allererst mit sich selbst. Informationen und Kenntnisse werden nicht oder kaum Bestandteil realer Politik. Sonst wäre das im Herbst 1989 auch nicht so sang- und klanglos mit uns gegangen.

Als die neue Ostpolitik anfing zu greifen und die Kontakte zwischen beiden deutschen Regierungen zustandekamen, da habe ich einen Sinn in unserer Arbeit gesehen. Diese Dialogstrecke, das Aufeinanderzugehn, das war eine starke Motivation auch für konspirative Arbeit, und es gab viele Leute, die da mit uns gegangen sind, selbst im militärischen Bereich. Da gab es viel Übereinstimmendes, weil man das Handwerkszeug kannte, das da eingesetzt wurde, da war soviel Vernunft im Umgang miteinander, bloß daß die Vernunft nichts entscheidet, sondern die Politik. Die Politik entscheidet, ob der Jäger 90 kommt oder nicht. Aber zu dem politischen Kampf würde ich jederzeit stehn, auch zu dem, was bei uns in vierzig Jahren entstanden und wovon vieles bewahrenswert ist. Da wird die Geschichte noch vieles aufhellen.

Ein neuer sozialistischer Politikansatz bedarf nicht nachrichtendienstlicher Mittel und Methoden. Personelle, finanzielle und materielle Potenzen können anders effektiver eingesetzt werden, für eine bessere Gesellschaft. Das Land DDR und ich waren etwa gleichaltrig. Wenn man sich Lebensläufe anguckt, das Lebensgefühl, die fehlende Hektik, das Quälen in vielen Bereichen, dieses Land DDR nach vorn zu bringen, das ist für mich auch ein Stück Bilanz, wenn das so nicht wäre, könnte ich jetzt auch nicht so weitermachen. Manches ist dabei vom Kopf auf die Füße zu stellen. Für die historische Niederlage sozialistischer Ideen empfinde ich persönlich so etwas wie Verantwortung und Schuld. Die Gesellschaft, für die ich gekämpft habe, ist ja auch an ihren eigenen Übeln zugrunde gegangen und mit ihr eins ihrer widersprüchlichsten Organe.

Wolfram A., Jahrgang 1951
Dr. sc. phil.

Ich habe 1980 an der Humboldt-Universität promoviert mit einer Arbeit zur Wirkung des Verhältnisses zwischen der Volksrepublik China und den Vereinigten Staaten von Amerika in Südostasien in den siebziger Jahren. In Bezug auf den Vietnam-Krieg, welche Rolle hat diese Art der Beziehungen für den Vietnamkrieg gespielt, und dann für die Versuche der Neugestaltung internationaler Beziehungen in Fernost überhaupt. Meine Dissertation B – heute heißt es wieder Habilitationsschrift – habe ich 1989 verteidigt zum Thema „Die China-Politik des faschistischen Deutschland 1937 bis 45".

Im Herbst 1988 war ich an der Sektion Asienwissenschaften Parteisekretär geworden. Die Humboldt-Uni hat damals in Bezug auf die Fragestellung „Wie mache ich die DDR besser?" keine schlechte Rolle gespielt. Es gab harte Auseinandersetzungen und schöpferische Ansätze, zum damaligen Zeitpunkt durchaus vorwärtsweisende gesellschaftswissenschaftliche Publikationen zum „Wie weiter in der DDR?"

In einer solchen Atmosphäre hat sich das Jahr 1989 angelassen, das heißt, es gab spannende Debatten, härter werdende Widersprüche gegen diejenigen in der Partei bei uns an der Uni, die an einer radikaleren Positionsformulierung nicht interessiert waren.

Freilich erscheint der Begriff „radikal!" heute in einem ganz anderen Licht. Ich muß häufig an ein Gespräch mit einer Studentin denken, die ich im Sommer 1989 auf einen einjährigen Aufenthalt in Japan vorbereitet habe. Ich war wissenschaftlicher Oberassistent und hab mich mit meinen Japan-Erfahrungen um ihre Studiengruppe gekümmert. Sie sagte damals: „Na nun fahr ich ein Jahr weg, und wer weiß, wenn ich wiederkomme, ob es dann die DDR noch gibt." Für mich war dieser Satz völlig unbegreiflich. So radikal sah sie die Dinge. Gehörte zu einer Generation, die die DDR offensichtlich weitaus leidenschaftsloser betrachtete, als etwas, das einfach da war und wieder vergehen konnte, und das sie weniger mit ihrem eigenen Tun, ihrem eigenen Wollen verkoppelt hat.

Wir haben im Sommer 1989 an unserer Sektion echte Krisenversammlungen gehabt, das wurde beschleunigt durch die Ereignisse in China im Juni, wo sich viele Debatten zuspitzten. Ich habe nicht zu denen gehört, die zu einer schnellen Beurteilung in der einen oder anderen Richtung geneigt haben. Für viele war meine Haltung sicher eine schwankende, unentschlossene. Sie ist es in Bezug auf China bis heute geblieben. Damals fürchtete ich, daß das Wesen der Vorgänge viel zu wenig begriffen und für die eine wie die andere Seite in Deutschland instrumentalisiert würde.

Wenn die Ereignisse sich überschlagen, ist aber für gründliches Nachfragen keine Zeit mehr. Natürlich war ich gegen die Zerschlagung studentischer Proteste in China mit Panzern und militärischer Gewalt, aber ich schloß daran die Frage, warum ist das so gekommen, wer hat es zu dieser Zuspitzung getrieben, welche Kräfte stehen dahinter, das wollte ich gründlicher diskutieren, ging aber nicht. Auf jeden Fall führten die Entwicklungen in China zu gegensätzlichen Standpunkten in der DDR auch in Bezug auf studentische Proteste. Mir und anderen war daran gelegen, daß die Studenten nicht zu Aktionen übergehen, in denen sie schließlich Opfer von Gewalt werden. Heute muß ich mich fragen: Hätte man nicht aus dem Wissen heraus, daß sich etwas ändern muß, die Proteste unterstützen und ermutigen müssen? Trotz der Gefahr der Gewalt?

Eigentlich wollte ich wissenschaftliche Arbeit immer mit konkretem Tun verbinden, so war auch meine Ausbildung. Ich hab Außenpolitik studiert, um als Diplomat im Ausland zu arbeiten, und die Lust an der wissenschaftlichen Arbeit verkoppelte sich damit. Also ich wollte mit dem, was ich gelernt hatte, politisch wirksam werden – bloß hat das Wissen um viele Vorgänge zu einem doppelten Abwägen, zum nochmaligen Nachfragen geführt, also im Sommer 1989 nicht zu einer Entschlossenheit, jetzt gehste in den Widerstand.

Ich war dann im September 1989 eingeladen in die Kunsthochschule, die ja manchen schon als „Hort der Konterrevolution" galt, um vor Studenten zu Studienbeginn einen Vortrag über Ostasien zu halten. Ich hatte mit meiner Auffassung darüber, die komplizierte Situation in der DDR einzubetten in weltweite Überlegungen, auch über die Vorgänge in China, einen für mich überraschend großen Erfolg, obwohl das sehr kritische Leute waren. Es war die letzte Vorlesung, die ich in Berlin überhaupt gehalten habe – es gab nochmal eine im Januar 1990 vor Erfurter Pädagogikstudenten – sie war eine persönliche Bestätigung für mich, daß es gelingen könnte, wenn sich genügend Leute meiner Generation zusammentun, einen besseren Sozialismus zu machen.

In einer solchen Atmosphäre gab es dann am 17. Oktober, einen Tag vor Absetzung Erich Honeckers, eine Riesenversammlung an der Humboldt-Universität, 6000 Studenten aus Ost und West waren in zehn verschiedenen Hörsälen zusammengekommen, weil man einen Studentenrat wählen wollte. Die Studenten hatten schon ihre Kontakte geschaffen und besaßen sehr konkrete Vorstellungen davon, wie eine Universität auszusehen hatte, und alles lief unter dem Aspekt: Eine bessere Universität in einer besseren DDR. Einen besseren, einen demokratischen Sozialismus. Die Hilflosigkeit des Parteiapparates, mit dieser Situation klarzukommen, führte am 26. Oktober zu einer Kreisparteiaktivtagung, an der Günter Schabowski teilnahm. In diesen Stunden veränderte sich mein Leben, denn ich habe mich zu Wort gemeldet und mich sehr direkt mit Schabowski auseinandergesetzt. Der hatte nicht gemerkt oder wollte nicht merken, daß die Leute im Saal ihm sehr kritisch gegenüberstanden, er hat die Leistungen des Politbüros bei der Palastrevolution geschildert und gezeigt, daß er überhaupt keine Beziehungen hatte zu den Vorgängen an der Uni, in den Betrieben, er fand kein Wort dafür, daß eine völlig neue Rolle der Parteibasis entstanden war. Ich hätte mir sehr gewünscht, zu hören, was ihm zu diesem Zeitpunkt an Analysen und Situationsberichten zugegangen war. (Dieser Mangel hat sich ja in seinen Veröffentlichungen danach deutlich herausgestellt.) Ich habe meine Fragen sehr direkt formuliert, weil es einfach überkochte, und daraus ergab sich ein Engagement in dem Sinne, daß wir von der Kritik zur Bereitschaft kommen müssen, selber auch neue Funktionen zu übernehmen. So wurde ich in die Kreisleitung der SED an der Uni kooptiert, später in die der SED-PDS.

Im November/Dezember kam es dann zur Bildung eines Runden Tisches an der Universität, moderiert von Heinrich Fink. Ich war darin der Vertreter der SED-PDS, wir hatten im Kleinen das, was sich auch im Großen abspielte. Dann überschlugen sich die Ereignisse. Die Uni wurde ein Zentrum der Diskussion um den Fortbestand der Partei. Im Januar spitzte sich das zu, wir haben eingeladen zu einer großen Versammlung, wie soll es mit der Partei weitergehn. Es wurde dann klar, man braucht eine neue Struktur, eine neue Organisationsform, und der Entschluß, daß ich für die Funktion des Berliner Bezirksvorsitzenden der PDS zur Verfügung stünde, hing damit zusammen. Mir wurde bescheinigt, ich hätte die nötige Ausstrahlung dafür.

Ich hatte von 1971 an Politik studiert, das waren 19 Jahre meines Lebens, so daß ich mir sagte: Wann willste das eigentlich zurückgeben, wenn nicht jetzt? Außerdem fand ich das auch ganz spannend. Ich war 39, also kein blutjunger Nachwuchskader mehr, na gut, ich wäre Dozent geworden im Frühjahr 1990, so war das jedenfalls geplant, aber ich sagte mir: Du hast viele praktische Erfahrungen gesammelt, warum sollst du sowas nicht können, dich an die Spitze einer solchen Sache zu stellen? Ich gehörte nicht zu denen, die eine Selbstauflösung der Partei wollten, weil ich der Auffassung war, daß es in dieser SED eine große Zahl von Menschen gäbe, die bereit und fähig wären, eine moderne, zeitgemäße Sozialismusauffassung zu entwickeln. Das war doch ein Potential, und ich müßte das Blaue vom Himmel lügen, wenn ich heute vergessen wollte, was ich für Lehrer hatte, für Professoren, Dozenten, unter was für Botschaftern ich in unterschiedlichen Ländern gearbeitet habe, was ich für Leute der DDR im Ausland

134

erlebt habe, Wissenschaftler, Künstler, Techniker, Sportler – ich müßte das alles hinwegreden, wenn ich so tun würde, als hätte ich damals nicht glauben dürfen, daß in dieser Partei natürlich eine Menge Karrieristen sind, die keine persönliche Lebensphilosophie an die Partei geknüpft haben, aber unter 2,3 Millionen eine große Zahl war, deren organisatorische Kraft für ein Weiterleben der Partei unheimlich wichtig war.

Dafür hab ich mich seit diesem 26. Oktober 1989 mit Haut und Haaren eingesetzt. Ich habe meine gesamte wissenschaftliche Denkfähigkeit, meine Seele rückhaltslos eingebracht. Ich bin nicht gedrängelt worden, die Bezirksleitung der SED kannte mich nicht. Die Entscheidung habe ich sehr schnell getroffen. Beraten habe ich mich nur mit wenigen, mit meiner Frau natürlich, die war schon etliches von mir gewöhnt und hat mir nicht abgeraten, aber sie hatte Sorgen vor den Konsequenzen. Ansonsten war nicht viel Zeit. Es war nicht klar, ob ich gewählt werde, aber ich wollte diese Wahl schon gewinnen, und ich bin gewählt worden. Am 11. Februar 1990. Da habe ich dann erst Gysi kennengelernt, hatte die Chance, mit Modrow als Ministerpräsident zu reden, ich kannte ihn aus Japan, und man darf nicht vergessen, daß damals nicht daran zu denken war, wie schnell wir angeschlossen würden. Es war eine spannende Zeit. Bei den Wahlen am 6. Mai 1990 zur Stadtverordnetenversammlung von Ost-Berlin hatte die PDS auf Platz 2 nur knapp vier Prozent weniger Stimmen als die SPD. Es gab da noch ein enormes geistiges Potential bei uns, wir hatten z. B. eine städteplanerische Konferenz mit führenden Stadtarchitekten der DDR, wir hatten eine sehr qualifizierte Beratung mit fast hundert Pädagogen für unser Programm zu den Wahlen am 6. Mai, wo im Resultat innerer Auseinandersetzungen Leute kamen, die 1979, 80 rausgeschmissen worden waren aus der Akademie der Pädagogischen Wissenschaften, und die sagten, jetzt können wir unsere Ideen einbringen zur Reform.

Ich saß am Runden Tisch von Berlin als PDS-Bezirksvorsitzender, da wurden Debatten von einer Kultur geführt, wie du sie heute im Abgeordnetenhaus überhaupt nicht wiederherstellen kannst. Es saßen vorne Kirchenleute, die einen ausgeprägt guten Stil hatten, Gespräche zu führen, und es gab überhaupt keine Mehrheitsverhältnisse, sondern jeder war mit zwei Leuten da, entscheidend war die Kraft des Arguments, Mehrheiten bildeten sich vom Problemkreis her, und du konntest Abstimmungsergebnisse überhaupt nicht voraussehen. Ein spannendes Klima. Selbst in der Stadtverordnetenversammlung nach den Wahlen vom 6. Mai wirkte der Stil des Runden Tisches fort, und wenn man heute vergleicht, was im Abgeordnetenhaus vor sich geht und wie in der Stadtverordnetenversammlung noch gerungen wurde um Positionen, ein Unterschied wie Tag und Nacht. Es herrschte eine ganz starke Aufbruchstimmung, in der viele, viele Stimmen eine Möglichkeit hatten.

Zu diesem Zeitpunkt hatte die Tatsache, daß ich für das Ministerium für Staatssicherheit gearbeitet hatte, überhaupt noch nicht die Relevanz, die ihr später beigemessen wurde. Ich hatte mit Gysi darüber gesprochen, als wir beide noch ganz neu waren, das war im Februar 1990, unmittelbar nach meiner Wahl. Gysi hat später einmal in allgemeiner Form dazu gesagt, daß solche Gespräche mit unterschiedlichen Leuten auch für ihn im Februar, März eine andere Dimension hatten, weil es ja überhaupt noch nicht um die sofortige Auflösung der DDR ging, es gab die Modrow-Regierung und es gab Vorstellungen, daß die beiden Länder vielleicht 1993 oder 1995 vereinigt werden, es gab vertragliche Vereinbarungen und so weiter. Gysi und ich, wir kannten uns vorher nicht. Wir waren zusammen auf Wahlveranstaltungen, und dann habe ich mich bei ihm angemeldet, habe gesagt, Gregor, so und so, ich habe für die Aufklärung gearbeitet, das mußte wissen. Dann gab es für ihn natürlich die Frage, hast du Menschen in der DDR oder anderswo geschadet, daß das auf dich jetzt zurückfallen kann, ich habe gesagt, das glaube ich nicht, und damit war das Thema gelaufen in dieser Situation.

Wir hatten die Vorstellung, daß die DDR und BRD als Völkerrechtssubjekte aufeinander zugehen werden, das kann man heute als Total-Illusion bezeichnen, aber ich habe viele Jahre im Kapitalismus gelebt und gearbeitet, ich habe als Wissenschaftler an Tagungen mit westlichen Kollegen teilgenommen, ich habe Interviews mit führenden japanischen Industrie-Chefs gemacht, wenn ich die gefragt hätte, denken Sie, daß in fünf Jahren die DDR noch existiert, die hätten sich sehr gewundert. Also es ist völlig an der Situation vorbeigedacht, wenn man alle, die an das Weiterbestehen der DDR glaubten, als kleine dumme Hansels hinstellt. Den gleichzeitigen Zusammenbruch der DDR, der Sowjetunion und aller anderen osteuropäischen Länder hat niemand vorausgesehen.

Natürlich habe ich bei meiner Wahl 1990 nicht gedacht, daß ich ein Berufspolitiker werde, der das ewig macht, weil uns eins klar war, nie wieder lebenslange Posten. Ich hatte ein ruhendes Arbeitsverhältnis bei der Universität, ich liebe mein Fachgebiet, und so sah ich den Einstieg in diese Parteipolitik als Übergang, nicht als Ewigkeit. Aber dann kamen so schnell hintereinander die Wahlen zur Stadtverordnetenversammlung und zum Abgeordnetenhaus, und alles bekam eine neue Dimension, auch meine MfS-Vergangenheit.

Ich muß vielleicht jetzt erstmal meine Herkunft erläutern, damit klar wird, wie das alles bei mir gelaufen ist. Ich komme aus Leuna, mein Großvater und mein Vater haben dort gearbeitet. Es gab ein starkes Ja in unserer Familie zur DDR, wenn auch kein widerspruchsloses. Mein Großvater war bei der IG Farben, dem damals größten Chemie-Konzern der Welt. Leuna war ein kriegswichtiger Betrieb, und mein Großvater gehörte zu denen, die nach der Befreiung durch die Amerikaner und dem späteren Einrücken der

Sowjetarmee hierblieben. Er war im Baltikum geboren und sprach so gut russisch wie deutsch, er war Verfahrenstechniker und hat am Wiederaufbau des Werkes mitgearbeitet, es war ja im Krieg völlig zerstört worden. Und mein Vater kam als junger promovierter Chemiker nach Leuna und füllte dort eine Stelle aus, die freigeworden war, weil sein Vorgänger nach dem Westen ging. Zu den Gründen für das Ja meiner Familie zur DDR gehört wohl auch, daß mein Großvater als junger Mann in den USA den dortigen Kapitalismus erlebt hatte und dafür war, daß hier etwas ganz anderes gemacht werden müßte als im nun von den USA besetzten Westdeutschland.

In der heutigen Darstellung der DDR existiert das Klischee, daß es verordneten Antifaschismus gab. Das nimmt an, daß man als junger Mensch in der DDR keine eigenen Erfahrungen machen konnte, die einen bewogen haben, für dieses Land zu sein. Das Leuna-Werk war immer im Verbund mit IG Farben. Die Zulieferung von Rohstoffen und Zwischenprodukten ging auch nach der Auflösung der IG Farben weiter, denn die einzelnen Betriebe in Westdeutschland blieben ja erhalten. Zu meinen Kindheitserinnerungen gehören die westdeutschen Tankzüge, die vor dem Haupttor warteten und diesen Kreislauf sichtbar machten, der weiter existierte. Wir zogen 1958 in eine Straße, die bei der Entstehung des Werkes für die ingenieurtechnische Intelligenz gebaut worden war, sehr schöne Häuser im Bauhausstil, die später sehr unter Staub und ätzender Luft gelitten haben, aber ursprünglich waren das schöne Anlagen. Wie viele andere zogen wir in ein Haus, das von Weggegangenen verlassen worden war. Man kann mich nicht davon überzeugen, daß hochqualifizierte Techniker, die 1957, 58 Einzelverträge mit dem Leuna-Werk hatten und so sehr gebraucht wurden, daß die besonders progressiv gehandelt haben, als sie die DDR verließen. Sie sind gegangen, weil sie im Westen Wohnungen vorfanden, ihre Anstellung und eine Lohnfortsetzung war gesichert durch die IG Farben, die bis heute in Abwicklung existiert, ein Kriegsverbrecherkonzern. Und als sie gegangen sind, haben sie viel Know How mitgenommen, daß schwere Katastrophen im Leuna-Werk nicht selten waren. Wenn ich das Foto meiner Einschulung nehme, dann ist fast die Hälfte der Kinder später mit ihren Eltern bis 1961 in den Westen gegangen. Sie sind dorthin gegangen, wo das Geld war.

Das war eine Kindheit, in der ich das Engagement meines Vaters und meines Großvaters für das Werk erlebt habe als eine nachahmenswerte Haltung, und die mußte mir kein Lehrbuch verordnen, das habe ich erlebt, habe es auch in erbitterten, heißen, verzweifelten Diskussionen meiner Eltern und Großeltern mit ihren Freunden mitbekommen. Wie werden die hinterlassenen Lücken ausgefüllt? Meine Kindheit verlief in einem aufblühenden Sozialismus, vielleicht weiß das heute keiner mehr, Leuna war in den fünfziger und sechziger Jahren in einer guten Position, weil man damals in der DDR-Führung der Auffassung war, die Chemieindustrie spielt für das Land eine solche Rolle, daß sie bevorzugt werden muß. Es gab das Chemie-Programm, Chemie bringt Brot, Wohlstand, Schönheit, war damals die Losung. Ich habe davon sehr profitiert. Im Klubhaus der Leuna-Werke habe ich fast das ganze klassische Opernrepertoire kennengelernt, dorthin kamen alle möglichen Theater, die Staatsoper Berlin, ich konnte als Junge mit einem Anrecht für eine Mark fünfundfuffzig im Monat die schönsten Aufführungen erleben. Ich war ein Genießer dieses Angebots, waren wir alle, auch meine drei Geschwister. Unsere Mutter hat sehr viel Wert darauf gelegt, daß wir dorthin gingen. Wir hatten hervorragende Sportmöglichkeiten, der Betrieb veranstaltete für uns Fahrten in den Thüringer Wald – es gab, wenn ich alles an eigenen Erfahrungen zusammennehme, keinen Grund, weshalb ich in frühen Jahren ein Gegner des Sozialismus hätte sein sollen, es gab aber sehr wohl Gründe, warum ich auf den Westen 'ne ordentliche Wut entwickelte.

Als ich meinen kleinen Sohn dann in den siebziger Jahren bei seinen Großeltern in Leuna hatte, da war die Situation dort überhaupt nicht mehr mit der meiner Kindheit zu vergleichen. Da gab's überhaupt keine Aufbruchstimmung mehr wie in den sechziger Jahren, als Leuna II gebaut wurde. Das Buch „Spur der Steine" erzählt darüber und spiegelt die Aufbruchstimmung in all ihren Widersprüchen wider.

Man mußte schon einen Stein in der Brust haben, wenn man nicht empfunden hätte, hier passiert etwas, und zwar gegen den ausdrücklichen Widerstand des Westens. Leuna hatte 30 000 Beschäftigte, später 32 000. Und doch wollte ich sehr zum Gram meiner Familie dort nicht arbeiten. Es gab damals die Möglichkeit, Abitur mit Berufsausbildung zu machen, da bin ich Rinderzüchter geworden, bin zur LPG gegangen und habe Kühe melken gelernt. In meine Schulzeit fällt das Jahr 1968, damals war ich FDJ-Sekretär an der Schule, und ich mußte Stellung beziehen zu den Ereignissen in der CSSR, zum Einmarsch der sowjetischen Truppen. Ich war keiner, der eine Antihaltung dazu hatte. 1968 gab es nicht nur den Konflikt in der Tschechoslowakei, es gab auch den Vietnamkrieg. Der Vietnamkrieg wird für jeden seriösen Geschichtsschreiber immer einer der widerlichsten Kriege dieses Jahrhunderts bleiben. Bei dem jetzigen Versuch, Geschichte scheinbar zu objektivieren, erinnert man sich dieses Krieges nicht so richtig. Warum sag ich das jetzt? Weil die Ablehnung des Vietnamkrieges in unseren Herzen tief drin war, und die USA waren ein NATO-Land, die BRD war es auch, und es war klar, daß es Pläne gab, den Sozialismus zu vernichten. Warum sollte ich damals nicht glauben, daß die BRD gegen die CSSR Böses im Schilde führte? Ich habe nicht gesagt, es ist gut, daß sowjetische Soldaten in Prag einmarschiert sind, ich habe gesagt, laßt uns überlegen, weshalb sind sie dort. Daß ich so gut wie nichts über den Stalinismus und über die Verbrechen wußte, die im Namen des Sozialismus auch in der Tschechoslowakei Ende der vierziger, Anfang der fünfziger Jahre begangen wurden, also Prozesse usw., daß ich über all das nichts wußte, ist eine andere Frage. Aber wie hat denn die BRD versucht, uns mit all ihren Medien dieses Wissen zu vermitteln? Ich hatte keine Mühe, wenig West zu hören und zu sehen, weil die Art und Weise, wie mit uns umgegangen wurde, mich immer abgestoßen hat. Ich bin doch nie angesprochen worden als der, der ich war, nämlich jemand, der sich mit seiner Heimat identifizierte.

In diesem Jahr 1968 ist noch etwas für mich sehr Wichtiges geschehn. Ich wurde gefragt, ob ich internationale Beziehungen studieren würde. Das war ein Studium, das nicht ausgeschrieben war. Es hat mich sehr stolz gemacht, daß ich gefragt wurde, ich hatte großes Interesse an Geschichte, ich habe Sprachen mit Leichtigkeit gelernt. Mein Vater war beruflich öfter im Ausland, er war auf dem sehr interessanten Feld des Lizenzhandels tätig, er war in den USA und in Frankreich zu Zeiten, als es nicht üblich war, in den Westen zu fahren, nicht allein wegen der Ausreisebeschränkungen durch die DDR, sondern auch, weil man zur Einreise in NATO-Staaten ja das „Travelboard" in Westberlin brauchte. Mein Vater mußte, um ein Visum für die USA zu erhalten, Fragebogen in Westberlin ausfüllen: Sind Sie in der SED, wenn ja, warum, wenn nein, warum nicht? Für meinen Vater wiederholten sich in den USA Eindrücke, die mein Großvater als Student dort gesammelt hatte und die ihn zu einem vehementen Gegner der amerikanischen Demokratieauffassung machten. Er hat Rassismus erlebt, ist Zeuge der Ermordung von Schwarzen gewesen, er hat dem Leben dort nichts abgewinnen können. Ja, also als man mich fragte, ob ich internationale Beziehungen studieren will, sagte Vater, also Politik, weeßte, das ist 'ne brotlose Kunst, ich mache immerhin Handel. Aber ich leg dir keine Steine in den Weg, tus.

Erst war ich bei der Armee, machte einen ganz normalen Wehrdienst als Mot.-Schütze, und danach ging ich nach Babelsberg. Meine Frau studierte in Potsdam, sie ist Lehrerin geworden, wir hatten uns schon in der Schule kennengelernt, eine Tanzstundenliebe. 1973 war sie fertig mit dem Studium und übernahm dann in der Familie die führende Rolle als Ernährerin. Ich hab von 1971 bis 1976 studiert. Und während des Studiums hat es einen Tag gegeben, an dem jemand kam. Ich finde es immer so blöd, wenn geschrieben wird, da kamen die und die Herren, also mich fragten zwei mir sympathische Männer, ob ich bereit wäre, da ich eine internationale Laufbahn einschlage, für das Ministerium für Staatssicherheit zu arbeiten. Ich habe nicht lange überlegt, im Zusammenhang mit allem, was ich erlebt hatte, fand ich das normal, mich für diesen kleinen Staat einzusetzen.

Zu dem Zeitpunkt, als ich mich für das Studium entschied, war nicht abzusehen, wann die DDR international anerkannt würde. Das heißt, das Studium an der Akademie für Staats- und Rechtswissenschaft schloß ein, eventuell im innenpolitischen Staatsapparat zu arbeiten. 1971 fing ich an zu studieren, am 8. Mai hatte ich geheiratet, und am 3.9., dem Tag meines Studienbeginns, wurde das Vierseitige Abkommen über Berlin unterzeichnet. Also ich hab's mit den bemerkenswerten Daten. An diesem Tag begann Entspannung eigentlich zu greifen, aus der Nichtakzeptanz der DDR erwuchs mit den Unterschriften der Amerikaner, Engländer und Franzosen die Chance, in eine neue Aufbruchstimmung zu geraten. Ich hab dann studiert und im Internat in Babelsberg gewohnt, und da steckten wir auf der Wandkarte die Fähnchen, welches Land hat denn nun die DDR wieder anerkannt. Finnland machte den Anfang.

Unser Studium kriegte eine völlig neue Dimension. War bis dahin das diplomatische Corps der DDR aus Leuten zusammengesetzt, die sich in Industrie und Wissenschaft bewährt hatten, waren wir die Generation, die direkt für diese Laufbahn ausgebildet wurde. Zum Beginn unseres letzten Studienjahres gab es die Helsinki-Konferenz. Vieles lief damit so, wie es die Politik der sozialistischen Länder wollte. Der Anstoß zur Helsinki-Konferenz war ja nicht aus dem Westen gekommen. Der war 1966 vom Warschauer Vertrag gekommen, und über einen langen Prozeß kam es dann zu dieser Konferenz. Da hat man sich schon eins gefühlt mit einer Strömung, die sinnvoll verlief. Als ich also nach etwa der Hälfte des Studiums gefragt wurde, ob ich bereit sei, für das MfS zu arbeiten, gab es aus all diesen Erwägungen heraus kein Nein. Meine Frau wurde eingeweiht, das fand ich gut und notwendig, weil wir ja doch irgendwann mal ein gemeinsames Leben im Ausland vor uns hatten. Wenn einer heute sagt, du hättest doch merken müssen, daß das alles auch mit ganz ungesunden Beziehungen zu anderen Menschen zu tun hat, dann ist das nicht von der Hand zu weisen. Es wurde sehr klug und auch raffiniert – das wurde mir aber erst später klar – mit einem gearbeitet. Das war schon recht zwiespältig, denn es gab Übungen im Charakterisieren von Menschen. Beschreib doch mal, wie ist denn der und der. Wir hatten in unserem Studienjahr einen scharfen Konflikt zwischen verschiedenen Gruppen. Es gab eine Gruppe Studenten, die sehr viel reformatorischer dachten als ich und andere, die nicht bereit waren, sich widerspruchslos den vorgegebenen Zielen und Aufgaben unterzuordnen, mit denen gab es heftige Auseinandersetzungen, auch über die Quellen, die sie heranzogen. Sollte man sich bürgerlicher Quellen bedienen, sie im Original lesen? Das waren sehr kritische Geister, die es auch bis heute geblieben sind. Wir haben miteinander diskutiert, auch später, und um gegenseitige Akzeptanz gerungen.

Es war mein Glück, daß ich als inoffizieller Mitarbeiter des MfS nicht direkt über diese Auseinandersetzungen zu berichten hatte, ich wurde nicht als Kronzeuge betrachtet, ich war in meinen Beziehungen mit dem Ministerium noch nicht so weit und das noch nicht mit mir. Andererseits will ich folgendes sagen: Ich hatte zu den Menschen, die Führungsoffiziere waren, Vertrauen, wobei mir der Begriff „Führungsoffizier" damals nicht geläufig war. Es hing immer von der Haltung des einzelnen ab, wie ich die Dinge verarbeiten konnte. Dieses Kollektivorgan, als das es in der Gesellschaft wirkte, ist doch aufzuspalten in Individuen. Also ich habe die schärfsten Sätze über das Verbrecherische – auch mit diesem Wort! – beispielsweise der Informationspolitik eines Joachim Herrmann aus dem Munde desjenigen gehört, der mich angeleitet hat in der Arbeit in den achtziger Jahren, und das hat der nicht erst 1989 gesagt, sondern 1985. Natürlich haben wir uns unterhalten über den Konflikt in unserem Studienjahr, das war ein fundamentaler Konflikt, aber so, wie die Hochschullehrer unterschiedlich dazu standen, standen MfS-Leute unterschiedlich dazu.

Es ist ja ein Quatsch, wenn man denkt, das MfS brauchte in der Arbeit draußen willfährige Untertanen. Ich habe fünf Jahre in Japan meine Arbeit weitgehend selbständig geplant, mir meine Gesprächspartner gesucht, mit ihnen gesprochen, eine Willfährigkeit hätte nicht das geringste genützt. Minutiös kontrollieren konnte mich doch keiner. Man hat sich auf mich verlassen als auf jemanden, der ein stabiles eigenes Ziel hat, eigene Interessen, eine eigene Vorstellung. Das folgt doch nicht einem Schema, jetzt machste mal das und das, so primitiv war es nicht. Ich will nicht ausschließen, daß es sowas gab, deswegen sage ich, ich kann nicht für ein Wir sprechen, ich kann für mich sprechen, Motive sichtbar machen, Handlungsweisen.

Also das passierte während des Studiums, und wenn heute viele sagen, solche Gespräche mit dem MfS hatten auch etwas Erleichterndes, weil sie auf einem Vertrauensverhältnis beruhten, dann ist da etwas dran. Wobei man da auch wieder sagen muß, in dieser Zeit der Öffnung, das war 1973, konnte jemand, der in der totalen Block-Konfrontation gelebt hatte, sich auf eine Phase der Entspannung schwer einstellen, eine Phase, wo du plötzlich – ich hab's dann 1975 als Praktikant in Paris erlebt – hineingestellt warst in diese ganz andere Welt, dich einzustellen hattest auf friedliche Koexistenz, für Ältere unterschiedlicher Herkommensweise war das unheimlich kompliziert. Wir waren schon die Profiteure der Entwicklung. Als ich nach Frankreich ging, konnte ich drei Sprachen, französisch, englisch, russisch. Aber es gab an der Botschaft in Paris auch noch Leute, die überhaupt keine Fremdsprache konnten. Ich profitierte von einer Ausbildung, die an Toleranz, an Weltläufigkeit schon enorm gewonnen hatte und sich von dem unterschied, was man in den fünfziger und sechziger Jahren an Konzepten entwickelt hatte. 1976 war mein Studium zu Ende, und wenn man nun fragt, wie denn nun das MfS Entscheidungen beeinflußt hat, also die Entscheidung, in Berlin noch eine Aspirantur dranzuhängen, die hing schon sehr stark mit dem Ministerium zusammen. Es wurde eine neue China-wissenschaftliche Strecke aufgebaut, das war in der Zeit der Auseinandersetzungen mit dem Maoismus, für den Warschauer Vertrag ein außerordentlich kompliziertes Feld der Auseinandersetzung. In der zweiten Hälfte der siebziger Jahre bekam das Ganze eine gefährliche Dimension. 1978 im Frühjahr war ich das erste Mal zu einem Studienaufenthalt in China, und gerade in dieser Zeit, am 21. Mai, trafen sich der Sicherheitsberater des USA-Präsidenten, Brzezinski, und der chinesische Außenminister und besichtigten zusammen die Große Mauer. Sie präsentierten der Weltöffentlichkeit eine absurde und gefährliche Idee: Wir machen jetzt einen Wettlauf die Große Mauer hinauf – das ist freilich eine steile Bergwanderung, deshalb haben sie diese Idee auch nicht direkt in die Tat umgesetzt – und wer zuerst oben ist, muß den russischen Bären schlagen. Nun kann man ja heute sagen: Und du warst so naiv, das zu glauben. Aber man muß sich mal in den Mai 1978 versetzen. Solche Sätze hat es gegeben. Brzezinski war ein Kommunistenhasser ersten Ranges, und er ist einer der konservativsten, härtesten Vorbereiter dessen gewesen, was Reagan dann später praktizierte. Reagan hat 1981 erklärt, daß der Kommunismus auf den Aschehaufen der Geschichte gehört, und daß seine Politik sich diesem Ziel widmen wird. In solche Ereignisse hat sich eigenes Leben hineingestellt.

Es wurde jemand gebraucht, der auf der Basis eines gründlichen Studiums bereit ist, noch einmal ein zweites Studium dranzuhängen. Das Einarbeiten in die chinesische Geschichte, das Lernen der chinesischen Sprache, nachdem ich mich auf Westeuropa vorbereitet hatte, war nicht so einfach, aber es hat mir auch großen Spaß gemacht. Es ist doch attraktiv, wenn dir jemand sagt: Guck mal, da brauchen wir dich wirklich. Ich hab dann im September 1976 angefangen, an dem Tag ist übrigens Mao gestorben, und bin 1978 zum ersten Mal in Peking gewesen zu einem Studienaufenthalt an der Botschaft. Plötzlich eröffnete sich die Möglichkeit, direkt am Sprachinstitut in Peking zu studieren, was bis dahin nicht möglich war. Da gab's so 'n bißchen Tauwetter, also gelang es mit einem Agreement unterhalb aller offiziellen Ebenen, mir dort das Studium der chinesischen Sprache zu ermöglichen.

Nun kann man fragen: Du hast also angefangen, deine Berichte, deine Erkenntnisse dem MfS weiterzugeben? Ja, das hab ich getan. 1978 wußte niemand in der Welt, wohin es mit China gehen wird. China ist eine Welt für sich, bis heute. Die USA haben immer alles drangesetzt, ihren Geheimdienst an günstigen Stellen zu plazieren, um herauszukriegen, was in diesem Land vorgeht. Die Wichtigkeit der CIA ist unbestritten, die

CIA-Präsidenten werden dann Präsidenten, so wie BND-Chefs Minister werden. Niemand wird mir ernsthaft den Vorwurf machen wollen, daß ich damals, als ich in eine so außergewöhnliche Situation geraten war, meine Eindrücke nicht für mich behalten habe.

Mich hat mal der Satz eines DDR-Schriftstellers in einer Anthologie mit dem Titel „Was zählt, ist die Wahrheit" sehr betroffen gemacht: Zu geheimdienstlicher Arbeit – so sagte der Mann – fehle ihm die Charakterlosigkeit. Sicher bedarf es einer bestimmten Prägung und eines bestimmten Selbstgefühls, zu so etwas Ja zu sagen oder grundsätzlich und aus aller Prinzipialität heraus Nein. Das ist so ähnlich, wie aus aller Prinzipialität heraus zu sagen, also Waffen fasse ich nicht an. Das ist eine Haltung, die man akzeptieren muß. Ob man sie als die alleinige Haltung hochschätzen muß, das wage ich zu bezweifeln. Wenn jemand so eine Haltung gehabt hat, habe ich gelernt, sie für sehr wichtig und gut zu halten. Rückschauend zu sagen, dies war die moralisch einzig mögliche oder die einzig sittliche Haltung, einen solchen Schritt kann ich nicht gehn.

Ich war 1978 an diesem Institut der einzige aus der DDR. Um mich herum waren viele aus dem Westen. Unter den Westdeutschen war, so nehme ich an, mindestens einer, der für den BND das getan hat, was ich für das MfS getan habe. Damals begann dieser dramatische chinesisch-vietnamesische Konflikt, der begann auch im Internat. Die Vietnamesen wurden plötzlich ausgeschaltet von allem, mußten sich von Freunden in Kaufhallen was einkaufen lassen. Da bin ich wieder bei persönlichen Erfahrungen. Ich brauche nicht in Büchern nachzulesen, was wo wie kompliziert ist. Ich habe 1978 gelebt unter Bedingungen, die ja nun auch vom Materiellen her ausgesprochen hart waren. Chinesisches Internat mit chinesischem Essen morgens, mittags und abends ist auch nicht unbedingt das, was du, selbst in einer psychologisch stabilen Situation, sofort annimmst. So, ich war also an einem Punkt, wo ich die chinesische Entwicklung einschätzen konnte und das, was ich beobachtet habe, mit westlichen Freunden, Kollegen debattierte. Und nun will ich, vor allem für meine spätere Tätigkeit in Japan, sagen, es ist natürlich ein großer Unterschied, ob du in der DDR deinen Nachbarn beobachtest, wieviele Freundinnen der hat oder so – der hat das dann ja nicht gewußt oder auch nur geahnt. Oder ob du im Ausland bist und dir Partner suchst, von denen du annehmen kannst, daß sie umgekehrt auch über dich informieren. Da gab es wohl manchmal ein schweigendes Agreement.

In Peking tauchte ich als einzelner DDR-Bürger an diesem Institut auf. Es wäre völlig albern, zu glauben, die Chinesen hätten gedacht, ich wäre rein zufällig mal vorbeigekommen, und genauso albern wäre es anzunehmen, es wäre unter den westdeutschen Studenten nicht einer gewesen, der am nächsten Tag in der westdeutschen Botschaft gesagt hätte, da gibt's seit gestern den aus der DDR. Die Welt war keine demokratische Einheit, in der ein paar Idioten aus dem MfS uralte diktatorische Gedanken unterbringen wollten, es war eine Welt des kalten und des heißen Krieges. In China gingen alle Seiten davon aus, daß sie alle Mittel gegeneinander einsetzen.

Man weiß ja bis heute nicht, welche Rolle Geheimdienste wirklich gespielt haben. Man liest heute in MfS-Protokollen, irgendwann waren sich die einen oder anderen klar darüber, daß sich die Geheimdienste gegenseitig selbst blockieren. Das ist sicher so. Aber wann der Punkt war, wo sie zur Anheizung von Spannungen beigetragen haben oder zur Milderung von Spannungen, das steht alles noch völlig in den Sternen, das hat noch niemand analysiert. Die Spannungen, die ich damals erlebt habe, kann man aus der zeitlichen und räumlichen Ferne wohl kaum nachvollziehen. Ich war eine Fahrradstunde vom nächsten DDR-Bürger entfernt, in einer Welt, die alles andere als leicht zu meistern war. Das war schon 'ne Bewährungssituation. Ich habe wie die Chinesen gelernt, die schon früh um fünf vor dem Haus unter der Laterne saßen und in ihre Bücher vertieft waren, so habe ich das auch gemacht. Das Ganze war eine riesige Herausforderung, wissenschaftlich, haltungsmäßig, was man alles durchstehen und machen kann. Um die Frage, ob reformistische oder revolutionäre Studentenschaft ging es damals nicht, es ging in meiner Arbeit darum, Eindrücke zu gewinnen: Wie wirkt sich der Vietnam-Konflikt aus? Wie spiegelt er sich wider in unterschiedlichen Kreisen? Das war für die DDR-Außenpolitik wichtig. Aber ich habe 1978 nicht viel tun können, meine Position gab das einfach nicht her. Interessant war natürlich, wie die Westdeutschen darüber denken, wie das die Amerikaner sehen.

Ja, dann bin ich zurück nach Berlin, habe 1980 promoviert, und dann kam die Idee, von der ich nicht weiß, wer sie gehabt hat, mich als „Horizont"-Korrespondent nach Japan zu schicken. Wenn man heute fragt, warum diese Korrespondentenstelle entstanden ist, dann hat das auch wieder mit gesamtdeutscher Geschichte zu tun.

1973 wurde die DDR-Botschaft in Japan eröffnet, und die Japaner waren vorsichtig genug, sich der Hallstein-Doktrin zu unterwerfen, um keinen Ärger mit der BRD zu kriegen. Sie begrenzten die Diplomatenzahl der DDR. Ein völlig ungewöhnlicher Vorgang. Die Japaner sagen, die DDR hat nur soundsoviele Diplomaten zu haben. Und da kam einer auf den Gedanken: Könnte man nicht den Bereich der journalistischen Beziehungen mit einer Korrespondentenstelle verknüpfen? Ich wurde also Ostasien-Korrespondent. Es ließ sich alles sehr gut miteinander verbinden, das Interesse der Zeitung, die froh war, daß ich mit einer wissenschaftlichen Ausbildung an die Arbeit ging und mit den asiatischen Bedingungen vertraut war, für das Außenministerium konnte ich eine Menge Auslandskontakte herstellen, wobei es um die Informationen des Auslands über die DDR ging. Ich habe Vorträge gehalten über unsere Republik, in allen möglichen Gesellschaften. Und dem Ministerium für Staatssicherheit ging es sehr konzentriert um die ostasiatische Situation insgesamt, um die chinesische Problematik vor allen Dingen und um die Reaktion anderer Länder darauf.

Japanisch habe ich nicht gelernt, ich kam sehr gut mit Englisch zurecht. Da war die Familie dann mit, meine Frau und alle drei Kinder. Die wurden 1974, 75 und 77 geboren, ein Sohn und zwei Töchter. Wir haben in Tokio fünf Jahre gewohnt, das war ein außergewöhnlicher Platz, auch vom Klima unter den DDR-Bürgern her, weil es dort ein anderenorts übliches enges Beieinanderwohnen nicht gab. Wir wohnten alle verstreut in der Stadt, zwar im gleichen Viertel, aber doch jeder auf sich allein gestellt. Es gab eine ausgesprochen lockere und auch politisch sehr offene, ungekünstelte Atmosphäre, so daß man dort sehr gut arbeiten konnte. 1983 habe ich Hans Modrow bei seinem Japan-Besuch erlebt, der hat damals schon derartig kritisch über die DDR-Entwicklung geredet, das war beeindruckend. Und es war nicht etwa meine Aufgabe, darüber dem MfS zu berichten. Es war auch eine Frage, sich nicht unter Wert einstufen zu lassen.

Es war eindeutig klar, sowohl für den MfS-Partner, den ich in Japan hatte, als auch für den hier in der DDR: Wir haben uns mit der asiatischen Problematik zu befassen. Ich habe mich mit Ausnahme der geschilderten Anfangszeit im Studium mit DDR-Prozessen nie befaßt. Wenn ich sage, ich mach mich nicht niedriger, dann meine ich damit nicht, was die Aufklärung gemacht hat war gut, und die anderen waren schlecht, aber irgendwo gibt es auch eine Spezialisierung, und es gibt den Wert, den man sich selber beimißt. Den habe ich auch in der Wissenschaft nicht mit Aussagen zu allem möglichen kaputtgemacht.

Die Aufgabe, sich mit Ostasien zu befassen, ist eine derartig anspruchsvolle, du mußt soviel wissen, da kannst du dich nicht auch noch in den Bereich begeben, etwa über den Nachbarn zu berichten, wie der denkt und was er treibt. Ich war natürlich froh, daß wir relativ allein gelebt haben, weil ich dadurch meine Aufgaben erfüllen konnte. Ob ich ein guter Mitarbeiter des MfS war, weiß ich nicht. Ob meine Art, die Dinge zu analysieren, den Intentionen jener Vorgesetzten entsprach, die ich ohnehin nicht kannte, habe ich nie erfahren. Meinen unmittelbaren Vorgesetzten hat meine Art zu arbeiten wohl schon gefallen, aber das war ja nun auch noch nicht die Ebene.

Ich habe seit dem Herbst 1989 nicht wieder Kontakt mit denjenigen gehabt, von denen ich annehme, daß sie die Führungsoffiziere waren. Mit denen, die meine direkten Partner waren, aber schon. Ich habe weitergehenden Kontakt nicht gesucht, da muß erst noch Zeit vergehn und man sich selber mehr finden. Eins ist sowieso klar, jede Äußerung zu diesem Thema, die nicht damit beginnt, ich bekenne mich schuldig, gerät in den Augen vieler zu einer Art Verklärung und Selbstrechtfertigung. Ich will trotzdem ganz klar sagen: Ich bin mit Menschen zusammengekommen, es waren drei, um die es geht, die mich auf einen Pfad geführt haben, und ich habe ihn dankbar angenommen, der sich an der Methode der Arbeit eines Richard Sorge orientiert hat. Richard Sorge war ein ausgesprochener Ausnahmefall in den geheimdienstlichen Vorgängen dieses Jahrhunderts, weil er durch ein enormes Wissen um die Vorgänge zu einem unerläßlichen Partner für seine Gegner geworden ist. Sorge ist einer der wichtigsten Gesprächspartner des deutschen Botschafters in Japan, Ott, gewesen, und nicht, weil er dem so sympathisch war, sondern weil er immer mehr wußte als Ott. Und der hat ihn darum sehr geschätzt, und so hat Sorge vieles erfahren. Er hat weder erpreßt, noch hat er 'ne Untergrundbande organisiert. Er war natürlich ein Wahnsinnsmann mit einer hervorragenden Analysefähigkeit und war vielen blasierten und Ostasien ganz fernstehenden Leuten in seiner Umgebung meilenweit voraus, weil er japanische Freunde hatte und diese sagenhafte japanische Frau, die ich 1984 für die „Freie Welt" interviewen konnte. Sorge ist 1944 ermordet worden, das war vierzig Jahre her, die Frau, jetzt über 80, sprühte noch immer vor Liebe zu ihm. Sowas habe ich überhaupt noch nicht erlebt, eine Frau, der wirklich die Funken aus den Augen sprangen, wenn sie von ihrer großen Liebe redete. Richard Sorge hat die Leute gekannt, hat Verbindungen in das Land gehabt, und es gab Menschen im MfS, die eine solche Art der Informationsgewinnung für vorbildlich gehalten haben und die Vorstellung hatten, in solchem Stil müßte man arbeiten.

Nun will ich mich nicht mit Richard Sorge vergleichen, aber es gab schon Dinge an ihm, die ich mir zu eigen machen wollte, zum Beispiel, daß es nicht darauf ankommt, Menschen zu erpressen, sie in Abhängigkeit von dir zu bringen durch irgendwelche Dinge, wo du selber ununterbrochen um dein Leben zitterst, sondern daß du Menschen gewinnst, für dich Partner zu sein, indem du ihnen deutlich machst, daß du selbst eine Menge weißt, nicht, weil du sie fertig machen, in Bedrängnis bringen willst, sondern weil du davon ausgehst: Es gibt die stumme Übereinkunft, daß wir das gleiche wollen, nämlich, daß diese Welt friedlich miteinander umgeht, wir wollen das unsere tun, daß wir Plumpheit, Dummheit, borniertes Eigeninteresse ausschalten und zu einer Interessenübereinkunft gelangen. Dazu gehört das Herausfiltern von Interessen beider Seiten, niemals kann eine Übereinkunft dadurch entstehen, daß einer sich aufgibt. Ich habe versucht, den Leuten, die in der DDR das Sagen hatten, die notwendigen Informationen zu liefern. Und ich habe meinen Partnern Dinge über die DDR vermittelt, die für sie wichtig waren.

Ich stimme heute denen zu, die sagen, Geheimdienste haben sich überlebt. Sie sind im Zeitalter der Massenmedien, bei der Unmöglichkeit, Informationen zurückzuhalten, überflüssig geworden. Sie kommen aus einer anderen Ära. Wir haben in einer doppelten Schizophrenie gelebt. Die eine war das innere Informationssystem der DDR. Wäre ich einfach nur Korrespondent gewesen und hätte die Staatsführung der DDR den „Horizont" als wichtige Informationsquelle betrachtet, hätte ich von vier Fünfteln dessen, was ich dem MfS berichtet habe, hochinteressante Artikel schreiben können. Die Diktaturen ähneln sich ja, auch wenn wir uns in der DDR immer wahnsinnig dagegen verwahrt haben, mit der faschistischen Diktatur verglichen zu werden. Die Diktatur in der DDR war u. a. mit der faschistischen darin vergleichbar, daß alle Institutionen auf ihrer jeweiligen Strecke gegeneinander gekämpft haben, jeder wollte der wichtigste sein, und von ganz besonderer Wichtigkeit war dabei die Informationsstrecke, das Informationsmonopol der Partei. Hätte der Außenminister den „Horizont" gebraucht, um sich über Japan zu informieren, und der Geheimdienstminister gleich mit, ich hätte ihnen die große Freude machen können, das, was ich wußte, auch noch hübsch verpackt zu servieren, nämlich lesenswert. So war es aber nicht. Es war so, daß die Zeitungen in der DDR von den Mächtigen nicht gelesen wurden. Die brauchten sie nicht. Sie haben sie dem Volk hingeworfen, haben entschieden, was das Volk zu wissen hat.

Auf diese Weise wurde vieles geheim, was in den entwickelten bürgerlichen Demokratien nie geheim war. Wenn ich in der DDR ins Außenministerium wollte, gab es einen Haufen Formalitäten, wollte ich in Japan ins Außenministerium, zum Chef der Presseabteilung beispielsweise, bin ich ohne alle Probleme rein ins Haus, in die entsprechende Etage, und dann zwischen den Schreibtischen der Mitarbeiter durch den Großraum gegangen, der Chef saß etwas erhöht am anderen Ende. Den Japanern war offenbar um Geheimnisverrat nicht so bange, weil für das, was bei ihnen wirklich geheim ist, ein Panzerschrank reicht. Bei uns war schon die Kantine des Außenministeriums fast geheim. Selbstzerstörerisch, dieser Sicherheitswahn. Umgedreht wurden aber auch durch eine gewisse Schizophrenie im Westen Informationen über die DDR geheimer gehandelt als sie eigentlich waren, weil auch dort die Journalisten einer Art Selbstzensur unterliegen. Dadurch, daß das Bild der grauen DDR und der versteinerten SED in der Welt existierte, konntest du allein schon mit ein paar Beispielen über das differenzierte Denken innerhalb der Partei draußen Erstaunen hervorrufen, das am Ende dann dieses stumme Verstehen zwischen Partnern ermöglichte. Es gab natürlich auch sowas wie ein gemeinsames Ethos. Wenn du nun einer warst, und sie merkten es, der ganz ernsthaft mit der asiatischen Problematik umgeht, und davon gibts bis heute nicht allzu viele, dann hattest du auch ein Plus. Viele Amerikaner haben in Japan darunter gelitten, daß sie in der großen Masse sehr arrogant und missionarisch mit dem Japanischen umgehen. Ich war ein intensiver Verfechter der Bereitschaft, sich in dieses Volk, in dieses Land und seine Traditionen über Jahre hinein zu vertiefen. Das gehörte für mich zu meiner Arbeit, und nicht drei Sätze auf einer halben Seite runterzuschmieren, sondern den Informationsauftrag als wissenschaftliche Arbeit zu betrachten. Ich hatte japanische China-Wissenschaftler zu Partnern, die auf eine sehr unabhängige Weise den ganzen Komplex der Jahrhundertgeschichte Japans und Chinas zu beurteilen wußten und eine Fülle von Überlegungen entwickelten. In Ostasien habe ich gelernt, in langen Zeiträumen zu denken. Einer hat mir erklärt, daß der Krieg Japans gegen China, der Bestandteil des II. Weltkrieges war, unheimlich zu tun hatte mit dem nicht bewältigten Unterlegenheitskomplex der Japaner gegenüber China. Wir hatten in unserer außenpolitischen Lehre den psychologischen Faktor enorm unterschätzt. Wir haben ökonomische Faktoren bedacht, haben daraus Interessenlagen abgeleitet, aber die Psychologie kam zu kurz.

Ich habe keine Sensationen geliefert, keine Blitzinformationen. Ich glaubte, mich darum kümmern zu müssen, wie die kleine DDR mit Botschaften in China und in Japan wirkt, hineingesetzt in diese Blockkonfrontation, wie sie ostasiatische Beziehungen für sich nutzen können wird. Dafür Wege zu eröffnen, erforderte eine Menge an Vorbereitungen, Wissen, Können, Toleranz und Einfühlungsvermögen, und ich glaubte, auf dem Weg zu sein, dies alles für mich zu erwerben. Die Art und Weise, wie ich in Japan angenommen worden bin, hat mich darin bestärkt, daß ich einen Weg gefunden habe, auch als Mensch angenommen zu werden. Richard Sorge war dabei für mich eine Orientierungsgestalt.

1985 war mein Einsatz in Japan beendet. Ich ging zurück zur Humboldt-Universität, um meine wissenschaftliche Arbeit fortzusetzen. Ich bin natürlich mit japanischen Wissenschaftlern in Kontakt geblieben, und es gab die Vorstellung, daß man daraus später auch Erkenntnisse schöpfen kann. Für das Ministerium habe ich mich damit beschäftigt, Literatur auszuwerten, wir hatten wissenschaftliche Konferenzen, und man konnte davon ausgehen, wenn Leute aus Japan herkamen, dann hatten die ihre eigenen Ziele, man traf sich wieder auf einer solchen Basis.

Es gibt in der ganzen Japan-Sache für mich keinen Grund zu der Annahme, ich hätte da Menschen geschadet. Die Frage stellt sich anders in Bezug auf meinen China-Aufenthalt 1987/88. In den leider ganz schnell – nicht von mir, sondern von denen, die Offenbarungen forderten – abgebrochenen Debatten im Mai 1991, als ich meine Tätigkeit für das MfS offenbart habe, bin ich von einer Abgeordnetenkollegin unserer Fraktion gefragt worden, ob ich nicht darüber nachdenken müßte, daß ich mit meiner MfS-Tätigkeit

1987/88 vielleicht beigetragen habe zur Haltung der DDR-Regierung zu den Unruhen in Peking im Juni 1989, und ob ich nicht dadurch Menschen in Gefahr gebracht hätte, indem die DDR-Führung der chinesischen Führung möglicherweise zugetragen hat, also der und der Professor hat sich so und so kritisch geäußert. Die Frage ist wirklich berechtigt, auch wenn ich sie nicht beantworten kann. Sie macht deutlich, wie wenig das subjektive Empfinden einen von der kollektiven Verantwortung für Vorgänge entbindet. Natürlich muß man das heute reflektieren und feststellen, mir fehlte zu jenem Zeitpunkt ein Anlaß und auch die Kraft, mich neben mich zu stellen und das, was ich getan habe, darauf zu befragen: Habe ich anderen geschadet?

Als ich 1985 aus Japan zurückkam, fehlte mir ein wichtiger Abschnitt DDR-Geschichte. Ich hatte ein idealisiertes DDR-Bild, einmal durch die Leute, die aus der DDR nach Japan gekommen waren, zum anderen durch Meinungen und Positionen führender japanischer Persönlichkeiten. So fehlte mir das Gefühl für die Tiefe der Widersprüche, und obwohl ich im Prenzlauer Berg wohne, bin ich nie in die Nähe der „Szene" hier gekommen. Das hing auch damit zusammen, daß ich drei Jahre an meiner Dissertation B gearbeitet und fast ein Jahr im Archiv in Potsdam verbracht habe. Ich hab mich da reingewühlt wie verrückt, und dann war ich nochmal ein halbes Jahr in China. Über dieses halbe Jahr und die Wirkung dessen, was ich da für das MfS geschrieben habe, weiß ich nichts. Ich habe auch nicht danach gefragt. Es gab dann schon wieder andere Aspekte. Mein Vater hat zu bestimmten Erscheinungen in der DDR eine unversöhnliche Position eingenommen. Er hat in Leuna weitergearbeitet und schlimmste Auseinandersetzungen mit seiner Bezirksleitung gehabt, Briefe ans Neue Deutschland geschrieben, und er hat sich 1987 mit mir darüber unterhalten. Da hab ich zu ihm gesagt, ich könnte dich jetzt unterstützen. Wenn ich das täte, könnte ich nicht nach China fahren. Der Besuch ist vorbereitet seit einem Jahr, ich hab die Chance, als einer der ersten in Nanking ins Archiv zu kommen. Wir sind auf einer völlig neuen Stufe der Zusammenarbeit mit China, das bricht dann alles zusammen, denn das kann kein anderer machen. Nun kann man heute sagen, naja, war das wirklich so, aber mein Vater hat das akzeptiert. Ich hab dann in Nanking Dokumente gesehn, die vor mir noch kein Ausländer gesehen hatte, zum Beispiel einen Hitlerbrief an Tschiang Kaischek von 1936, der in der Geschichtsschreibung bisher noch nie eine Rolle gespielt hatte, da ging's um Hitlers Vorstellungen von der Gestaltung der deutsch-chinesischen Beziehungen, zu einer Zeit, als Deutschland sich schon auf dem Pro-Japan-Kurs befand. Hitler wollte sich offenbar verschiedene Varianten offen halten. Ich hab also viele Dinge gesichtet und ausgewertet, hab an einer großen Konferenz zur Geschichte Chinas teilgenommen, an der auch nur eine Handvoll Ausländer teilnahm,

1988 haben wir dann eine europäische China-Wissenschaftlerkonferenz in Weimar gemacht, also es gab schon ein sehr komplexes Herangehen an diese Dinge, und das spielte bei persönlichen Entscheidungen eine Rolle. Das kann man unterschiedlich bewerten, für mich spielte es eine Rolle. Gemessen an den späteren Dimensionen der Auseinandersetzungen hätte man sich anders entscheiden können, aber diese Dimensionen habe ich damals nicht gesehn.

Ich hatte in China Kontakte mit Professoren und hab auch über sie geschrieben, weiß also nicht, was damit geschehen ist. Das reißt das Problem auf: Was machst du, wenn du in eine Vertrauensseligkeit hineingerätst, in der du dein Wissen, dein Können, deine Überzeugung für eine Sache einsetzt und wirklich nicht mehr zweimal fragst? Das macht ja auch den Konflikt der vielen aus, die innere Aufgaben unterschiedlichster Art zu lösen hatten. Bei all diesen Fragen kann man nur Antworten finden, wenn man gesamtdeutsche Geschichte befragt. Mein Leben hat sich in der Welt abgespielt, und die Einflüsse der Welt, die Gewichtung der unterschiedlichen Einflüsse haben mich bewogen, so und nicht anders zu handeln. Ich hab immer versucht, die Methoden der Weltbetrachtung, das, was ich gelernt und erfahren habe, auf das eigene Leben zu übertragen.

Nun stehe ich vor der Frage: wie weiter? An der Universität kann ich nicht mehr arbeiten, ich hab die Kündigung bekommen aufgrund meiner MfS-Erklärung, und es ist klar, daß man in einer öffentlichen Einrichtung diese Fragen immer wieder beantworten muß. Um eine private Bildungseinrichtung habe ich mich bisher noch nicht bemüht. Ich möchte noch ein bißchen Zeit vergehen lassen, denn das Hauptproblem, was mit dem, was man tut, am Ende gemacht wird, stellt sich heute in einer neuen Form natürlich wieder. Die Verhältnisse sind doch so, daß man das tut, was der Arbeitgeber erwartet. Ich kann noch nicht darüber nachdenken, wie ich in meiner wissenschaftlichen Ostasienarbeit für einen konkreten Auftraggeber weiterarbeiten sollte. Meine Geschichtsforschungen habe ich als Hobby wieder aufgenommen, ich seh mir die Faschismus-Akten an, weil mir 1988/89 klargeworden ist, daß man die Diktatur Faschismus auch für sich völlig neu begreifen muß, die Wirkungsmechanismen auf die Menschen. Ich war mit meiner Dissertation B gerade auf dem Weg, mich von der vereinfachten Darstellung zu lösen. Jede Gesellschaft vereinfacht ihr Geschichtsbild, das sie in der Schule vermittelt, das ist einfach auch 'ne Zeitfrage. Bei Archivstudien gerät man an Akten, die nicht ins Schema passen, und das ist hochinteressant, da möchte ich weitermachen. Das heißt, ich möchte mich jetzt mit anderen Akten beschäftigen, als mit denen, von denen alle Welt redet.

Nun habe ich erstmal eine ABM-Stelle im Sozialbereich. Im August 1991 habe ich meinen Rücktritt von der PDS-Funktion erklärt, weil ich in dem

Konflikt war, mit meiner Tätigkeit in der Vergangenheit etwa andere fragen zu müssen: Hast du für das MfS gearbeitet? Es haben zwar viele gesagt, von der Aufklärung existieren keine Aufzeichnungen, aber das war für mich nicht ausschlaggebend. Ich konnte den Konflikt mit mir selbst nicht lösen. Ich hatte auch die Vorstellung, daß ich mit meiner Erklärung noch Prozesse beeinflussen könnte und daß diejenigen, die gedrängt haben, und das kam ja aus den Reihen der Bürgerbewegung, tatsächlich an einem weitergehenden Dialog über diese Fragen interessiert wären. Diese Hoffnung hat sich für mich völlig zerschlagen. Mich hat nach dieser Erklärung kein Mensch auch nur das geringste zu meiner Tätigkeit gefragt. Der Fakt war abgehakt. Es ging um Absäbeln. Ich hatte mich mit Leib und Seele in diese PDS-Funktion begeben. Hab dabei sehr viel gewonnen, aber auch Freundschaften riskiert und verloren und bin dabei, andere mit Mühe wieder aufzubauen. Die Arbeit als Landesvorsitzender war sehr zeitintensiv, ich hatte auch keine Erfahrungen in dieser Tätigkeit, hab nicht beherrscht, wie man sich auch mal ausklinkt, und dadurch ist es auch zu Hause sehr schwierig gewesen, denn einen Arbeitstag, der von früh um sechs bis abends um elf geht, den kannste dann überhaupt nicht mehr erzählen. Das Gespräch findet nicht mehr statt. Das hat auch die Art und Weise des Umgangs mit der MfS-Offenbarung beeinflußt. Ich habe mich mit niemandem beraten und impulsiv gehandelt, als ich für die „Berliner Linke" geschrieben habe, ich war IM. Denn vorher hatte die Bildzeitung einen Artikel veröffentlicht, mit Foto von mir, sie wußten nichts, sie haben nur gewußt, daß ich im Ausland war und auf den Busch geklopft. Das ND wollte daraufhin wissen, hast du nun oder hast du nicht, und ich habe gesagt, es ist nichts dran an der Behauptung. Ich habe Fehler über Fehler gemacht, es war eben der Beweis für mich, es geht nicht, sie treiben dich in die Enge. Über Pfingsten habe ich dann auf dem Zeltplatz nachgedacht, was machste. Meine Frau hatte sich mit darauf eingestellt, daß das durch die Zeitungen geht. Sie ist Lehrerin, und einmal haben dann auch zwei Schüler gesagt, von Ihnen wollen wir nichts wissen, aber dabei ist es eigentlich im direkten Umfeld geblieben. Meine Frau und ich, wir haben das dann irgendwo auch als Erlösung empfunden, daß ich mich offenbart habe.
In der Pressekonferenz der PDS-Fraktion des Abgeordnetenhauses wurde ich natürlich gefragt, wieviel Geld ich vom MfS bekommen hätte, die rechneten gleich durch, zweihundert Mark im Monat, da kam im Laufe der Jahre eine Summe zusammen, die sich gewaltig anhörte. Ich hatte als Aspirant 550 Mark an der Uni, und ich hatte drei Kinder, also dieses zusätzliche Geld, das war nichts, womit man mich hätte kaufen können. Die Boulevardpresse reagierte zunächst mit den in dieser Frage üblich gewordenen, nach keinerlei Persönlichkeitsrechten fragenden Sensationsschlagzeilen – das waren zwei sehr schwierige Tage. Dann gab es ein paar

nüchterne Artikel, aber weil ich offenbar nicht sofort die Segel strich, kam es dann zu einer echten Verleumdung in Form einer persönlichen Erklärung von Reinhard Schult im Abgeordnetenhaus. Der las einen Brief von Eltern und Lehrern aus der Schule im Prenzlauer Berg vor, in der ich eine zeitlang Elternbeiratsvorsitzender war. Darin wurde u. a. unterstellt, ich hätte Kinder im MfS-Auftrag ausgehorcht nach kritischen Äußerungen ihrer Eltern zur DDR. Das war aber nicht so. Ich habe 1988/89 das FDJ-Studienjahr in der Klasse meiner Tochter gemacht und bei einer Diskussion zu den Schülern gesagt: Laßt uns um Gottes willen nicht mit zwei Zungen reden, laßt uns das debattieren, was auch bei euch am Abendbrottisch eine Rolle spielt. Ich habe nicht im Traum daran gedacht, das fürs MfS zu benutzen, und jeder hätte bei mir entsprechend nachfragen können. Aber die Betreffenden haben weder im Herbst 1989 noch im Jahr 1990 mit mir geredet, und 1991 schickten sie diesen Brief nicht mir, sondern Schult. Nur durch die Presse habe ich überhaupt eine Kopie des Briefes erhalten. Darum sage ich: Es war eine Verleumdung, die in der Presse freilich wiederum als Fakt gehandelt wurde, und mein Dementi interessierte niemanden mehr.

Im August 1991 war der Putschversuch in der Sowjetunion, und das war für mich der Punkt, wo ich mir sagte, jetzt kannst du nicht mehr. Als Landesvorsitzender hätte ich das analysieren müssen, noch immer belastet mit all diesen persönlichen Fragen, das ging nicht mehr. Ich habe dann die ABM-Stelle angenommen, die mir angeboten wurde. Das ist ein Sozialprojekt, wir machen Sozialhilfe im Kietz, auch sozio-kulturelle Projekte. Wir organisieren Kinderferienlager in Böhmen, ich fahre mit Berlinern im Bus in den Teuteburger Wald, Bildungsausflüge – das alles ist gut fürs Nachdenken und Reflektieren, und es ist nützliche Arbeit. Fürs Bilanzziehen ist es zu früh. Viel zu viele Fragen sind noch unbeantwortet, im Großen wie im Kleinen. Sagen kann ich aber: Ich fühle mich durch die DDR nicht betrogen. Ich habe an ihr mit besten Kräften mitgebaut, vieles bis 1989 und 1990 nicht wissend, manches verdrängend. Ist daraus Schuld geworden? Das MfS hat eine juristisch meßbare Schuld all jenen gegenüber auf sich geladen, die es unterdrückt, entrechtet, gedemütigt, hinter Gitter gebracht und in den schlimmsten Fällen sogar physisch vernichtet hat. Diese Schuld muß ich anerkennen, und ich muß mit ihr leben. Aber wer hat nun das Recht, mit mir umzugehen, als müßte ich diese Kollektivschuld unabhängig von meiner Biografie auf mich laden und stellvertretend für alle unablässig auf die Knie sinken und alle möglichen Demütigungen ertragen? Neben der juristisch meßbaren gibt es noch eine andere Schuld, eine politische: Die Beschädigung des Selbstbewußtseins der DDR-Bevölkerung. Das vereinigte Deutschland sähe anders aus, wenn diese Bevölkerung mutiger, streitgewohnter und streitbarer und viel weniger autoritätsgläubig gewesen wäre. Ich frage natürlich: Wer hat Schuld an der anonymen Beschädigung vieler Leute jetzt? Wer wird dafür zur Verantwortung gezogen?

In Bezug auf die DDR wird immer wieder „schonungslose Abrechnung" verlangt. Meiner Meinung nach entsteht aber aus solcher Schonungslosigkeit neue Selbstherrlichkeit, neue Ungerechtigkeit, und das hat den Effekt, daß die Bereitschaft zur öffentlichen Auseinandersetzung eher ab- als zunimmt. Ich habe mich fürs Reden entschieden, weil ich erlebt habe, daß es zwar Aggressionen gibt, aber auch viel Zuspruch, und zwar auch von Menschen, von denen man es nicht erwartet hat. Dieses Sich-Zeigen bringt neue Erlebnisse des Angenommenwerdens, mit denen ich nicht gerechnet hätte.

Andreas K., Jahrgang 1958

Ehem. Oberleutnant im Bereich
Personenschutz des MfS

Ich war in den Abteilungen IX und XI, den operativen Abteilungen der
Hauptabteilung Personenschutz, die sich beschäftigten mit der inoffiziellen Durchdringung der Bereiche Protokollstrecke, den Freizeitbereichen,
wo die Repräsentanten wohnten, zum Beispiel Wandlitz, Freizeitobjekte in
der Schorfheide, an der Ostsee. Das wurde mit inoffiziellen Mitarbeitern
gemacht, mit konspirativen Mitteln und Methoden. Ein weiterer Bereich
der Abteilung IX waren der Palast der Republik, Gästehäuser des Ministerrates, in deren Belegschaften IMs zu werben waren, um zu erfahren, was
erzählen die Leute, wie denken die Leute. Das war wichtig bei der
Einstellung von Personal, um kaderpolitisch sicherzugehn, daß man
niemanden einstellt, der der Führung gefährlich werden könnte. An der
Protokollstrecke wollte man wissen, wer wohnt da, was denken sie, die
Anwohner von Wandlitz betraf das ebenso. Was den operativen Wachschutz betrifft, also die Leute, die an der Strecke gestanden haben, die die
Autos gefahren haben, das waren Mitarbeiter der Abteilungen III und VIII,
die Abteilung V war für die wirtschaftliche Versorgung der Repräsentanten
zuständig, und wenn Großeinsätze waren bei politischen Ereignissen, oder
wenn Durchfahrten waren bei Staatsempfängen, mußten auch die anderen
Diensteinheiten, vorrangig von Berlin, Leute stellen, die an der Straße
patroullierten. Ich war Abschnittsleiter im Bereich Dörpfeldstraße, Adlershof, bis zum Betriebsbahnhof Schöneweide, wo man dann im Grunde
genommen die Aufgabe hatte, zu sichern, daß die Strecke frei war, daß man
guckte, wenn Fahrzeuge stehenblieben, daß da keine Bombe drin war, daß
keine Plakatträger sich hinstellten, es ging darum, Losungen zu verhindern,
die nicht ins Konzept der Führung paßten, da war dann tatsächlich die
Opposition gemeint, also daß die nicht in Erscheinung trat.
Es war wirklich so, Honecker, Mittag, Mielke, die ja die drei Landeskönige
waren, die wußten wirklich nicht, oder sie wollten nicht wissen, wie die
Realität in der DDR aussah. Daraus resultierten ja dann auch die Probleme,
mit denen wir konfrontiert waren. Der Personenschutz, das waren an die
zweitausend Mitarbeiter, im Grunde ein großes Dienstleistungskombinat
fürs Politbüro. Die Operativstrecke IX und XI, das war so'n fünftes Rad am
Wagen, die mehr oder weniger politisch-operativ arbeiteten, aber die

Normen, die für einen Geheimdienst notwenig gewesen wären, sind dort nie erreicht worden.

Ich hab 1978 beim MfS in Halle angefangen. Dort komme ich her, und ich hab das MfS kennengelernt durch meinen Vater. Er war Kreisdienststellenleiter, und ich muß sagen, er hatte ein Arbeitskollektiv, wo wirklich einer für alle da war. Das hat mir eigentlich imponiert und mich auch motiviert, schon als Junge. Da waren die Familien integriert, wir haben als Kinder zusammen gespielt, man fühlte sich dort geborgen, auch als Jugendlicher. Ich hab die zehnte Klasse gemacht, dann Berufsausbildung mit Abitur, Instandhaltungsmechaniker, ich hab mich für Luftfahrt interessiert. Für mich gab's kein Westfernsehen, für mich war hinter der Mauer ein tiefes, schwarzes Tal, und hier war die kleine, sonnenüberflutete DDR mit lichter Zukunft, das habe ich auch verinnerlicht, und daran habe ich nie gezweifelt, das ging wirklich erst an der Universität los. 1980 habe ich zu studieren begonnen, und als ich 1982 in der Sowjetunion war, zwei Monate dort gearbeitet habe, da hat's den ersten Knacks bei mir gegeben. Ich bin ja damals in das Land des Kommunismus gefahren. Bis zu diesem Zeitpunkt war ich wirklich naiv. Nach dem, was ich als Lebensweg vor mir sah, konnte ich bereits meine Rente ausrechnen. Pionier, FDJ, Partei, Beruf, Karriere, das wäre wirklich planmäßig gelaufen.

Aufgrund dessen, daß ich Offiziersbewerber werden wollte, habe ich mich bei den Luftstreitkräften beworben, das ging gesundheitlich nicht, und so kam es, daß ich orientiert wurde auf Staatssicherheit. Nach der Lehre fing ich dann an in der Bezirksverwaltung Halle in der Untersuchungshaftanstalt, damit ich gleich den Gegner richtig kennenlerne, in persona. Ich habe dort wie einige andere Kinder von MfS-Angehörigen als Wachposten begonnen. Man kennt die Menschen da drin natürlich nicht, sie werden einem vorgestellt als Klassenfeind, als Gesetzesverletzer, was sie tatsächlich waren, weil sie gegen Gesetze der DDR verstoßen hatten, also waren es für mich Leute, gegen die mit Recht ermittelt wurde und die deshalb in der Untersuchungshaft saßen. Es gab strenge Normen, man durfte sie nicht anfassen, sie durften sich untereinander nicht sehn, zum Beispiel, wenn sie Freistunde hatten.

Das einzige, wo ich schon Probleme bekam, war, daß ich dort nicht die Geborgenheit fand, die ich von der Kreisdienststelle gewohnt war, von meinem Vater und seinen Genossen. Da gab es schon die ersten Konflikte, weil ich auch Leute kennenlernte, die bloß das Geld von der Staatssicherheit wollten. Das war für mich nicht die Motivation. Ich hab beim MfS angefangen aufgrund der Erziehung und dessen, was ich vom MfS wußte, mit dem Ideal, mein Vaterland zu schützen.

Eineinhalb Jahre später wurde ich in die Untersuchungsabteilung versetzt und habe dort als Untersuchungsführer gearbeitet, Leute vernommen, die inhaftiert wurden wegen § 213, die die DDR ungesetzlich verlassen wollten. Hier war für mich die Frage, warum wollen die denn weg aus unserem Land? Da war ein Jugendlicher bei, der wollte Truckfahrer werden in den USA. Der wurde von seiner Mutter unterstützt. Der Junge ist in die CSSR gefahren, mit ihrem Wissen, und wollte dort auf einen fahrenden Zug nach Österreich springen. Die Mutter hat gehofft, daß sie dann irgendwann durch 'ne Familienzusammenführung hinterher konnte. Das war für mich kriminell. Auf der anderen Seite hatte ich einen Vierzigjährigen, einen Ökonomen, der hat einen Grenzdurchbruch nur vorgetäuscht, er hat so kalkuliert, daß er in Untersuchungshaft kommt und abgeschoben wird. Der wollte drüben Karriere machen. Da habe ich mir gesagt, der Mann wurde hier ausgebildet, hat hier sein Wissen, seine Fähigkeiten erworben, und der will jetzt zu den westdeutschen Kapitalisten, die zum Beispiel damals den Krieg in El Salvador unterstützt haben. Die Vorwürfe habe ich ihm auch gemacht, so naiv, wie das vielleicht klingt. Es war so, daß man mit dem Untersuchungshäftling alleingesessen hat, erstmal die Vernehmung zur Person hat bei der Staatssicherheit immer mehrere Seiten Protokoll gefüllt, während es bei der Kriminalpolizei vielleicht ein, zwei Seiten waren. Ich weiß das, da ich bei der Kripo mein Praktikum gemacht habe. Bei uns war das Wichtigste die politische Motivation, um auch Anknüpfungspunkte zu finden, inwieweit hat der Gegner auf diese Person eingewirkt und mit welchem Ergebnis. Um jemanden abzuurteilen, ist es das Wichtigste, nach den Ursachen zu fragen. Es gab einen Frageplan, nach dem man die Vernehmung durchgeführt hat. Ich habe als Untersuchungsführer fünf Häftlinge kennengelernt und drei Ermittlungsverfahren bis zum Gerichtsverfahren geführt, und das ist alles auf sachliche Weise verlaufen. Aber für Untersuchungshäftlinge, gerade für die, die wegen 213 bei uns waren, war das natürlich eine enorme Belastung, und daß es da Auseinandersetzungen gegeben hat, ist nicht auszuschließen.

Die Erstvernehmungen gingen oft bis in die Nacht, über mehrere Stunden, das war für beide Seiten furchtbar anstrengend. Ich wollte erreichen, daß der andere mir vertraut, denn ich versuchte ja, seinen positiven Kern zu finden.

In der Regel wurden die Leute zu zwei Jahren verurteilt, aber nach einem halben Jahr oder einem Jahr ist dann die Übersiedlung in die BRD erfolgt, das war so die Norm. Zu den Vernehmungen, die ich geführt habe, dazu steh ich, weil ich wirklich versucht habe, so wie ich es gelernt habe, auch entlastende Momente herauszuarbeiten. Jedem, mit dem ich die Vernehmung geführt habe, könnte ich heute in die Augen sehn. Da habe ich keine Gewissensbisse. Ich hab als Vernehmer auch Kaffee bezahlt, Zigaretten bezahlt. Die Vernehmungen waren darauf ausgerichtet, ein Vertrauensverhältnis mit dem Häftling aufzubauen. Ich habe mich damals schon mit

Psychologie beschäftigt, um die Verhaltensweisen einzuschätzen, wo man Toleranz zeigen muß, wo man auch hart sein muß und Vorwürfe machen kann. Man ist natürlich erstmal auf Konfrontation, zum Beispiel mit dem Ökonomen, der ja wesentlich älter war als ich, da habe ich tagelang überlegt, wie kann ich den aus der Ruhe bringen, aus seinem Konzept raus, der sagte mir ja nicht die Wahrheit, und mir war klar, wenn ich den als junger Schnösel ausschimpfe, dann gebe ich ihm erst recht das Gefühl, daß ich nicht weiterkomme und gezwungen bin, sein Spielchen mitzuspielen. Ich bin soweit gekommen, ihn schließlich auszulachen, das hat ihn sichtlich verstört.

1980 begann ich bei der Sektion Kriminalistik der Humboldt-Universität ein Direktstudium, und wie gesagt, da wurde ich das erste Mal hellhörig, als ich 1982 beim Studenteneinsatz in Georgien war, in Gagra am Schwarzen Meer. Wir haben einen Monat lang Lorbeerblätter gepflückt, dann waren wir in Tbilissi, haben Kontakt mit der Bevölkerung gesucht, sind rumgetrampt und haben das Land intensiver kennengelernt als das im Tourismus möglich ist. Erstmal war ich erschüttert über die Arbeitsleistungen, über das Schlampern mit Material, eine Arbeitseinstellung, die für mich unfaßbar war, auch die geringe Arbeitsproduktivität. Georgien ist ja nun geprägt durch Stalin, da liegt eben im Kinderspielzeug die Büste von Stalin mit rum, und es wird einem erklärt, daß der Lenin Georgien okkupiert hat. Da war auch Hitler noch eine Weltgröße, weil der gewagt hat, Stalin anzugreifen, ich bin sogar mit Heil Hitler begrüßt worden, und wenn wir bei Feiern einen Toast auf den Weltfrieden ausgebracht haben, wurde das überhaupt nicht begriffen.

Die Jugend in Georgien braucht zum Beispiel nicht zu arbeiten, die Alten arbeiten für die Kinder, solange sie können, Vater und Mutter schubbern, und die Jungen fahren mit Autos spazieren, das zieht einem die Schuhe aus.

Und dann der Personenkult. Der Parteinatschalnik war der Gott, wenn der gefahren ist, mußte alles runter von der Straße. Auch bei denen vom Komsomol. In Georgien war's so, der Sohn vom Landwirtschaftsminister war der Vorsitzende vom Komsomol, weil er eben Ministersohn war, er hatte einen Dienstwagen vom Vater, damit ist er zum Studentenwohnheim gekommen und hat sich die deutschen Mädchen ausgesucht, mit denen er 'ne Ausfahrt machen wollte. Wir haben auch den Schwarzhandel kennengelernt, den Automarkt, die Polizei hatte wenig zu sagen. Wenn ein Auto geklaut wurde, hat man das nicht von der Polizei wiederbekommen, sondern vom Schwarzmarkthändler. Die Maffia, diese Familienclans, das war das Ideal der Jugend. So kam ich dann erstmal dazu, nachzudenken. Als wir zurückkamen, wurde Andropow Vorsitzender der KPdSU, und der hat das alles angesprochen, was uns aufgestoßen ist in der Sowjetunion.

Wir haben an der Uni zur Karl-Marx-Konferenz den Andropow hoch- und runterzitiert, so daß für mich die Welt langsam wieder heil war. Man hatte ja die Illusion, daß die Erkenntnisse, die sie hatten, in die Politik einflossen.

Dann habe ich in Berlin meine Frau kennengelernt, beim Festival des Politischen Liedes, was einen großen Einfluß auf mich hatte. Da lernte ich Leute kennen, die demonstrativ links waren, und 1984 habe ich mich dann entschieden, in Berlin zu bleiben. Ich hatte viele Freunde hier, und da bin ich dann zum Personenschutz gekommen, in Weißensee, das war das große rote Haus, in dem jetzt das Rathaus drin ist. Ich sollte da 'ne Topkarriere machen in dem Bereich, ich war protegiert durch meinen Vater, das war für mich ein Problem, weil es immer hieß, der Vater ist Abteilungsleiter, wenn ich beurteilt wurde in meiner Arbeit, hing der Vater hinten dran. Die kannten meinen Vater nicht, aber die wußten, der macht Spionageabwehr, und ich war mit meiner Ausbildung als Diplomkriminalist folglich der Kader, der nach oben geschossen wurde.

In der Abteilung IX wurde ich eingesetzt als Vorkommnisbearbeiter, d. h., wenn es Vorkommnisse gab, zum Beispiel Störungen in Schloß Niederschönhausen, im Palast der Republik, wurde ich eingesetzt zur kriminaltechnischen Arbeit, zur Ereignisort-Arbeit. Ich wurde eingeführt in die IM-Arbeit, hatte das Glück, dabei einem Menschen zu begegnen, der mir die Möglichkeit eingeräumt hat, das MfS richtig kennenzulernen. Der hat mich in die Organisation der Arbeit mit IMs einbezogen. Das ging soweit, daß ich zu anderen Diensteinheiten, zur Spionageabwehr, zur Linie XX, die sich mit der Kirche beschäftigte, hinzugezogen wurde, zur Linie VIII, Beobachtung, wie organisiere ich eine konspirative Beobachtung. Ich war daran beteiligt, Arbeitskontakte mit zu knüpfen.

Die IM-Arbeit war z.B. so, daß man die Aufgabe hatte, Leute zu finden, die als IM Beobachtungsaufgaben realisierten. Welche Merkmale mußte solche Person haben, fototechnische Kenntnisse zum Beispiel, ein Fahrzeug, auch die Zeit, daß er sich frei bewegen kann, ohne seinen Vorgesetzten oder Familienangehörigen Rechenschaft ablegen zu müssen. Daß er auch die Einstellung zu dieser Arbeit hat und bereit ist, ideologisch mit dem MfS zusammenzuarbeiten und uns freiwillig zu unterstützen. Ich bin u. a. unsere Personenkartei durchgegangen, in der die Mitarbeiter des Palastes der Republik, aus den Freizeitbereichen der Repräsentanten erfaßt waren, da habe ich mir Leute rausgesucht, die am besten in das Schema paßten. Sie wurden in den Speichern des MfS überprüft, ob sie frei waren oder schon von anderen Bereichen erfaßt waren. Da gab es die Hinweis- und Suchkartei, in der jeder erfaßt war, der schon mal ins Blickfeld des MfS geraten war. Es waren auch Personen in den Speichern, die mit dem MfS gar nichts zu tun hatten. Die höhere Stufe war die Sichtlochkartei, wo die Person dann schon nach dem Informationsbedarf abgespeichert war. Es gab Speicher zur Person, Speicher zu Vorgängen und Ereignissen. Von allen Leuten, die bei uns im Bereich Personenschutz gearbeitet haben, zum Beispiel im Palast der Republik, existierte ein Abzug der Kaderakte bei uns in der Auswertung. Das heißt, die hatten eine Akte bei uns, nur weil sie die und die Arbeit hatten.

Solche Quellen habe ich dann auch genutzt, habe unter Legende die Leute angesprochen, es wurde ein Gesprächsgrund konstruiert. Ich habe zum Beispiel Kontakt zu einer Person gesucht, die eine Schachgruppe geleitet hat, habe mich als Interessent ausgegeben, der das Schachspiel erlernen will, man mußte ja so vorgehen, daß die Umgebung das nicht mitbekam, man war ja immerhin offizieller Mitarbeiter. Es war nicht klug, in die Wohnung oder in den Betrieb zu gehen. Ich habe jemanden wegen seines Motorrades zur Kriminalpolizei vorgeladen, das war natürlich nicht die feinste Art. Oder daß ich ermittelt habe, wann einer zur Arbeit fährt, dann habe ich ihn in der S-Bahn kontaktiert. Bei der Ermittlung bekam man ja mit, was ist das für ein Mensch, was hat er für Probleme. Mitte der achtziger hatten alle ihre Probleme mit der DDR. Man brauchte nicht nach Gesprächsthemen zu suchen, die wollten über die Probleme reden. Und die hatten eine Haltung zur DDR.

Mit der Einstellung, die ich zur DDR hatte, in einem Schutz- und Sicherheitsorgan zu arbeiten, um dieses Land zu schützen und zu sichern, habe ich auch versucht, die Leute zur Mitarbeit zu werben. In der Verpflichtung, die sie dann unterschrieben, hieß es: „Durch Mitarbeiter des MfS mit dem Sachverhalt vertraut gemacht, erkläre ich, daß ich zukünftig meinen staatsbürgerlichen Pflichten, insbesondere hinsichtlich des Artikels 23, Absatz 1 der Verfassung der DDR, gegenüber meinem Land, meiner Arbeitsstelle und meinen Mitmenschen auch damit gerecht werde, daß ich das MfS in seiner Arbeit ständig unterstützen werde. Ich verpflichte mich, diese Zusammenarbeit gegenüber jedermann geheimzuhalten und darauf zu achten, daß niemand in keiner Weise darüber Kenntnis erlangt. Als Decknamen wähle ich mir...“ Unterschrift mit Klarnamen. Da war dann eingefügt entweder „als Mitglied der SED gemäß dem Statut, besonders in Bezug auf Einhaltung der sozialistischen Gesetzlichkeit, von Ordnung, Disziplin und Sicherheit sowie beim Kampf gegen Mängel und Mißstände in der Arbeit, gegen Schönfärberei und Lobhudelei...“ oder „meinen Pflichten als Christ zur wahren Bezeugung und zur Entlastung“ usw. Mit dieser Einstellung haben IM mit uns zusammengearbeitet, zur Aufklärung von Straftaten, auch zur Aufklärung der Vertrauenswürdigkeit anderer IM.

Man wurde ja erst IM-Kandidat, und ich habe manchmal Leute gehabt, da bin ich dann in Konflikt mit meinen Vorgesetzten gekommen, weil die gesagt haben, den nehmen wir nicht, der hat'n schlechten Leumund. Aber gerade deswegen hatte ich versucht, den zu werben, vielleicht, weil einer ein Meckerkopp war. Oder wenn wir Kontakte zu neofaschistischen Kreisen suchten – da mußte ich doch jemand aus diesem Kreis gewinnen und nicht versuchen, von außen einen IM reinzubringen. Das geht nicht von heute auf morgen, da muß man Fingerspitzengefühl haben, das dauert seine Zeit. Deshalb die Kandidatenzeit, wo man sich an den IM rangetastet und den Kontakt soweit gefestigt hat, daß man eine entsprechende Verpflichtung vorbereiten konnte. Es gab Richtlinien, was da drinstehen mußte, den Text hatte jede Diensteinheit für sich entworfen, das habe ich später als Schulungsoffizier auch getan, wobei es mir darum ging, dem IM zu zeigen, daß das rechtmäßig ist und auf der Verfassung der DDR beruht. Für jemanden, der mit dieser Werbung konfrontiert wurde, konnte das ja zuerst mal wirken wie ein Krimi, da kam einer, der hatte 'n MfS-Ausweis und der erzählte irgend'ne Story. Wenn jemand konfessionell gebunden war, gab selbst die Bibel Möglichkeiten her, jemanden für das Gute zu motivieren. Dadurch gab's dann eben auch Probleme für die IM. Einer sagte zu mir, du, jetzt berichte ich dir schon zwei Jahre, was hier auf der Leitungsebene auf deutsch gesagt für Scheiße gemacht wird, und es ändert sich nichts. Das wurde gegen Ende immer schlimmer.

Unsere IM im Personenschutz, das waren zum Beispiel Kellner, die Politbüromitglieder bedienten. So'n Kellner kriegte mit, was die miteinander gesprochen haben, das waren Topinformationen für Mielke, dazu war für den der Geheimdienst da. Es gab für ihn nichts Schöneres, als wenn der ein Gerücht in Wandlitz über Honecker als erster wußte. Das war wie ein Kindergarten. Man hätte das Informationsmaterial über die Personen im Verantwortungsbereich PS auch auf andere Weise bekommen können, das waren ja alles Genossen. Es wurde wirklich übertrieben, was da zusammenkam, war eine Menge Schrott. Ich wurde dann versetzt zur Auswertung, und dort habe ich den Informationsbedarf des MfS kennengelernt, wo dann meine Zweifel einsetzten. Da wurde ein Aufriß gemacht bei der konspirativen Beobachtung von Personen, bloß weil die einen Ausreiseantrag gestellt hatten, Mitarbeiter vom Palast der Republik. Da wurden Kameras eingesetzt, KFZ mit wechselnden Personen wie im Spionagefilm, und man sagte sich, was für ein Aufwand für welche Information! Es wäre uns doch möglich gewesen, direkt zu den Leuten zu gehn und sie zu befragen. Aber dasgab es eben Mitarbeiter, die waren dazu gar nicht fähig. Man arbeitete über Menschen, aber man konnte nicht mit Menschen umgehen.

Es kamen Beurteilungen zustande, die überhaupt nicht objektiv waren, und die gingen dann später rein in die Akte, da muß man dann wirklich sagen, das hatte doch Auswirkungen, die rechtswidrige Eingriffe in die Persönlichkeit der Leute darstellten. Die Arbeit in der Auswertung, das war 1988, war für mich der Anfang vom Ende. Ich war schon nicht mehr so naiv. Das MfS war ja weltfremd durch Inzucht. Die Leute hatten ein eigenes Wohngebiet, die lebten in ihrer eigenen Welt, die konnten sich ja nicht mehr in 'ne Gaststätte setzen und mitreden, das Organ, das um die meisten Konflikte bemüht war, hatte selber die wenigsten Kontakte. Das ist natürlich meine Erfahrung aus meinem Arbeitsbereich im PS. Woanders war es vielleicht anders, bei so'ner Kreisdienststelle bestimmt. Aber in Berlin wurde für mich in der Auswertung deutlich, daß das Interesse des MfS an bestimmten Zielgruppen dem glich, was wir über den BND gelernt hatten. Na gut.

Wo ich dann wirklich das Grübeln bekommen habe, daß Personen erfaßt wurden, die kritische Briefe an die Fernsehsendung „Prisma" geschrieben haben. Daß es dafür eine Kategorie gab. Daß ich meine eigenen Informationen, die ich mit meinen IM erarbeitet habe, in den Karteikarten völlig verabsolutiert wiedergefunden habe. Daß Personen ihren Stempel bekommen haben durch die Einschätzung eines einzigen IM, wo ich wußte, daß das nicht real ist. Da war einer nach dem, was auf der Karte stand, ein Klassenfeind, der hätte eigentlich bearbeitet werden müssen. Eine einzige Information hatte genügt, den Menschen abzustempeln. Mir war es immer darum gegangen, daß mehrere Aussagen über eine Person zusammengetragen wurden, eben wegen der Objektivität. Ich war ja dann Schulungsoffizier und habe solche Fragen ganz einfach in Schulungsthemen mit aufgenommen. Daß Personen kriminalisiert wurden aufgrund einer einzigen Information. Die hätten nie 'ne Reise gekriegt in dringenden Familienangelegenheiten. Ich habe das als Mangel gesehen.

Es ging dann nachher wirklich soweit, daß es in der Abteilung IX hieß, der K. hat immer was zu meckern. Aber ich hatte gerade dadurch Kontakt zu jungen Genossen. Das war dann schon die Zeit, wo der Abbau begann, wo ich mit der Welt nicht mehr klarkam und meine Ideale nicht mehr verwirklichen konnte, wo eine realistische Berichterstattung, gerade auch bei Stimmungsberichten, nicht mehr möglich war. Ich habe meinen jungen Genossen dann schon manchmal sagen müssen, paß auf, wenn du das so schreibst, dann wird dein IM bearbeitet. Schließlich habe ich bestimmte Sachen nicht mehr geschrieben, ich bin in Resignation geraten, weil ich nicht sah, wie das weitergehn sollte.

Hinzu kam, daß ich das ganze Geschehen in Wandlitz mitbekommen habe, das Leben der Heiligen drei Könige. Ich habe bei Staatsjagden mitgekriegt, daß das eine richtige Rangfolge gab, die soweit ausartete, daß der Mittag nicht mehr Hirsche schießen durfte als der Honecker oder Mielke nicht mehr schießen durfte als der Mittag. Und wenn das passiert war, mußte die ganze Truppe, der ganze Rattenschwanz mitschießen, um die Rangfolge in den Stückzahlen einzuhalten.

Mein Vater, mit dem ich mich manchmal über meine Probleme unterhalten habe, schüttelte nur den Kopf, weil er das als Dilettantismus beurteilte, er hatte andere Maßstäbe der operativen Arbeit. Bei ihm ging's um echte Dinge, um Spionageabwehr, für den war das, was wir machten, Schnulli. Also wenn beim Herrn Krenz im Freizeitobjekt eingebrochen wurde, dann habe ich die Ereignisortarbeit gemacht, oder bei Jarowinsky wurde mal am Feriensitz das Brunnenschloß aufgebrochen, da mußte ich dann durch analytische Arbeit prüfen, ob keine chemischen Mittel ins Leitungsnetz geleitet wurden. In Niederschönhausen hatten sie mal in der Wasserversorgungsanlage Kessel, die mit Kunststoff ausgekleidet waren, dadurch kam ein außergewöhnlicher Geschmack ins Wasser, wo wir dann kriminaltechnische Arbeit gemacht haben, um das Wasser zu prüfen.

Bei Staatsjagden mußte in Sondereinsätzen alles umfangreich abgesichert werden, da standen Wachposten im Wald, in der Schorfheide gab's IM, die über die Stimmung der Bevölkerung berichteten: sind Aktivitäten beobachtet worden, die auf ein Attentat hinausliefen, ich meine, das is ooch Schwachsinn. Und ich wurde eingesetzt, wenn besondere Ereignisse eintraten. Zum Beispiel wurden mal auf einem Waldweg Nägel gestreut, wo bekannt war, daß da die Repräsentanten langfahren. Also ermitteln, wer hat die Nägel gestreut, das war eher einzuordnen als 'ne Art Jugendstreich. Dann wurde mal ein Seil gespannt, wo der Herr Mielke öfters durchfuhr, das wurde so aufgebauscht, daß Mitarbeiter, die an einem Mordfall arbeiteten, von dieser Untersuchung abgezogen wurden, um aufzuklären, wer dieses Seil gespannt hat. Die Genossen von der Hauptabteilung IX haben sich an den Kopf gefaßt und gesagt, das kann doch nicht wahr sein. Jetzt machen wir solchen Quatsch, statt an unserem Fall zu arbeiten.

In dem Zusammenhang habe ich auch mitgekriegt, was dranhing an so'ner Staatsjagd, wieviel Menschen da drangehangen haben, bloß damit drei Herren auf die Jagd gehen konnten. In was für Objekten! Das waren die Objekte von Göring. Die Vergleiche kamen mir hoch. Das war für DDR-Maßstäbe nicht mehr vereinbar mit dem, was wir gelernt haben. Im Vergleich mit dem Aufwand anderer Regierungen, naja, die haben sich eins gelacht über dem Honecker seine Bude. Da war nicht viel Eleganz, nicht viel Geschmack. Ich habe jede Achtung verloren vor diesen Leuten. Mein Vater war auch Jäger, in einer Jagdgruppe im Harz, da habe ich kennengelernt, was das wert war, einen Hirsch zu schießen. Und hier sind die Tiere en masse geschossen worden, aus Spaß, aus einem fellausgekleideten Jeep, mit 'ner Armstütze dran. Und das Wild war angefüttert und ist von den Forstleuten vorgeführt worden. Die Tiere wurden wirklich nur für den Abschuß großgezogen. Sowas hat meine Haltung nach und nach abgebaut. Das waren nun Leute, von denen es hieß, daß die aus der Arbeiterklasse kamen, die nannten sich Kommunisten. Für mich waren auch solche

Sachen entscheidend, daß ich durch die IM-Arbeit mitbekommen habe, welche Privilegien der Herr Schalck hatte. Oder daß Mittag zehn Trabant im Jahr verbraucht hat. Der hat nie eenen Trabant gebraucht, die verschwanden irgendwie. Ich habe mitbekommen, welche Möglichkeiten ein Kellner in Wandlitz hatte, da hat einer Porzellan geklaut und in Westberlin verschachert. Da kriegten wir dann rotes Licht von Mielke, nicht mehr weiter zu ermitteln. Dann gabs diesen sogenannten Konsumgütertest. Da konnten privilegierte Personen, die Frau vom Herrn Schalck zum Beispiel, einen hochmodernen Küchenherd testen und sowas alles. Oder daß bestimmte Leiter, die Fehlentscheidungen getroffen hatten, daß man selbst als Staatssicherheit nicht rankonnte, weil sie unter besonderem Schutz von Herrn Mittag standen. In diesen Bereichen durfte dann nicht weiterermittelt werden. Das hat mich demoralisiert.

Ich habe dann mal das Testament von Lenin gelesen, seine Meinung zu dem Posten Generalsekretär, zur Arbeiter- und Bauerninspektion, der hat ja einiges ausgesprochen, daß ein ZK, so wie es bei uns aufgebaut war, zu Fehlentscheidungen, zu Mißständen führt. Da war schon eingeschätzt, daß es durch persönliche Machtbefugnisse zu Fehlentscheidungen kommt. Für mich war dadurch auch theoretisch begründet eine ablehnende Haltung, die mich stabilisiert hat bei Auseinandersetzungen mit meinen Vorgesetzten. Ich wollte zurück zur geheimdienstlichen Arbeit, zur Kriminalitätsbekämpfung, ich wollte Straftaten bearbeiten, die real passierten. Da habe ich ein Versetzungsgesuch geschrieben. Das wurde als Kampfansage verstanden, und da ging der Trouble los. Wer bei PS nicht mitmacht, der fliegt raus, hieß es. Ich wußte ja enorm viel über den Bereich der Repräsentanten, das waren eben ooch bloß Menschen, die gesoffen haben, die fremdgegangen sind und es im eigenen Leben mit dem Statut der SED nicht so ernst genommen haben. Aus dieser Auseinandersetzung um das Versetzungsgesuch kam dann ein Fehlverhalten von mir. Ich hatte einen IM, der war ein Parteisekretär, den hätte man gar nicht werben müssen, mit dem hätte man auch so zusammenarbeiten können, der war der einzige Trost, den ich hatte. Als der mitkriegte, daß ich ihn abgeben muß, ist für den ooch was kaputtgegangen. Dem hatte ich als Abschiedsgeschenk 'ne Flasche - Schnaps geschenkt, und wir haben die zusammen getrunken. Ich war da physisch schon so angeschlagen, daß ich nach ein paar Schnäpsen so fertig war, daß ich am nächsten Morgen nicht auf Arbeit gehen konnte, weil ich nicht vom Klo kam. Ich hab anrufen lassen, daß ich erst mittags komme, ich hab nicht nur äußerlich gekotzt, auch innerlich. Das war dann der Anlaß für ein großes Disziplinarverfahren, mit dem Ergebnis, daß ich eine strenge Rüge kriegte, degradiert wurde vom Oberleutnant zum Leutnant und strafversetzt werden sollte. Durch mein Versetzungsgesuch waren noch andere auf den Gedanken gekommen, ein Versetzungsgesuch zu schrei-

ben, die empfanden wie ich, der eine hat dann gleich gesagt, er geht raus aus dem MfS, der ist entlassen worden, und ich habe eine Kette von Demütigungen erlebt, die ich nicht für möglich gehalten hätte. Da kommste morgens auf Arbeit, und dein Schreibtisch ist weg. Man wird als ideologisch verseucht bezeichnet, und mein Versetzungsgesuch wurde im Kollektiv verurteilt, da wurde gar nicht gefragt, warum ich das Gesuch geschrieben hätte. Und dann kam das mit dem Alkohol. Es war ja nicht unüblich, daß man zu Treffs einen Schnaps getrunken hat. Aber mir wurde nun vorgeworfen der Verstoß gegen Richtlinien, und das war natürlich der Aufhänger, mich zum schlechtesten Mitarbeiter zu machen. Ich hatte mich mit ehemaligen Kommilitonen, die in der Disziplinarabteilung arbeiteten, beraten, die hatten mich gewarnt, ich hab gesagt, Leute, ich muß da weg, ich halte das nicht aus. Da haben die gesagt, dann formuliere das so, daß du nicht die PS angreifst. Nun wurde ich vorher gerade ausgezeichnet, weil ich bei der Aufdeckung eines Diebstahls im Ministerrat mitgewirkt hatte, und ich hoffte, daß man mich in diesem Zusammenhang nun wegen meines Versetzungsgesuches nicht zum negativen Typ machen würde. Aber die Vorgesetzten haben es geschafft, daß selbst mein Freund bei Disziplinar dachte, der Andreas muß doch spinnen. Der distanzierte sich dann von mir aufgrund der Informationen, die er über mich kriegte.
Aus dieser Sache ist ein großer Fall geworden.
Sie wußten nicht wohin mit mir, da haben sie mich erst zum Karteikarten-Ausfüllen verdonnert, 'ne Idiotenarbeit. Ich war abgestempelt als ideologisch schwankend. Es wurde immer verrückter. Da wurde eine Gruppe zum Absichern der Protokollstrecke aufgebaut, diese Leute suchten nach Hinweisen auf Terroranschläge, patrouillierten die Klement-Gottwald-Allee hoch und runter, es ging praktisch darum, die Opposition wurde immer aktiver, und das sollten die Repräsentanten nicht etwa mitkriegen, durch Losungen, durch Flugblätter. Das war Streifenpostentätigkeit, man stand stundenlang rum und hatte nichts zu tun. Und dafür wurden Leute gesucht, und da haben sie mich in diese Gruppe gesteckt. Mich belastete die Parteistrafe mehr als die Degradierung. Und dann die Erlebnisse bei dieser Streife. Da haben wir Funkgeräte gekriegt. Woanders, wenn wir ein Funkgerät für 'ne operative Maßnahme brauchten, haben wir keins gekriegt. Hier kriegten wir sie. Es wurde noch dilettantischer als es vorher war. Die Leute haben sich totgelacht über uns, wie wir da hin- und hermarschiert sind und die Protokollstrecke bewacht haben. Um nicht zu verblöden, habe ich vier EDV-Kurse bei Volkshochschulen belegt. Ich habe Ledertaschen genäht, und die Krönung war, daß ich auf der Straße während der Dienstzeit Gitarre spielen gelernt habe, nur um die Sinnlosigkeit dieses Arbeitslebens zu demonstrieren. Die Vorgesetzten konnten nichts dagegen machen, weil sie mir ja keine sinnvolle Tätigkeit geben konnten.

Zu all den Belastungen kam noch die Scheidung. Meine Frau hatte ihre Probleme in der Schule, ich hatte meine Probleme, das ging zu Hause nicht mehr weiter, für mich war die Arbeit weg, und dann auch die Familie, meine Frau und mein Kind. Ich hatte ja nie viel Zeit für das Kind gehabt, ich war der Spielpapa zwischen den Einsätzen. Ich meldete mich in Urlaub ab und bin mit 'ner Freundin auf'n Campingplatz gefahren, hatte niemandem gesagt, wohin, dann ging die ganze Sache mit Ungarn los, das war im August 1989. Da haben sie morgens in den Diensteinheiten nachgefragt, wer ist'n alles noch da. Ich war überfällig, die Frage war, ist der K. weg, oder hat er Selbstmord begangen. Meine Vorgesetzten haben Kontakt mit meinem Vater aufgenommen, die haben im Wald nach mir gesucht, die haben selbst gewußt, wie weit sie einen treiben.

Als ich dann zurückkam, war der Bereich Disziplinar da, und es kam zur Sprache, worüber wir uns auf der Protokollstrecke unterhalten haben. Über die Zustände in der DDR, über die Mißstände, welche Auswege es gäbe. Man war eigentlich zu der Schlußfolgerung gekommen, im wesentlichen hängt's an der politischen Führung. Daß dort alte Männer sitzen, die mit ihrem Altersheimniveau versuchen, ein Land zu regieren. Da wir ja nun Terrorabwehr machten, fanden wir überlegenswert, ob sich was ändern würde durch'n Terroranschlag auf Honecker, Mittag oder Mielke. Das ist tatsächlich echt diskutiert worden. Das ging soweit, wollen wir nicht 'ne Arbeitsgruppe Stauffenberg gründen. Auch ich habe das mal durchgespielt, wie ist es möglich, so einen Anschlag zu realisieren. Wir sind soweit gekommen, das ist 'ne Einzelmannaktion, und dieser Einzelne wird am Ende als psychisch krank dargestellt. Irgendwelche politischen Veränderungen können durch sowas nicht bewirkt werden.

Als ich zurückkam, wurde mir gesagt, weißt du überhaupt, was hier los ist. Daß ich dann gesagt habe, wenn's überhaupt'n Terroranschlag gibt, dann vom PS selber. Da war dann so'n weitblickender Genosse, der hat da seinen Fall drin gewittert. Das ganze Ding ging nach hinten los, so daß ich damit nichts weiter erreicht habe, als daß man jetzt versuchte, dem K. seine Arbeitsgruppe Stauffenberg aufzuklären. Für mich bestand der Rückzug darin, zu sagen, das war nur ich alleine. Ich bin dann in ein Sonderobjekt gekommen, wo Untersuchungen und Vernehmungen durchgeführt wurden, ich war sechs Wochen von der Bildfläche verschwunden. Ich hab alles auf mich genommen, mir war schon alles egal. Der Mielke hatte sofort entschieden, Untersuchungshaft und Ermittlungsverfahren, also hier wäre ermittelt worden wegen Terror. Es war nervlich enorm belastend, sodaß ich dann das Spiel angenommen habe, daß alles auf eine psychische Erkrankung hinauslaufen würde. Es war ja auch tatsächlich so, daß ich mich krank fühlte und mir nur dieser Ausweg geblieben ist. Ich kam zur psychologischen Begutachtung, wurde in Hausarrest nach Hause entlassen, zu meinem Vater, und ich bin durch ihn glimpflich davongekommen. In Halle habe ich die Wende erlebt. Damit löste sich die Untersuchung meines Falles immer mehr auf. Mir wurde im November mein Dienstausweis wiedergegeben, es war dann für mich der Kampf, in der SED zu bleiben. Mich wollten die Leute rausschmeißen, die nachher als erste aus der Partei verschwunden sind. Im Endeffekt war es so, am 5.12. war ich von allem rehabilitiert, meine Parteistrafe gab's nicht mehr, ich hab eine Beurteilung bekommen, ich war der beste Mitarbeiter. Ich kam in meine Abteilung zurück, die schrien gleich auf, der K. kommt mit'm Neuen Forum und will das Archiv auflösen. Dann habe ich gesehen, wie die Mitarbeiter noch die IM-Akten archivierten und habe gesagt, ihr seid doch verrückt, das größte Verbrechen des MfS ist die Hinterlassenschaft, die es jetzt gibt, wieviele unschuldige Menschen damit belastet werden.

Ich habe mich dann tatsächlich bemüht um Kontakte mit der Opposition, die ja auf einmal über uns richteten, die ja besser über uns Bescheid wußten als wir selbst. Ich bin Mitglied des Bürgerkomitees „15.Januar" zur Auflösung der Staatssicherheit geworden, im Bestreben, erstmal die Leute kennenzulernen, ich wollte versuchen, sie auf einen objektiven Nenner zu bringen. Wenn sie sich schon dafür interessieren, das MfS aufzuarbeiten, mußte ihnen klargemacht werden, daß es ohne das MfS nicht ging. Wenn ich jetzt das Resumee ziehe, muß ich sagen, daß viele aus der Opposition glaubten, das MfS war nur für sie da. Sie nutzten das MfS als Privileg für sich, um ihre Emotionen abzureagieren. Der Leiter dieses Komitees, Schwenke, der sich durch die Staatssicherheit verfolgt fühlte, der ist nie bearbeitet worden, der hat nicht mal 'ne Akte, für den hat sich das MfS überhaupt nie interessiert. Durch Zufall hat der diese OibE-Richtlinie gefunden und das Ding rausgehauen kurz vor den Wahlen. Daß ich in diesem Komitee war, das war für die ein Stachel, die konnten mit mir gar nicht, die mystifizierten um die Staatssicherheit rum, bauten ein Gespenst nach dem anderen auf. Ich kam in die Rolle, daß ich, der eigentlich negative Erfahrungen mit dem MfS gemacht hatte, die Staatssicherheit zu verteidigen hatte in der Öffentlichkeit.

Es ist für mich erschütternd, daß sich die Masse der Mitarbeiter bedeckt hält, einige, weil sie sich tatsächlich was vorzuwerfen haben, sich auch bereichert haben, aber die Masse aus Angst. Sodaß wir jetzt mit der Verachtung des Volkes bestraft werden. Wer sich nicht wehrt, lebt verkehrt. Ich bin arbeitslos und versuche mit meiner Freundin, ein Kulturhaus aufzuziehn. Denn ich sehe nur Sinn darin, gegen die Volksdummheit, die mich gerade im Zusammenhang mit der deutschen Einheit wirklich erschüttert, dagegen etwas zu tun mit den Mitteln der Kunst und Kultur. Die Massenmedien verhindern ja, daß wirklich Informationen rüberkommen. Ich will mit der Kultur etwas für die Vernunft der Menschheit tun.

Heinz K., Jahrgang 1937

Ehem. Oberstleutnant, Spionageabwehr.

Es hat erschütternd auf mich gewirkt, was mit meinem Sohn passiert ist, wobei ich eigentlich erst nach dem Oktober 1989 begriffen habe, wie schwerwiegend die ganze Geschichte war. Ich bin als Vater immer stolz darauf gewesen, daß mein Sohn in meine beruflichen Fußstapfen getreten ist, und ich war auch immer davon überzeugt, daß er einen geraden Weg geht, so wie ihm das im Elternhaus vorgezeichnet worden ist. Was die von Andreas geschilderte Geschichte betrifft, so muß ich sagen, nachdem er einige Jahre in Berlin tätig war, bei dieser Hauptabteilung PS, begann er mich eines Tages, das muß 1987 gewesen sein, bei Familienbesuchen zu informieren über Erlebnisse, die mir unglaubwürdig erschienen.

Wenn er beispielsweise berichtete über Begebenheiten im Freizeitverhalten von Politbüromitgliedern, wenn er von Wandlitz erzählte oder von bestimmten Vorgängen in der PS, das alles ist mir aufgrund mangelnder Informationen über Gesamtzusammenhänge unglaubwürdig gewesen. Ich habe da mit Andreas eine relativ lange Zeit im Meinungsstreit gelegen. Das gipfelte darin, daß ich ihn als Spinner bezeichnete. Daß er recht hatte mit seinem Widerstand, das habe ich erst begriffen, nachdem ich vom ganzen Umfang dessen erfuhr, was sich im Umfeld von Politbüromitgliedern getan hat, was durch die Medien gegangen ist.

Man muß sagen, wir Mitarbeiter an der sogenannten Basis waren weitab vom Schuß. Wir waren viel zu sehr distanziert von der Zentrale, und es ist für mich unvorstellbar gewesen, was da auch an Schmutz und Dreck und Korruption hochgekommen ist. Da hatten wir als operative Mitarbeiter ein absolutes Informationsdefizit.

Was die konkreten Abläufe betrifft, die mit den Auseinandersetzungen im Zusammenhang stehen, über die Andreas berichtet hat, kann ich bloß sagen, nachdem ich das ganze Ausmaß überschauen konnte und mich davon überzeugen lassen mußte, daß ich im Unrecht war, war es für mich sehr beschämend, als Vater meinen Sohn als Spinner beschimpft zu haben. Das ist für mich eine psychisch außerordentlich belastende Situation gewesen, da zwischen uns immer ein offenes, kameradschaftliches Verhältnis bestand. Als ich begriff, daß ich meinen Sohn nicht verloren habe, war ich nicht zu stolz, mich bei ihm zu entschuldigen. Es ist für mich heute eine Episode, die umso deutlicher werden läßt, was in bestimmten Bereichen des MfS los war.

Ich habe 34 Jahre in diesem Ministerium gedient. Meine Eltern waren Antifaschisten, Kommunisten, waren im Widerstandskampf aktiv, waren beide inhaftiert. Sie leben nicht mehr. Ich habe als Kind den Krieg erlebt, aber ein politisch verständiger Mensch wurde ich erst später. Ich bin zum Teil bei den Großeltern gewesen, kann mich an die Bombenangriffe in Halle erinnern, an bestimmte Ereignisse im Zusammenhang mit der politischen Verfolgung der Eltern in der Nazizeit. Auch die Großeltern, die Eltern meiner Mutter, waren im Widerstand. Großvater war beteiligt an den Märzkämpfen in Leuna, im mitteldeutschen Aufstand. Er war so'n richtiger Radaukommunist, der bis zu seinem Tod 1964 bestimmte Dinge in der DDR auch nicht verstand. Zum Beispiel, wie sich bestimmte Funktionäre der Partei profilierten, da gab's ja schon Erscheinungen von Personenkult und Privilegien, Auseinandersetzungen mit Leuten, die abgedrängt wurden, also ich erinnere mich an diese Ereignisse nur dunkel, aber ich will sagen, mein Entwicklungsweg war eigentlich recht logisch. Es war klar, auf welcher Seite ich stand.

Ich habe in der Forstwirtschaft gelernt, dann habe ich Lehrer studiert, und Mitte der fünfziger Jahre stand in der DDR zur Diskussion, wer bereit ist, die Heimat zu verteidigen. Da bin ich im vollen Bewußtsein, wie man so sagt, zur Fahne gegangen. 1955, nach meinem Studium, ist mir gesagt worden, daß ich einer der Auserwählten wäre, die fürs MfS in Frage kommen. Man konnte sich ja nicht selbst bewerben. Mit 340 Mark habe ich angefangen, als Soldat im Wachdienst, wurde dann vom Staatssekretariat für Staatssicherheit, wie das damals unter Wollweber noch hieß, zum Direktstudium auf die Juristische Hochschule in Potsdam delegiert. Da habe ich einen Zweijahreslehrgang gemacht, das war eine juristische Ausbildung, speziell unter geheimdienstlichen Prämissen. 1957 ging ich zurück in meine Bezirksverwaltung und wurde dort im operativen Dienst eingesetzt. 1962, ich hatte inzwischen geheiratet, wurde ich versetzt in eine Kreisdienststelle. Dort war ich bis 1967, und dann bin ich wieder zum Studium an der Juristischen Hochschule delegiert worden, da habe ich nach drei Jahren abgeschlossen als Diplom-Jurist. Ich war dann jahrelang Kreisdienststellenleiter, bis ich 1979 in die Bezirksverwaltung versetzt wurde, zur Spionageabwehr.

Viele Jahre habe ich inoffizielle Mitarbeiter geführt. Das wurde weniger, als ich in Leitungsfunktionen kam, aber der Erfahrungsschatz von dieser Arbeit an der Basis war für mich sehr wertvoll. Geheimdienstliche Abwehrarbeit ist Arbeit mit Informationen, und die kann man nur mit Menschen erarbeiten. Das ist die logische Begründung dafür, warum die Staatssicherheit mit IM gearbeitet hat, das macht jeder Geheimdienst, ob er Verfassungsschutz heißt oder CIA, deren Informationsquellen sind auch Menschen, die nennen sie eben V-Männer und nicht inoffizielle Mitarbeiter, wie wir das gemacht haben. In der Kriminalitätsbekämpfung haben sie das schöne Wort „verdeckter Ermittler". Beim KGB hießen sie Agenturen. Wir haben uns von Anfang an mit Händen und Füßen dagegen gewehrt, daß unsere inoffiziellen Mitarbeiter als Spitzel bezeichnet wurden. Für uns war Spitzel ein Begriff aus dem Faschismus, die Gestapo hatte Spitzel, für uns waren unsere IM patriotische Kräfte, die uns aus Überzeugung geholfen haben, unsere Arbeit für die Heimat zu tun. Ich war mein ganzes Leben lang davon motiviert, eine Arbeit zu leisten, die das verhindert, was nun mit unserem Land geschehen ist. Aus diesem Grund sitzt mir der Schock über den Zusammenbruch der DDR heute noch in den Knochen. Das werde ich nicht so bald verwinden.

Nach allem, was geschehen ist, sage ich heute, ich bereue nicht einen Schritt, den ich getan habe. Das war für mich eine sinnvolle Arbeit, zu der ich heute noch stehe, trotz allem, was mir deutlich macht, daß die Politik unserer Partei, der Führung dieses Staates in vielem falsch gelaufen ist. Man muß heute abwägen, wo unsere Irrtümer lagen. Wir sind motiviert worden durch ganz konkrete Vorgaben, wo der Feind zu suchen ist, zum Beispiel in der Volkswirtschaft. Wir sind davon ausgegangen, dort, wo die Räder sich nicht synchron drehen, hat der Gegner die Hand im Spiel. Und ich war natürlich auch eingebunden in die Bearbeitung von Leuten, die man heute Andersdenkende nennt, zum Beispiel auf der ganzen Strecke Republikfluchten, dort vorbeugend zu wirken und illegale Schleusungen von DDR-Bürgern über die grüne Grenze zu verhindern. Selbstverständlich sehe ich heute, daß es schwerwiegende Fehler gab bei der Einschränkung der Menschenrechte, in Bezug auf die Freizügigkeit unserer Bürger, aber ich habe bei der Arbeit in Kreisdienststellen gesehen, daß durch Fluchthelfer, wir haben damals gesagt, kriminelle Menschenhändlerbanden, Menschen für horrende Summen mit kriminellen Mitteln unter Gefährdung ihres Lebens über die Grenze geschleust wurden. Da haben wir natürlich auch Leute hochgenommen, in einem Fall hat mein Sohn die Untersuchung geführt. Das war ein Vorgang, wo eine Krankenschwester aus Gera durch die Mierendorff-Bande geschleust werden sollte. Wir haben das verhindern können, da die Krankenschwester uns rechtzeitig informiert hatte.

Wir haben auch Leute bearbeitet, die nach dem Motto „Selbst ist der Mann" über die Grenze wollten. Da haben wir z. B. etwas verhindert, wo die Familie vielleicht heute noch froh sein kann, mit Taucheranzügen wollten die über die Ostsee abhaun. Wir haben sie auf frischer Tat gestellt, wenn man so will, haben wir denen vielleicht das Leben gerettet, die wären in der Ostsee vielleicht abgesoffen. Oder wir haben zwei Personen festgenommen, die einen Lohngeldtransport des Mansfeld-Kombinats überfallen wollten, die Sicherungskräfte niedermachen, sich der Waffen bemächtigen und mit dem Geld abhauen wollten. Die Leute hätten sich nicht gescheut, Volkspolizisten umzubringen. Wir haben das durch inoffizielle Mitarbeiter erfahren.

Wenn ich von der Bearbeitung Andersdenkender rede, fällt mir ein, daß ich einen Volkspolizisten einsperren mußte. Der war hochdekoriert, Parteisekretär in der Schutzpolizei und hat jahrelang faschistische Losungen geschmiert, Hetzbriefe verschickt, jahrelang ein Doppelleben geführt. Der hat die Kreisdienststellen über Jahre beschäftigt. In Seeburg hatte er mal die ganze Straße lang mit Kartoffeldruck Hakenkreuze angebracht. Der hat dem Sekretär der Kreisleitung anonyme Drohbriefe geschrieben. Und eines Tages haben wir ihn entdeckt. Er hatte mit Schreibmaschine geschrieben, und wir haben ihn über die Schriftenfahndung ermittelt. Wenn ich mich recht erinnere, war der Mann dadurch motiviert, daß er unzufrieden mit seiner Karriere war. Dadurch hat er solches schizophrenes Zeug gemacht. Ich wollte mit diesem Beispiel nur sagen, das war auch ein Andersdenkender.

Die Versetzung zur Spionageabwehr erfolgte eigentlich gegen meinen Willen. Ich hatte mich in der Kreisdienststelle eingearbeitet, Karriere wollte ich nicht machen, ich fühlte mich im roten Herzen Mitteldeutschlands, damals war es noch rot, zu Hause, dort kannte ich Gott und alle Welt, alle wußten, wo ich arbeitete, das hat keinen gestört, viele stört es übrigens auch heute noch nicht, also ich kriegte meinen Befehl und hatte anzutanzen. In der Abteilung wurde mächtig gesoffen, und ich war bekannt dafür, daß ich Wind machen konnte, und davon versprach man sich einiges. Wir mußten wieder mal umziehen, das vierte Mal, meine Frau hat allerhand mitgemacht mit zwei Kindern, naja, da habe ich dann die Spionageabwehr übernommen. In dieser Zeit habe ich mit meinem Kollektiv soviele Vorgänge bearbeitet, erfolgreich und auch weniger erfolgreich, daß ich mich heute natürlich nicht mehr an alles erinnern kann.

Die Spionageabwehr war im Bezirk zu dieser Zeit wenig erfolgreich gewesen, da herrschte eine ziemliche Flaute. Das hatte weniger mit dem Geschick der Mitarbeiter zu tun, sondern mehr damit, daß die ganze Abwehrarbeit komplizierter geworden war. Die NATO-Geheimdienste, die unsere Gegner waren, hatten verfeinerte Methoden entwickelt, die schwerer erkennbar waren. Das Wesentliche war, eine Ausgangsinformation zu haben, die auf einen Tatverdächtigen hinwies, und dann war es unsere Aufgabe, eine Beweislage zu schaffen, daß am Ende zweifelsfrei feststand, der Mann ist ein Spion. Oder es auszuschließen. Das war in der konspirativen Arbeit zu bewältigen. Und erst dann, wenn das Material – wir haben dazu gesagt, reif war, vorgelegt werden zu können, dann hat sich die Staatsanwaltschaft damit beschäftigt.

Die Schwierigkeit bestand darin, daß die Verbindungsmittel, die die gegnerischen Geheimdienste einsetzten, es uns schwer machten, die Agenturen zu erkennen. Ein Mittel war der Mißbrauch des Postverkehrs. Die Spione wurden im Prinzip durch die dagegen gerichtete Fahndungsarbeit der Staatssicherheit entdeckt, im grenzüberschreitenden Postverkehr. Die Agenturen versandten codierte Briefe mit Tarntexten, darauf waren mit Geheimschrift die Informationen aufgebracht, im Gegenverkehr geschah das genauso, und durch kriminaltechnische Mittel waren dann auf den Spurenträgern die angewandten GS-Mittel, Geheimschriftmittel, nachzuweisen. So wurden die Agenturen gefunden. Aber die später angewandten Mittel waren für uns schwerer erkennbar, deshalb wurde über eine ziemlich lange Zeitspanne relativ ergebnislos gearbeitet. Man muß vielleicht ergänzend sagen, daß die Postüberwachung von den Gründerjahren der Staatssicherheit her die Methode der Spionageabwehr gewesen ist, nach dem Motto: Man muß den Gegner mit seinen eigenen Mitteln schlagen. Wenn er den Postverkehr mißbraucht, dann ergibt sich daraus, daß man im Postverkehr fahnden muß, um die Agenturen zu finden. Sowas ist nach meinem Empfinden durchaus legitim. Das hat die Gegenseite nicht anders gemacht. Daß man aber dazu übergangen ist, die Überwachung des Postverkehrs zur Meinungsforschung zu benutzen, die Stimmung der Bevölkerung zu untersuchen, damit wurde es anrüchig.

Wenn wir Materialien gesammelt hatten, die bewiesen, daß der Verdacht gegen bestimmte DDR-Bürger unbegründet war, wurden diese Materialien geschlossen. In vielen Fällen aber hat es sich bestätigt, daß in Verdacht geratene Personen Spionagetätigkeit betrieben, und wenn dieses Ergebnis bei uns vorlag, wurden die Leute strafrechtlich zur Verantwortung gezogen. Das ist legitimes Recht jedes souveränen Staates, seine Geheimnisse zu schützen.

Mit dem Ausschnitt, für den ich Verantwortung trug, kann ich den Beweis antreten, daß es Spionage gegen uns gegeben hat. Es ist uns weniger gelungen, in der Ökonomie den Spion zu entdecken, es hat in den achtziger Jahren immer wieder Orientierungen gegeben, daß der Gegner umfassendes Informationsbedürfnis hat, hat er sicherlich gehabt, in der Ökonomie und in der Politik stichhaltige Lageeinschätzungen zu haben. Sicherlich kann man dem BND soviel Geschick zutrauen, daß er da einiges geleistet hat, aber die, die wir im Auge hatten, waren am Ende keine Spione. Es waren oft korrupte Elemente dabei, die ihre Verbindung zur BRD nutzten, sich persönlich zu bereichern. Was ich in den achtziger Jahren vor allem bearbeitet habe, war Militärspionage. Die Agenturen, die wir erkannt haben, waren alle Militärspione, die aber auch noch eine andere Auftragslage hatten. Schwerpunkt waren militärische Informationen, aber sie hatten begleitend immer auch Auftrag, über die Stimmung der Bevölkerung zu berichten, über wirtschaftliche Schwierigkeiten und so weiter. Das war das

Beiwerk. Es handelte sich um DDR-Bürger, aber auch um Westdeutsche und Westberliner. 1985 wurde durch uns ein Spionagevorgang abgeschlossen, in dem ein Westberliner Ehepaar bearbeitet wurde, ich kann ja jetzt den Namen ruhig sagen, das war Altenkrüger, Fred, und seine Ehefrau. Er war Spion des amerikanischen Geheimdienstes, des MI, einer Dienststelle der CIA in Westberlin. Der Mann hat über 25 Jahre als Spion gearbeitet. Seine Angriffsobjekte waren militärische Objekte der Sowjetarmee, in denen moderne Waffentechnik stationiert war, Schwerpunkt war Raketentechnik, Boden-Luft-Raketen, taktische Raketen, moderne Panzertechnik. Realisiert hat er die Spionagetätigkeit dadurch, daß er touristisch bzw. zu Verwandtenbesuchen einreiste und dann über Wochenenden, über Feiertage oder während des Urlaubs auf Aufklärungspirsch gegangen ist. In der Untersuchung hat sich herausgestellt, daß er in der ganzen DDR Aufträge realisiert hat. Er war Eisenbahner und auf den grenzüberschreitenden Strecken eingesetzt. 1979 ist er durch uns schon erkannt worden. Wir haben gezielt militärische Objekte durch Beobachtungskräfte gesichert, und da ist er uns in die Falle gegangen.
Um die Beweislage zu sichern, haben wir jahrelang gearbeitet, denn die Untersuchungsabteilung hat uns das Material nicht abgenommen. Dann haben wir uns darauf geeinigt, daß wir mit dem Mann mal ein freundschaftliches Gespräch führen. Wir haben ihn auf der Heimfahrt vor der Autobahn gestoppt, er war einverstanden, sich mit uns zu unterhalten, wir nahmen ihn mit in eines unserer Objekte, dort wurde ein recht kameradschaftliches Gespräch geführt, in dessen Ergebnis er alles zugegeben hat. Ich weiß nicht, was den psychologisch soweit gebracht hat, ich habe das Gespräch nur über Kopfhörer verfolgt. Nach einigen, naja, Vorhaltungen fing er auf einmal an zu erzählen, daß er für den amerikanischen Geheimdienst arbeitet und daß er nicht viel Zeit hat, weil er an dem Abend noch zu einem Treff mit seinem Führungsoffizier mußte. Die Spionage war so intensiv, daß er am Ende zu lebenslänglicher Freiheitsstrafe verurteilt wurde, seine Frau zu 13 Jahren.
Die sitzen natürlich nicht mehr. Da gab es mal nach dem Oktober 1989 eine Fernsehreportage aus Bautzen, und da war Altenkrüger vor der Kamera und sagte, daß er lebenslänglich hat, aber hofft, nun bald rauszukommen. Das war unser Vorgang „Radar". Wir haben damals gesagt, der hat die Goldmedaille vom Ami gekriegt, so wie sie bei uns einer nach 25 Jahren kriegte, abgesehen davon, daß er sich in der Zeit eine goldene Nase verdient hat. Aber die Amis haben sich um ihre Leute nicht sehr gekümmert, wenn die hochgegangen waren. Der BND war da anders, die Leute, die wir inhaftiert haben vom BND, die sind alle nach relativ kurzer Zeit ausgetauscht worden.
1983 hatten wir einen Ami-Spion in Naumburg. Sein Auftrag war die

Aufklärung militärischer Objekte der Sowjetarmee, über codierte Funksprüche, Kurzwelle hat er seine Anweisungen bekommen, er selber hat GS-Mittel benutzt. Der hatte einen Kurier, das war ein Onkel von ihm aus dem Schwabenland, der hat ihn angeworben und ausgebildet und ist zweimal im Jahr eingereist zum Verwandtenbesuch, um ihn mit neuen nachrichtendienstlichen Hilfsmitteln und Geld zu versorgen. Der Spion war durch Postkontrolle entdeckt worden, wir haben ihn nach längerem Bemühen als Spion erkannt und hatten dann die Aufgabe, die hieb- und stichfeste Beweislage zu schaffen, die Grundlage sein konnte für den richterlichen Haftbefehl. Das haben wir nach allen Regeln der Kunst gemacht, durch den Einsatz spezifischer operativer Mittel.

Die gegnerische Agentur hatte in tiefster Konspiration zu arbeiten. Das führte zu dem Schluß, daß man kaum mit inoffiziellen Mitarbeitern zum Ziel kommt, weil sich der Spion an seine Sicherheitsinstruktion halten wird und sich niemandem offenbart. Also haben wir die Wohnung konspirativ durchsucht, haben Abhörtechnik eingebaut, sehr aufwendig, da mußte gebohrt werden, ohne daß es jemand mitkriegen durfte. Wir haben die Sicherungsmaßnahmen gemacht, den Einbau dieser sogenannten Wanzen, das haben dann Spezialisten gemacht. Wir mußten bloß dafür sorgen, daß sie unbemerkt in die Wohnung kamen und auch wieder raus. Bei der ersten konspirativen Wohnungsdurchsuchung haben wir Codierungsmittel gefunden, die Schlüsselrolle, auf der die Codezahlen waren, das Geheimschriftmittel, das Radio, das den Kurzwellensender empfangen konnte. Nach relativ langer Wartezeit haben wir den Spion erwischt, als er einen Funkspruch empfing und den Fehler machte, den nicht über Kopfhörer zu empfangen. Wir hatten die Codezahlen alle auf Band, wir haben ihn erwischt, wie er im Wohnzimmer den Text, den er codieren wollte, vor sich hinsprach. Und wir haben ihn belauscht bei einer Auseinandersetzung mit seiner Lebensgefährtin, Hannchen hieß die. Er hat ihr unter Alkohol Vorhaltungen gemacht, weil sie fremdging, sie hat sich dagegen gewehrt und gesagt, wenn du nicht ruhig bist, laß ich dich hochgehn.

Wir haben uns mit der Untersuchungsabteilung konsultiert, und da kam dann der Schluß, wir wollen auch den Kurier haben. So, da wurden die Einreisen analysiert, und wir haben festgestellt, daß die Eltern des Spions, die auf dem Dorf wohnten, zweimal im Jahr Westbesuch kriegten. Wir haben also operative Umstände geschaffen, daß das Haus leer war, eine wahnsinnige Kleinarbeit, jedenfalls haben wir es geschafft, daß in diesem Haus in fünf Zimmer operative Technik eingebaut wurde, unter anderem in einer Dachkammer. Der Verdächtige reiste ein, und wir hatten kein Ergebnis. Den mußten wir wieder fahren lassen. Dann haben wir aber festgestellt, daß da noch ein zweiter Onkel einreist, auch aus dem Schwabenland. Da haben wir gewartet, bis der kam, und da haben wir ein Fünf-Minuten-Gespräch mithören können in dieser bewußten Mansarde. Der Kurier hat ihm neue GS-Mittel übergeben, Papier, Geld, und er hat ihm Instruktionen dazu gegeben. Dieser Spion hatte über ein Dreivierteljahr Spionagebriefe verschickt, die seine Zentrale nicht entziffern konnte. Das hing damit zusammen, daß er die Codierungsmittel falsch angewandt hat, und da hat der Kurier ihm erläutert, wie er sie richtig anwenden muß, und genau das hatten wir auf dem Band. So, und das hat dann gereicht. Der Kurier wurde bei der Ausreise festgenommen.

Dann hätte ich noch einen Doppelagenten anzubieten, von dem ich heute noch den Klarnamen weiß, aber nicht mehr den Decknamen. Ein inoffizieller Mitarbeiter im HO-Kreisbetrieb hat die Kreisdienststelle immer schön informiert, was sich im Handel tut, der hatte da seine Vorteile von, kam an bestimmte Sachen leichter ran, das hat sicher eine Rolle gespielt. Der Mann hatte Verwandtschaft in Hamburg. Aufgrund seiner MfS-Verbindung wurden ihm Reisen genehmigt. Der ist aber nie mit Auftrag gefahren, soviel ich weiß, nur privat. Das muß 1983 oder 84 gewesen sein, da hat die Erfurter Bezirksverwaltung Spionagebriefe gefunden, in Berlin wurden auch welche gefunden, und in Dresden, glaube ich. Es wurde gefahndet, das GS-Mittel wurde enttarnt, nun mußte der Täter gefunden werden. Wir fanden ihn. Das war dieser HO-IM. Später wurde festgestellt, daß er in Hamburg von einem BND-Mitarbeiter angeworben worden war. Den hatte er bei einer Familienfeier kennengelernt. Aber erst auf dem Bahnhof, vor der Rückfahrt, hat sich der Mann offenbart und ihm die Zusammenarbeit angeboten. Zwei, drei Jahre hat er Spionage gemacht, aber es stellte sich heraus, daß er seine Briefe nur aus der Fantasie verfaßt hat. In einem Spionage-Brief hat er geschrieben, daß die Raketen, die in Freyburg stationiert sind, woanders hin verlegt worden sind. In Freyburg hat's nie Raketen gegeben.

Die Spionageabwehr des MfS ist zentral geführt worden, von der Hauptabteilung II. Wir hatten von Berlin den Auftrag, auch zu ihm 'ne Beweislage zu erarbeiten. Zwischen Weihnachten und Neujahr reiste der Mann nach Hamburg, die Frau mußte hierbleiben, die kriegte keine Ausreise. Da haben wir gesagt, wir müssen die Technik einbauen, um mitzukriegen, ob er mit seiner Frau darüber spricht, was er vorhat. Das war sehr aufwendig. Die hatten einen Pudel, und wenn sie das Haus verließen, die arbeiteten alle beide, sie hatte so'n Delikateßgeschäft, das Haus war früh leer, da sind die Spezialisten rein. Der Pudel war in der Küche eingesperrt, und als sie die Tür aufmachten, kam der Pudel raus und verkroch sich vor Angst unter der Wohnzimmercouch. Da haben die erstmal die Technik eingebaut, und nun gab's den Grundsatz, die Wohnung mußte so verlassen werden, wie man sie vorgefunden hatte. Jetzt haben die den Pudel nicht unter der Couch vorgekriegt, der hat sie in die Pfoten gebissen, die Zeit wurde knapp, und sie hatten in druntergelassen. Als das Ehepaar nach Hause kam, funktionierte unsere Technik schon, da haben wir das Gespräch verfolgt, wie sie den Mann beschimpft hat, daß er den Pudel nicht eingesperrt hat. Der hat sich dann verteidigt. Aber wodurch uns der Beweis gelungen ist, der Spion hatte sein Papier, seine Briefkuverts, die Schlüsselrolle, die GS-Mittel im Wohnzimmer versteckt. Nun gab's vor der Ausreise ein Gespräch zwischen der Frau und ihm. Sie fragte ihn: Was soll ich denn machen, wenn mal einer kommt und findet das Zeug? Da sagte er ihr: Paß auf, kucke hier, das Zeug liegt hier im doppelten Boden der Schublade, und wenn irgendwelche Gefahren sind, nimmste das und verbrennst es im Heizungskeller. Da haben wir ihn auf dem Weg zum Bahnhof festgenommen und bei der Haussuchung die nachrichtendienstlichen Mittel gefunden.

Ich würde sagen, unsere Gegner werden auch anerkennen, daß wir Profis waren in der Spionageabwehr. Die Warnungen, die sie ausgesprochen haben gegenüber ihren Agenturen, die deuten schon darauf hin. Es war eine gängige Methode des BND, Bundesbürger als Spione im Reiseverkehr einzusetzen. Die kamen als Verwandte oder als Touristen und haben militärische Objekte ausspioniert. Wir nannten sie Reisespione. In den achtziger Jahren haben wir einen solchen Spion enttarnt. In unserem Bereich war sowjetische Waffentechnik konzentriert, atomare Gefechtsfeldwaffen, also wir sind davon ausgegangen, daß an diesen Objekten schwerpunktmäßiges Interesse der Geheimdienste bestand. Und wir sind dort auch am meisten fündig geworden. Diese Objekte waren gesichert, mit ziemlichem Aufwand. Wir haben Gegenbeobachtungsmaßnahmen realisiert. Das war ein Abkommen mit der sowjetischen Militärabwehr, daß wir das machen. Im Grunde waren es Verteidigungsmaßnahmen im Rahmen des Warschauer Paktes gegenüber aggressivem Vorgehen von NATO-Spionen.

Für diese Methode der Aufklärung hat der BND und auch der Amerikaner Personen angeworben aus dem Kreis derer, die beruflich reisen, zum Beispiel Kraftfahrer im grenzüberschreitenden Verkehr. Ich hatte drei solche Fälle. Zwei waren Kraftfahrer von Verkehrsbetrieben unseres Bezirkes, die Deutrans-Transporte durchgeführt haben. Die Ausgangsinformationen wurden erarbeitet durch andere Diensteinheiten. Das war 1983 und 1986. Die Kraftfahrer waren vom BND angeworben worden, aber unser Problem war, eine Beweislage zu schaffen. Das war bloß machbar durch eine langfristige Observation und durch Einsatz inoffizieller Mitarbeiter beim Kraftverkehr. Aber damit sind wir nicht zum Erfolg gekommen. Es war also bloß möglich, sie bei konkreten Informationen zu erwischen, bei Treffs. Das haben wir versucht, mit Kräften von uns. Ergebnislos. Dann haben wir Wanzen eingebaut, in beiden Fällen. So ist es uns gelungen, über die Dokumentation von Gesprächen der Verdächtigen mit ihren Ehefrauen den eindeutigen inoffiziellen Beweis für ihre Spionagetätigkeit zu erarbeiten. In einem Fall wurde ein Gespräch dokumentiert, da gings konkret darum, daß sie sich ein neues Auto kaufen wollten, einen guterhaltenen, gebrauchten Wartburg, und der Verkäufer wollte die Hälfte in West haben. Da sagte der Spion, nächste Woche bin ich ja wieder in Hamburg, und da wird's wohl reichen. Da hat er nun Pech gehabt, daß wir das gerade mitgehört haben.

Als sogenannte Reisespione wurden vom BND auch Bundesbürger eingesetzt. Es mag 1984, 85 gewesen sein, da hatten wir einen Vorgang, der lief unter der Deckbezeichnung „Hopfen". Es handelte sich um ein westdeutsches Ehepaar, das erkannt wurde durch unsere Gegenbeobachtungsmaßnahmen. Die reisten ein zum Verwandtenbesuch, und bei der Ausreise haben wir sie vorläufig festgenommen und befragt. Sie haben uns über ihre Auftragslage berichtet, das Ergebnis war ein Ermittlungsverfahren mit Haft wegen Spionage nach Paragraph 97. Es gab viele solche Dinge, aber eine ganze Reihe konnten wir nicht mehr zu Ende führen, weil die DDR dann ihren Geist aufgab und die Militärspionage sich erledigte. Aber vielleicht noch ein Beispiel für die Arbeit inoffizieller Mitarbeiter bei der Spionageabwehr. Wir sind davon ausgegangen, daß der BND sich die Intelligentesten aussuchen wird, und aus dieser Erkenntnis über das wahrscheinliche Vorgehen des BND haben wir inoffizielle Mitarbeiter als Kraftfahrer eingesetzt, in der Erwartung, daß sie vom Bundesnachrichtendienst angesprochen werden. So, und das ist natürlich auch geschehn. Viele sind über Jahre hinweg gefahren, ohne jemals 'ne Konfrontation gehabt zu haben, aber bei einzelnen hat es doch geklappt. Sie haben sich in unserem Auftrag anwerben lassen.

Ein Beispiel, weil uns ja immer Vorhaltungen gemacht werden. Nach meinen Erfahrungen ist der BND in keiner Weise zimperlich gewesen. In einem Fall ist ein inoffizieller Mitarbeiter von uns auf brutale Weise zur Zusammenarbeit regelrecht gepreßt worden. Ein Kraftfahrer, der in ein skandinavisches Land gefahren ist, das sind lange Strecken mit langen Aufenthalten in den Zielorten. Er hatte abends Freizeit, sein Auto abgestellt und ist in die Stadt gegangen. Er hat uns später berichtet, daß plötzlich ein Auto neben ihm hielt, er wurde aufgefordert, einzusteigen, wurde in ein Haus transportiert, dort bewirtet, dann wurde ihm vorgehalten, er hätte versucht, eine Frau unsittlich zu berühren, also praktisch hat man ihm unterstellt, er wollte die Frau vergewaltigen. Das hat er bestritten, darauf wurde er in eine silberne Acht geschlossen, in eine Zelle geführt, ohne Licht, nach Stunden rausgeholt, und dann wurde ihm frontal angeboten, mit dem Geheimdienst dieses Landes zusammenzuarbeiten. Als er das ablehnte, wurde ihm angedroht, daß über sein angeblich kriminelles

Verhalten die Botschaft der DDR informiert wird, und damit wäre er in seinem Beruf erledigt. Daraufhin hat der Mann sich bereiterklärt. Auftragsgemäß ist er dann immer zu Treffs in dem skandinavischen Land gefahren. Nach einer bestimmten Zeit wurde er zu Treffs in die BRD geladen. Wir waren schon hocherfreut, aber eines Tages erklärte der Führungsoffizier vom BND, daß die Zusammenarbeit vorläufig beendet ist, und daß man sich bei ihm melden wird, wenn Bedarf ist. Zum Dank wurden ihm mehrere tausend Mark übergeben. Das Geld war untergebracht in einem Transportcontainer, den er nach dem Grenzübertritt vernichten sollte. Ich glaube, das war ein ausgehöhltes Stück Holz, der IM hat uns das übergeben, wir haben es geröntgt, das Geld entnommen und dem Mann dann später gegeben. Das klingt alles sehr abenteuerlich, aber Geheimdienstarbeit ist immer abenteuerlich. Und ein Risikogeschäft, besonders in der DDR war's eins, weil nach unseren Strafgesetzen für bewiesene Spionage ziemlich hohe Freiheitsstrafen verhängt worden sind.

Ja, und dann kam das Jahr 1989. Im August bekam ich die Mitteilung, daß Andreas inhaftiert ist. Ich wurde zum General gerufen. Hör zu, dein Sohn ist inhaftiert, der hat einen Terroranschlag auf den Minister vorbereitet. Ich war wie vor den Kopf geschlagen. Zu der Zeit war ich noch ein Mitarbeiter, für den Mielke ein Vorbild war. Ich war nicht schlecht auf Mielke, ich war schlecht auf meinen Jungen. Was hat er denn nun wieder für Scheiße gebaut? Ich hab mir freigeben lassen und bin nach Berlin. Dort hatte ich einen alten Bekannten im Bereich Disziplinar. In dieser Situation denkst du als Vater erstmal, jetzt wirste dem Bengel tüchtig in' Hintern treten. Aber du willst ihm natürlich auch helfen. Der Genosse war in Urlaub, sein Stellvertreter hat mir den ganzen Mist erklärt, bis dahin, Arbeitsgruppe Stauffenberg, der Filius war der Kopf des Ganzen.

Dann konnte ich mit Andreas sprechen, wurde in das Sonderobjekt gefahren, wo er war und habe versucht, den Andreas zu beeinflussen, er möge doch die Wahrheit sagen. Ich war überzeugt, daß er schwerwiegende Fehler gemacht hat. Das war September 1989. Am nächsten Tag wurde Andreas dem Psychiater vorgestellt, dann brachten sie ihn an, und ich durfte ihn mit nach Hause nehmen. Niemand sollte wissen, wo er ist. Wir sind zurückgefahren, und auf der Heimfahrt hat er mir folgendes erzählt. Der Psychiater hat formuliert, Andreas leidet an einem Autoritätskomplex, und wenn er in Konfrontation mit Vorgesetzten kommt, fällt er zurück in diesen Komplex, den er in der Kindheit erworben hat. Ich habe das meiner Frau erzählt. Wir haben nächtelang im Bette gesessen und geredet. Nun war das Merkwürdige bei der ganzen Geschichte, es wurde gesagt, der Junge ist krank und wird als wehrdiensttauglich entlassen. Da habe ich dem Jungen gesagt, aus gesundheitlichen Gründen entlassen werden ist besser als Knast. Die Berliner hatten mir gesagt, daß Mielke angewiesen hätte, gegen Andreas ein Ermittlungsverfahren mit Haft einzuleiten, und da habe ich geglaubt, die Leute von Disziplinar versuchen, das Beste draus zu machen, um ihn zu retten. Vielleicht war's auch so.

Aber dann wurde mir mitgeteilt, der Junge wird aus der Partei gestrichen. Da habe ich gesagt: Ein Mensch, der durch ein psychiatrisches Gutachten für krank erklärt wird, soll aus der Partei gefeuert werden? Tja, was nun machen? Hab ich mir wieder freigeben lassen. Die Partei hat mir was bedeutet, und ich wußte, dem Jungen auch, wir haben mit allen Fasern unseres Herzens an dieser Partei gehangen. Ich habe mich an den 1. Sekretär unserer Kreisleitung rangepirscht, hab dem die ganze Geschichte erzählt. Der schüttelte mit dem Kopf und sagte, du hörst von mir. Eine Woche später rief er mich an. Paß auf, dein Junge bleibt in der Partei. Da fiel mir ein großer Stein vom Herzen.

So, und dann kamen die Demonstrationen, die sich immer mehr ausweiteten. Thematisch richteten sie sich immer mehr gegen die Staatssicherheit. Zwei Seelen hatte ich in meiner Brust. Es gab einen riesengroßen Widerspruch. Erstens die Erkenntnis, in unserem Land ist vieles im Argen, das kann nicht mehr so weitergehn, die desolate Lage in vielen Bereichen der Volkswirtschaft hatte sich ja bis zum Ladentisch ausgewirkt. Die Konfrontation der Politik unserer Führung mit der Friedensbewegung haben wir ja auch alle miterlebt. Reiseverkehr, Übersiedlungsproblematik, wir haben doch die Frage gestellt: Warum wollen die denn alle aus der schönen DDR weg? Wir haben diskutiert im Kreis der Mitarbeiter. Aber auch als Staatssicherheit haste mit zwei Gesichtern leben müssen. Wenn du was gesagt hast, warste weg vom Fenster. Was die Konfrontation mit der staatlich unabhängigen Friedensbewegung betraf – sie haben sich ja selber so genannt – da gab's jahrelang Probleme. Ich habe nicht auf diesem Feld gearbeitet, aber berührt worden bin ich davon auch, durch die Tatsache, daß ich häufig Mitarbeiter in die Bezirkskoordinierungsgruppe entsenden mußte, auch dadurch, daß ich viel in den Kreisen war, wo es immer Diskussionen über diese Probleme gab. Wir haben uns gefragt, warum die Führung unserer Partei und unseres Staates diese Leute nicht in ihre Politik integriert. Warum werden Leute, die auf dem Ärmel ein Abzeichen tragen „Schwerter zu Pflugscharen" – warum werden denn die kriminalisiert? Das kam deshalb, weil die sich auch gegen die russischen Raketen richteten. Warum haben wir denn in unserem Lande nicht auch gesagt, weg mit dem Teufelszeug? Konnte keene Sau begreifen. Diese Konfrontation hätten wir gar nicht nötig gehabt.

Ich habe in der Zeit der Wende monatelang schlaflose Nächte gehabt, ich habe manchmal gedacht, ich drehe durch. Für mich ist 'ne Welt zusammengebrochen. Das war alles so schmerzlich. Ich muß heute begreifen, ich habe 40 Jahre umsonst gelebt. Vielleicht war's aber doch nicht umsonst. Es ist nur so deprimierend, wir haben uns kampflos ergeben, wir sind davongezogen wie Napoleon nach Waterloo. In den fragwürdigen Tagen, wo die Demonstrationen waren, haben wir im Hause gesessen hinter zugezogenen Jalousien und Gardinen, damit uns von draußen ja keener sieht. Damit die auf den Straßen ja nicht mitkriegen, daß die Staatssicherheit noch da ist. Wir mußten noch Informationen zu den Demonstrationen erarbeiten. Von mir 'ne Beobachtergruppe, die in Dessau war, die haben die ganze Geschichte dort verfolgt, danach trafen wir uns in der Dienststelle und haben das ausgewertet. Und da machte sich der KD-Leiter sein Konzept, was er berichten soll. Soundsoviele tausend von Randalierern haben sich zusammengerottet und haben die und die Losungen gebläkt. Da ich die Berichte meiner Mitarbeiter hatte und selber mitten mang den Demonstrationen gewesen war, habe ich gesagt, du, was du hier berichten willst, kannste gar nicht verantworten. Das waren keine Randalierer. Also die, zwischen denen ich gestanden habe, das waren anständige Leute, ganze Familien mit Kindern, da waren vielleicht ein paar dabei, die die Situation anheizen wollten, aber die Masse, das waren keene Randalierer. Da kuckte der KD-Leiter mich verständnislos an und sagte, wir müssen doch 'ne abgestimmte Information schicken. Ich sage, du mußt schicken, was du verantworten kannst. Du mußt doch die Wahrheit sagen. Naja, der ist dann zu seiner Kreisleitungssitzung gefahren, und wir hatten am nächsten Tag 'ne Zusammenkunft beim General. Der trug die Berichte aus den Kreisen vor, aus Dessau, Eisleben und so weiter, und als der fertig war, habe ich mich gemeldet und habe gesagt, ich habe das anders erlebt. Da war der General ganz verdattert, und das Ergebnis war, daß ich nicht wieder zum Einsatz gekommen bin.

Dann habe ich erlebt, daß wir mehr oder weniger eingesperrt waren, uns wurden die Kofferräume der Autos kontrolliert, dann kam der Befehl, wir müssen die Waffen abgeben, dann mußten wir unsere Arbeitszimmer versiegeln, da kam die Bürgerbewegung mit den Militärstaatsanwälten und versiegelte die Panzerschränke, dann gingen die Entlassungen los, ich wußte, wo der Weg hingeht, alles fiel zusammen wie ein Kartenhaus. Viele Leiter seilten sich ab und verließen als erste das sinkende Schiff. Dann sprachen sie noch mit mir, dich brauchen wir bis zuletzt. Ich fragte: Wozu? Aber diszipliniert, wie ich war, blieb ich bis zuletzt. Dann wurde ich entlassen. Erst wollten sie mich noch unterbringen bei der Universität, als Pförtner. Diplom-Jurist, Oberstleutnant Heinz K. als Pförtner. Mit 540 Mark brutto. Da hab ich gesagt, nee. Du scheust dich nicht vor Arbeit, aber was unter der Gürtellinie ist, ist unter der Gürtellinie. Dann hab ich mir selbst was gesucht. Ich glaube nicht an den lieben Gott, aber ich sage, Gott sei Dank gabs noch Menschen, denen das Wort Solidarität was bedeutete. Da hat mir jemand geholfen, einen neuen Berufsanfang zu finden. Ich habe zwei Lehrgänge mitgemacht, damals war ich schon 52, einen für den Betrieb von Azethylenanlagen und einen Lehrgang zum Betreiben von Wärmeenergie-Anlagen, da war ich angestellt als Heizer, in einem Betrieb, der dann ooch abgewickelt wurde.

Da hab ich mir wieder was gesucht und bin zu so'ner Wach- und Schließgesellschaft gegangen. Dort habe ich sowas Deprimierendes erlebt, gnadenlose Ausbeutung wie sie Marx schon im 19. Jahrhundert beschrieben hat, praktiziert durch Leute, die den Hals vollkommen gewendet haben und nur noch in Kategorien der Marktwirtschaft dachten, die sich nicht zu schade dafür waren, ihren Mitmenschen das Fell über die Ohren zu ziehen. Das habe ich seelisch nicht durchgestanden. Da hab ich mich angelegt mit einem, der früher so rot war, daß er getropft hat. So. Und dann hab ich gekündigt. Seitdem bin ich arbeitslos und Umschüler. Kaufmännisches Grundwissen, das ist ein Lehrgang ohne Abschluß. Fällt mir mächtig schwer. Überall dort, wo man reden kann, wo ich die sozialen Rechtsverhältnisse diskutieren kann, kriege ich Einsen, in Arbeits- und Sozialrecht, in Rechtsordnung der BRD, aber wo es um konkretes kaufmännisches Rechnen geht, um Buchführung, mir schwimmen die Zahlen vor den Augen, ich schmeiß alles durcheinander.

Ich bin ein einziges Mal in dem Betrieb, wo ich als Heizer war, von einem angebläkt worden, du Stasi-Schwein. Das war ein Säufer. Aber sonst habe ich keine persönlichen Angriffe erlebt. Aber etwas, was mich damals sehr bewegt hat. Ich bin mit einem Zerspanungsfacharbeiter zusammengekommen, der hat mir eine Frage gestellt, die hat mir das Herz bluten lassen: Was habt ihr denn bloß gemacht? Wo seid ihr denn gewesen, als die DDR in Frage gestellt wurde. Das war noch vor der Vereinigung. Der hat mir gesagt, jeden Tag bin ich mit der Straßenbahn an eurem Haus vorbeigefahren, bei der Staatssicherheit, und immer, wenn ich noch Licht brennen sehn habe, habe ich mir gesagt, die Jungs werden die DDR retten. Aber wir konnten sie nicht mehr retten. Ich habe zu ihm gesagt, ich schäme mich, weil ich Wochen und Monate in diesem Haus hinter den Gardinen gesessen und zugesehen habe, was sich draußen tut. Aber entschuldige, habe ich gesagt, ich war Soldat, ich war Offizier in hohem Range, ich hatte Befehlen zu folgen. Uns waren die Hände gebunden. Was mir heute am meisten stinkt, ist das, daß die Leute, die die politische Verantwortung zu tragen haben für das Desaster des Sozialismus, daß die sich so schamlos aus der Verantwortung stehlen, ein Krenz, von Schabowski will ich schon gar nicht mehr reden, aber auch Honecker.

180

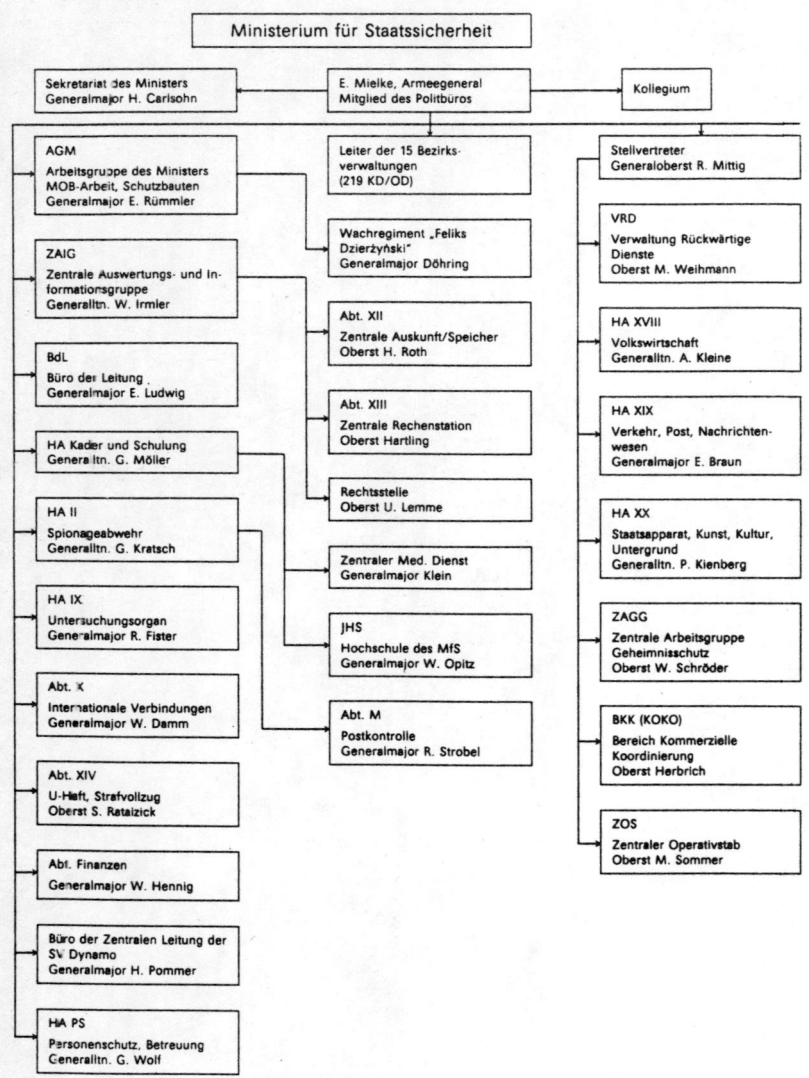

Ministerium für Staatssicherheit

Sekretariat des Ministers
Generalmajor H. Carlsohn

E. Mielke, Armeegeneral
Mitglied des Politbüros

Kollegium

AGM
Arbeitsgruppe des Ministers
MOB-Arbeit, Schutzbauten
Generalmajor E. Rümmler

ZAIG
Zentrale Auswertungs- und Informationsgruppe
Generalltn. W. Irmler

BdL
Büro der Leitung
Generalmajor E. Ludwig

HA Kader und Schulung
Generalltn. G. Möller

HA II
Spionageabwehr
Generalltn. G. Kratsch

HA IX
Untersuchungsorgan
Generalmajor R. Fister

Abt. X
Internationale Verbindungen
Generalmajor W. Damm

Abt. XIV
U-Haft, Strafvollzug
Oberst S. Ratalzick

Abt. Finanzen
Generalmajor W. Hennig

Büro der Zentralen Leitung der SV Dynamo
Generalmajor H. Pommer

HA PS
Personenschutz, Betreuung
Generalltn. G. Wolf

Leiter der 15 Bezirksverwaltungen
(219 KD/OD)

Wachregiment „Feliks Dzierżyński"
Generalmajor Döhring

Abt. XII
Zentrale Auskunft/Speicher
Oberst H. Roth

Abt. XIII
Zentrale Rechenstation
Oberst Hartling

Rechtsstelle
Oberst U. Lemme

Zentraler Med. Dienst
Generalmajor Klein

JHS
Hochschule des MfS
Generalmajor W. Opitz

Abt. M
Postkontrolle
Generalmajor R. Strobel

Stellvertreter
Generaloberst R. Mittig

VRD
Verwaltung Rückwärtige Dienste
Oberst M. Weihmann

HA XVIII
Volkswirtschaft
Generalltn. A. Kleine

HA XIX
Verkehr, Post, Nachrichtenwesen
Generalmajor E. Braun

HA XX
Staatsapparat, Kunst, Kultur, Untergrund
Generalltn. P. Kienberg

ZAGG
Zentrale Arbeitsgruppe Geheimnisschutz
Oberst W. Schröder

BKK (KOKO)
Bereich Kommerzielle Koordinierung
Oberst Herbrich

ZOS
Zentraler Operativstab
Oberst M. Sommer

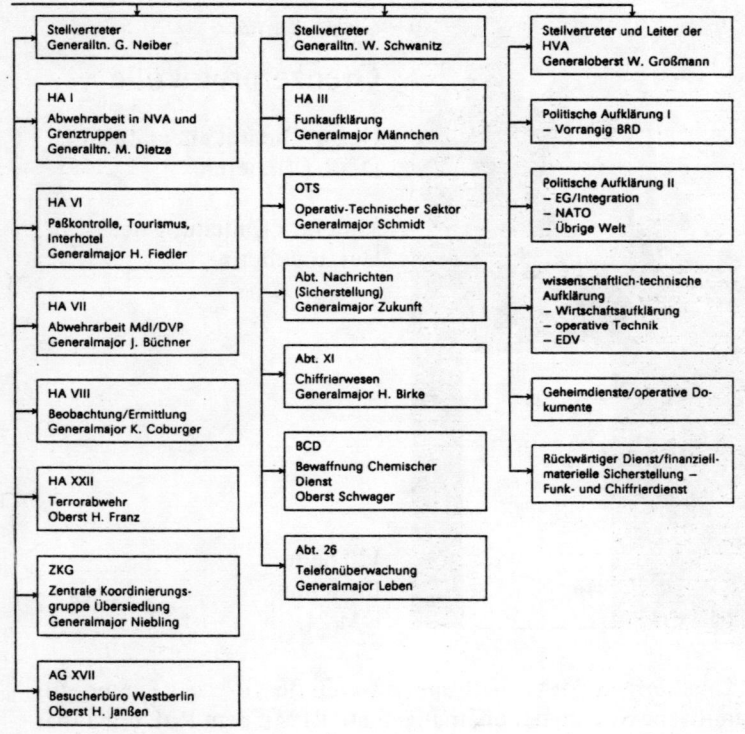

Stellvertreter
Generalltn. G. Neiber

HA I
Abwehrarbeit in NVA und Grenztruppen
Generalltn. M. Dietze

HA VI
Paßkontrolle, Tourismus, Interhotel
Generalmajor H. Fiedler

HA VII
Abwehrarbeit MdI/DVP
Generalmajor J. Büchner

HA VIII
Beobachtung/Ermittlung
Generalmajor K. Coburger

HA XXII
Terrorabwehr
Oberst H. Franz

ZKG
Zentrale Koordinierungsgruppe Übersiedlung
Generalmajor Niebling

AG XVII
Besucherbüro Westberlin
Oberst H. Janßen

Stellvertreter
Generalltn. W. Schwanitz

HA III
Funkaufklärung
Generalmajor Männchen

OTS
Operativ-Technischer Sektor
Generalmajor Schmidt

Abt. Nachrichten (Sicherstellung)
Generalmajor Zukunft

Abt. XI
Chiffrierwesen
Generalmajor H. Birke

BCD
Bewaffnung Chemischer Dienst
Oberst Schwager

Abt. 26
Telefonüberwachung
Generalmajor Leben

Stellvertreter und Leiter der HVA
Generaloberst W. Großmann

Politische Aufklärung I
– Vorrangig BRD

Politische Aufklärung II
– EG/Integration
– NATO
– Übrige Welt

wissenschaftlich-technische Aufklärung
– Wirtschaftsaufklärung
– operative Technik
– EDV

Geheimdienste/operative Dokumente

Rückwärtiger Dienst/finanziell-materielle Sicherstellung –
Funk- und Chiffrierdienst

183

Gisela Karau

Grenzerprotokolle

Gespräche mit ehemaligen
DDR-Offizieren

Mit einer Einleitung der
Herausgeberin

120 Seiten
Broschur
DM 24,–

Die Angehörigen der Grenztruppen waren für viele das Symbol für
das politische System der ehemaligen DDR. Mit dem Ruf, unnahbar
und unterkühlt zu sein, waren sie Ziel von Emotionen und Angriffen.
In den zehn Gesprächen mit ehemaligen Offizieren der Grenztruppen
sowie mit Angehörigen des Zolls kommen die Betroffenen selbst zu
Wort. Die gut lesbaren Protokolle vermitteln einen überraschenden
Einblick in den Arbeitsalltag, in Berufsethos und Denken von Angehörigen einer ehemals privilegierten Militäreinheit.

Überraschend wird unter Umständen auch der Ernst sein, mit dem die
»Grenzer« ihren Beruf ausgeübt haben. Das geht so weit, daß einige
von ihnen nach dem Wegfall der Mauer selbst Schwierigkeiten hatten,
die »weiße Linie«, die sie jahrzehntelang geschützt hatten, auch real
zu übertreten. Die Protokolle liefern Psychogramme führender Offiziere, sie wollen nichts beschönigen oder Mitleid erwecken. Sachlich,
nüchtern bieten sie einen vielleicht einmaligen Einblick in die Welt
ehemaliger loyaler Diener ihres Staates.

dipa-Verlag · Nassauer Str. 1-3 · 6000 Frankfurt 50